Ein Marathon geht immer

Hinweise

Aus Gründen der besseren Lesbarkeit haben wir uns entschlossen, durchgängig die männliche (neutrale) Anredeform zu verwenden, die selbstverständlich die weibliche und diverse mit einschließt.

Das vorliegende Buch wurde sorgfältig erarbeitet. Dennoch erfolgen alle Angaben ohne Gewähr. Weder der Autor noch der Verlag können für eventuelle Nachteile oder Schäden, die aus den im Buch vorgestellten Informationen resultieren, Haftung übernehmen.

Sollte diese Publikation Links auf Webseiten Dritter enthalten, so übernehmen wir für deren Inhalte keine Haftung, da wir uns diese nicht zu eigen machen, sondern lediglich auf deren Stand zum Zeitpunkt der Erstveröffentlichung verweisen.

Maik Becker

EIN MARATHON GEHT IMMER

Eine inspirierende Laufreise
durch das Leben und um die Welt

MEYER & MEYER VERLAG

Ein Marathon geht immer

Bibliografische Information der Deutschen Nationalbibliothek
Die Deutsche Nationalbibliothek verzeichnet diese Publikation in der Deutschen Nationalbibliografie; detaillierte bibliografische Details sind im Internet über <http://dnb.d-nb.de> abrufbar.

Auckland, Beirut, Dubai, Hägendorf, Hongkong, Indianapolis, Kairo, Kapstadt, Manila, Maidenhead, Neu-Delhi, Singapur, Sydney, Teheran, Wien

Member of the World Sport Publishers' Association (WSPA)

Druck: CPI - Clausen & Bosse, Leck

FSC www.fsc.org MIX Papier aus verantwortungsvollen Quellen FSC® C083411

978-3-8403-7795-2
E-Mail: verlag@m-m-sports.com
www.dersportverlag.de

INHALT

VORWORT

Ich schreibe kein Buch! Ein weiteres Exemplar, das im Regal verstaubt. Oder den Weg aus dem aussortierten Umzugskarton nicht zurück ins Wohnzimmer findet. Freunde haben mich immer wieder angeregt, mein Erlebtes, den Lebenswandel, in Schriftform zu bringen. Ich erachtete das nicht als nützlich. Meine Geschichte ist keine besondere. Eine weitere Erzählung, die sich an vollkommen selbstverständliche Denkanstöße klammert. Es ist nichts Spezielles, was ich mache. Und liegt dennoch für die meisten außerhalb ihrer Komfortzone.

Und es kommt doch ganz anders. Wie so oft bestimmt Unvorhergesehenes das Leben. Wir verändern uns. Ob wir wollen oder nicht. Unsere Entwicklung ist ein steter Prozess. Es passiert aber nicht einfach. Wir beeinflussen es. Und so sitze ich nun hier und tippe unaufhörlich Gedanken und Eindrücke über ein außergewöhnliches Lauf- und Hilfsprojekt in die geduldige Computertastatur. Stundenlanges Sitzen liegt mir nicht. Manchmal bedarf es Überwindung. Eines ersten Schritts. Wie im richtigen Leben.

Beim Blick aus dem Fenster ruft die Natur. Freiheit. Ich versinke in meinen Gedanken. Schon viel erlebt. So viel abrufbar. Die Realität verschwimmt mit der Vergangenheit. Was ich nie für möglich gehalten habe, ist Wirklichkeit geworden. Erträumt und wahr werden lassen. Das geht nicht von allein.

Auf dem Weg haben mich starke Persönlichkeiten begleitet. Sie haben mir beim Finden der Richtung geholfen. Mein Leben maßgeblich beeinflusst. Ich wäre nicht dieselbe Person ohne treue Begleiter. Dafür bin ich sehr dankbar.

In diesem Buch begegnest du einer individuellen Geschichte. Ich maße mir nicht an, mit erhobenem Zeigefinger Verfehlungen anderer anzuprangern. Vielleicht findest du dich auf der einen oder anderen Seite wieder. Wenn auch nur zwischen den Zeilen.

Lies heraus, was dir gefällt. Es ist jetzt dein Exemplar. Es soll dir Freude bereiten.

Was du mit dem Buch machst, liegt an dir. Es eignet sich natürlich perfekt als Unterlage für den wackelnden Tisch. Dekorativ weist jedes Druckerzeugnis und im Speziellen ein volles Bücherregal auf Bildung hin.

Oder aber man nutzt es zur Selbstverteidigung. Der Inhalt wird beim Schlag auf den Kopf des Gegenübers aber nicht automatisch in ihn übergehen. Wenn du es nicht magst, kannst du es auch verschenken. Und erst recht, wenn es dir gefällt.

Viel Spaß beim Lesen und Laufen.

Maik Becker
Zürich, Februar 2022

GEBOREN, UM ZU LAUFEN

„Es gibt nur zwei Tage im Jahr, an denen man nichts tun kann. Der eine ist gestern, der andere morgen. Dies bedeutet, dass heute der richtige Tag zum Lieben, Glauben und in erster Linie zum Leben ist."

Dalai Lama

Man muss nicht religiös sein, um dieses Zitat zu verstehen. Doch was bedeutet das eigentlich? Wir leben tagtäglich unser Leben. Gehen unserem Job nach, versorgen die Kinder, verbringen die Ferien an den schönsten Destinationen, können uns alles leisten, worauf wir Lust haben. Gibt es da etwa noch etwas, was wir nicht mit Arbeit oder materiellen Leistungen befriedigen können?

Ich schwamm in einem Fluss. Im Fluss des Lebens. Gespickt mit Steinen, Schlangen und Krokodilen. Ab und an bekam ich einen Biss. Manchmal habe ich mich an einem Stein angeschlagen. Aber ich bin nie untergegangen. Später verließ ich den Fluss. Das ist wohl Teil unserer Evolutionsgeschichte.

Mittlerweile bewege ich mich an Land. Auf sicheren Beinen. Mit kontrollierten Schritten. Kreuzenden wilden Tieren kann ich besser ausweichen. Laufend. Die ursprünglichste menschliche Bewegungsform ist bei mir angekommen. Das ist noch nicht lange so.

Warum laufen wir? Oder besser: Warum sollten wir mehr laufen? Unbewusst spielen sich in unserem Körper Prozesse ab, die wir automatisiert haben. Das Laufen ist so ein Beispiel. Einmal gelernt und verinnerlicht, begleitet es uns durch das Leben.

Unser Körper wurde in entwicklungsgeschichtlichen Prozessen für den aufrechten Gang optimiert. Selbst wenn wir es durch Dauersitzen abschaffen wollen, es wird uns nicht gelingen. Viel mehr noch. Wir brauchen Bewegung für ein zufriedenes Sein.

Die Größe unseres Gehirns unterscheidet uns von ähnlich strukturierten Artgenossen. Dieses zusätzliche Volumen ist zum Denken da. Und benötigt dazu Sauerstoff. Dieser wiederum wird in den Blutbahnen durch den Körper gepumpt. Bis hinauf unter das Dach unserer Schädeldecke.

Laufen hat also mindestens zwei vielversprechende Eigenschaften. An der frischen Luft organisieren wir uns Sauerstoff und durch die gesteigerte Aktivität wird das Herz zu höherer Betriebsamkeit angeregt. Als Ergebnis steht uns mehr Oxygen zur Verfügung. Denkprozesse laufen besser ab. Oder werden überhaupt erst gestartet. Gedanken fließen klarer. Der Kopf ist frei.

Zur richtigen Zeit am richtigen Ort zu sein genügt nicht. Es braucht genau in diesem Moment die richtige Entscheidung. Und noch viel wichtiger ist die Umsetzung derselben. Manchmal fällt uns das nicht leicht. Wir brauchen Unterstützung auf dem Weg. Bewegung bedeutet, etwas bewirken. Seine Lage verändern. Etwas anstoßen. Weg von Gewohnheiten. Altes hinter uns lassen. Und das dann auch noch aktiv. Allein oder in Gemeinschaft. Wichtig ist es, Bewegung ins Leben zu bringen.

Das Gleiche trifft übrigens auch für die falsche Zeit und den falschen Ort zu. Das kann mal passieren. Aber auch hier liegt es in unserer Entscheidung, in welche Richtung der Wegweiser zeigt. Zurücklehnen und das Schicksal über das Leben ergehen lassen, ist der bequeme Weg. Aber nicht unbedingt der befriedigende.

Als Mensch sind wir größtenteils allein für unseren Lebensweg verantwortlich. Dazu gehören nicht nur Fortschritte. Auch mit Rückschlägen müssen wir umgehen. Bleiben wir aber optimistisch und widmen uns positiven Veränderungen.

DAS GRUNDSATZERLEBNIS

Es liegt ein paar Jahre zurück. Ein Grundsatzerlebnis. Eines dieser ungeahnten Ereignisse, die das Leben an Überraschungen bereithält. Nach Jahren gesundheitlicher Probleme verirrte ich mich wieder einmal zum Arzt.

Schlafmittel sollten es dieses Mal richten. Mein Körper war aus dem Gleichgewicht. Während mich tagsüber immer wieder ein Tiefschlaf übermannte, lag ich nachts wach. Das muss doch mit entsprechenden Medikamenten zu richten sein. Die Reaktion des Medikus war überraschend. Während eines 30-minütigen Monologs wies er mich auf meine Verfehlungen der vergangenen Jahre hin.

Gefangen im Arbeitsalltag, übergewichtig, depressiv. Immer mit dem Gefühl, unabkömmlich zu sein. Freude und Zufriedenheit waren käuflich. Die Leistung im Job stand stets an erster Stelle. Privat blieb in dieser Zeit so einiges auf der Strecke. Und dann, mit 36 Jahren sitze ich meinem Hausarzt gegenüber, der mir den Spiegel vorhält. Was muss sich ändern?

Er empfiehlt Sport. Als Ausgleich und um die Gesundheit zu stärken. Schwimmen zum Aufbau des schwachen Rückens. Letzte, ernst zu nehmende Aktivitäten liegen etwa 20 Jahre zurück. Seit dem Schulsport hatte ich erfolgreich darauf verzichtet. Das Leben in vollen Zügen genossen. Mit allem Ungesunden, was dazugehört.

Mein Gewicht kratzte an der dreistelligen Schallmauer. Ein Weckruf. Der Raubbau an Körper und Geist soll ein Ende haben. Von dieser Visite beim Arzt an ging ich einen Monat lang täglich ins Schwimmbad. Zu exzessiv? Vielleicht bereits ein Hinweis, wohin mich der Sport später noch bringen soll.

Beim ersten Besuch im nahen Hallenbad stieg ich nach vier Bahnen, also 200 Metern, völlig erschöpft aus dem Wasser. Nach einem Monat waren es 2.000 Meter. Die körpereigenen Brennstoffzellen erinnern sich, wie Energie bereitgestellt werden kann.

Im Alltagstrott werden wir träge. Bequem. Wir nehmen Dinge hin, die wir uns so niemals eingestehen würden. Gewohnheiten und Sicherheit überwiegen. Das ist auch gar nicht negativ zu werten. Mit Familie, Job, Freunden, Einkaufen, Kochen, Garten, Putzen, Auto, Fernsehen, sozialen Medien und vielem anderem sind wir mehr als ausgelastet.

Wir folgen allgemeinen Werten. Das Individuelle kommt dabei zu kurz. Aufopferungsvoll sind wir Tag für Tag für andere da. Es spielt keine Rolle, ob Kinder, Partner, Familienangehörige, Arbeitgeber, Kunden, Patienten, Gäste. Es bleibt nicht einmal die Zeit, um zu hinterfragen, ob es das ist, was wir wollen. Die Mühle mahlt.

Wir ergründen nicht, ob wir glücklich sind. Ob es DAS Leben ist, was wir träumen. Ob wir das mögen, was wir machen. Oder das machen, was wir mögen. Es gibt immer eine Möglichkeit für Reue. Uns der Unterlassung zu stellen. Das Schwierige ist die Erkenntnis. Das Eingeständnis.

Neben der physischen Veränderung stellte ich aber noch etwas ganz anderes fest. Mein Geist wurde wiedererweckt. Positive Gedanken und ein klares Denken waren das Resultat. Mein Selbstwertgefühl war plötzlich wieder ein anderes. Ich konnte mein Leben und Umfeld bewusster wahrnehmen.

Ein Artikel auf *wissenschaft.de* bringt es auf den Punkt: „Bewegung scheint geradezu ein Allheilmittel: Wer regelmäßig Sport treibt, der stärkt nicht nur Muskeln und Kondition. Die Bewegung trägt auch dazu bei, Gefäße und Stoffwechsel positiv zu beeinflussen. Das wiederum senkt das Risiko für viele Krankheiten wie Diabetes, Herz-Kreislauf-Erkrankungen und sogar Krebs. Zudem verbessert die sportliche Betätigung die Stimmung, kann Depressionen lindern und sogar Schmerzen unterdrücken. Die positiven Effekte der Bewegung reichen aber noch weiter: Studien belegen, dass regelmäßiger Sport auch die geistigen Leistungen bessern kann und so einer Demenz vorbeugt. Zum einen liegt dies daran, dass unser Denkorgan bei sportlicher Aktivität besser durchblutet und dadurch besser mit Sauerstoff versorgt wird. Zum anderen aber greift die Bewegung auch direkt in den Hirnstoffwechsel ein, wie Versuche mit Mäusen zeigen: Schon nach wenigen Tagen Lauftraining wuchsen den Tieren mehr neue Gehirnzellen im Gedächtniszentrum des Gehirns als bei ihren faulen Artgenossen."

Zeit stellt für alle die gleiche Einheit dar. Eine Minute hat 60 Sekunden, ein Tag 24 Stunden. Ob arm oder reich, Zeit lässt sich nicht verändern. Oder konservieren. Wir müssen jede Sekunde nutzen. Danach ist sie weg. Es gibt auch kein Zurück.

Dieses kostbare Gut sollten wir pflegen und bewusst behandeln. Wir können uns entscheiden, sie aktiv wahrzunehmen und zu gestalten oder sie zu vergeuden, ohne nachzudenken. Und diese Entscheidung trifft jeder für sich selbst. Die Verantwortung kann nicht delegiert werden. Sie verlangt einen sehr vorsichtigen und behutsamen Umgang.

Oft sind wir grob mit ihr. Oder ignorieren sie. Oder verschwenden sie. Es interessiert sie nicht. Sie läuft und läuft. Erst wenn wir sie aktiv wahrnehmen und mit ihr im Gleichklang leben, wird sie uns jeden Moment bewusst erleben lassen.

Wir sind nicht träge. Wir verschließen nur die Augen zu gern vor Unangenehmem. Dabei lohnt es sich, mit offenen Augen durch das Leben zu gehen. Wir wollen gebraucht werden. Und es fällt schwer, Nein zu sagen.

Stress schleicht sich in unseren Alltag. Wir üben uns im Zeitmanagement. Die vorhandene Zeit muss optimal gefüllt werden. Und schlingern so immer weiter in die Unabkömmlichkeit. Entspannung passt nicht in das Format Leistungsmensch. Wir brauchen ab und zu einen Tritt in den Hintern. Von anderen oder von uns selbst. Klingelnde Wecker, die uns aufwecken und so die Illusion schüren, Zeit sinnvoll zu nutzen.

Sport ist ein gutes Ventil. Aktivität stärkt unser System Mensch. Die richtige Anwendung und eine passende Dosis sind hierfür die Voraussetzung. Zu viel Enthusiasmus und falsche Ziele schüren Ersatzstress. Wir müssen unsere Erdentage auch nicht vollständig verplanen. Eine entspannende Yogaeinheit irgendwo in einen vollgestopften Tagesplan zu quetschen, wirkt kontraproduktiv. Und wer sagt denn, dass Sport, und noch dazu Wettkampfsport, die Wunderwaffe unserer Zeit ist?

Sinnvolle Freizeitgestaltung geht auch anders. Bewegung und Aktivität zählen aber zu den effektivsten Techniken, Alltagssorgen zu verarbeiten. Für uns Hobbyaktive soll Sport entspannend wirken. Positive Momente schaffen und Anspannungen abbauen. Und zwischendrin auch mal nichts tun.

Das Schwimmen hatte nur einen Nachteil. Ich verlor kaum Gewicht. Sicher auch ein Resultat aus Fettverbrennung und Muskelaufbau. Beim Treppensteigen lief mir immer noch der Schweiß. Der Körperwandel war noch am Anfang. Um diesen Prozess zu beschleunigen, musste die nächste Stufe gezündet werden.

Laufen wäre gut für Gewichtsreduktion. Das sagte mir Google. Und der muss es ja wissen. Ein Paar Laufschuhe war schnell organisiert und schon machte ich mich auf die erste Laufrunde. Es liegt nun fast 15 Jahre zurück, aber ich kann mich sehr gut daran erinnern. Das sind die Lebensereignisse, die man nie vergisst. Die Geburt der Kinder, eine Heirat, der Verlust eines dir lieb gewonnenen Menschen. Oder solch ein lebensentscheidendes Ereignis wie die jungfräuliche Laufrunde.

Rennen wir vor etwas davon? Das ganze Leben ist Bewegung. Laufen ist für viele nur ein weiterer Leistungsmesser. Ein abzuarbeitender Punkt. Ein Marathon gehört in jede Vita. So denken motivierte, beweispflichtige Laufanfänger. Am besten noch in einer anständigen Zeit.

Dabei ist es angenehmer, ohne jeden Druck dem Körper diese Form des natürlichen Antriebs zu gönnen. Keine Enttäuschung über verpasste Ziele. Nicht auf ständiger Suche nach Minuten oder Sekunden sein. Und nicht immer alles noch besser machen zu wollen. Eine große Aufgabe unserer Zeit liegt im Nicht-immer-Ziele-Setzen. Natürlich benötigen wir eine Richtung.

Abenteuerlicher und abwechslungsreicher ist unser Dasein allerdings, wenn wir diesen Weg ab und an verlassen. Und uns neugierig und offen ungewöhnlichen, neuen Herausforderungen stellen.

Ohne dieses Schlüsselereignis, dem lebensbeeinflussenden Besuch beim Arzt, würdet ihr nicht vor diesem Buch sitzen. Der Veränderungsprozess hat mich zu dem gemacht, was ich heute bin. Ein ausgeglichener, zufriedener und glücklicher Mensch. Ich realisiere Projekte, von denen ich früher nicht zu träumen wagte. Hätte mir damals jemand mein Leben so vorausgesagt, ich hätte ihn als Spinner abgetan. Stattdessen nenne ich mich heute Ultraläufer. Selbst ein Spinner. Der sein Leben mit Humor sieht.

LAUFEN ALS URFORM DER MENSCHLICHEN BEWEGUNG

Was aber bewirkt Sport und insbesondere das Laufen überhaupt? Warum hat Bewegung in unserem Leben einen solch hohen Stellenwert eingenommen? Um das zu verstehen, müssen wir das Rad der Geschichte weit zurückdrehen. Zu Zeiten der Jäger und Sammler war Bewegung lebensnotwendig. Die Jagd zu Fuß sicherte Nahrung. Neue Reviere mussten zur Existenzsicherung erkundet werden. Auch für die Fortpflanzung waren soziale Kontakte und Bewegung unabdingbar.

Bereits die Neandertaler gingen zur Jagd und sammelten Früchte. Sie waren aber keine Ausdauerathleten. Kurze Strecken konnten sie gut meistern. Aus Forschungen ging hervor, dass die Fußanatomie der Neandertaler gegenüber dem neuzeitlichen Menschen keine effiziente Lauftechnik zuließ.

Der Schwachpunkt war hierbei die Achillessehne. Die kürzere Sehne ermöglichte dem modernen Menschen einen energiesparenden Laufstil. War das ein entscheidender Grund, gepaart mit sich verändernden geografischen Umständen, warum der Neandertaler nicht überlebte? Weil er ein schlechterer Läufer war? Ein guter Grund für uns, ab und an die Laufschuhe aus dem Regal zu nehmen.

Die besseren Laufeigenschaften brachten dem Neuzeitmenschen die entscheidenden Vorteile. Sicherung des Überlebens stand an erster Stelle. Unsere Vorfahren waren Ausdauerathleten. Im Alltag. Noch bis vor ein paar tausend Jahren, bis zum festen Ansiedeln, dem Beginn von Ackerbau und Viehzucht in der Jungsteinzeit, diente die Bewegung dem Fortbestehen der Menschheit.

Von modernen Hilfsmitteln wie Schuhen, Funktionskleidung oder Energieriegeln waren sie weit entfernt. Sie liefen in freier Natur, versorgten sich an Bächen mit Wasser, aßen unterwegs Beeren und Nüsse und machten Pausen, wenn der Körper Erholung brauchte. Als Ultraläufer würde sie deshalb aber niemand bezeichnen. Sie betrieben einzig die natürlichste Form der Bewegung. Die ursprünglichste.

Nach der neolithischen Revolution, in Mitteleuropa etwa zwischen 5800 und 4000 v. Chr., und dem Übergang in Feldwirtschaft, Lagerhaltung und dem daraus resultierenden Handel wurden die Grundlagen für eine arbeitsteilige Gesellschaft gelegt. Der umfangreiche Bewegungsradius und die -intervalle waren plötzlich nicht mehr vonnöten. Bis heute gilt für die meisten unserer Artgenossen das Motto: „Nicht mehr als nötig."

Wir müssen keine wilden Tiere mehr jagen, schneller laufen können als der uns verfolgende brüllende Löwe. Die Fahrt zum Supermarkt hat die Stelle des modernen Kampfs um Nahrungsmittel eingenommen. An Drive-in-Schaltern müssen wir nicht einmal mehr aus dem Auto. Wir vereinfachen uns den Alltag vermeintlich. Ja, selbst die Lebenspartnerin, mit der wir den Fortbestand sichern, kann man bequem von zu Hause aus via Internet kennenlernen.

Was ist aus dem Menschen als Läufer geworden? Blicken wir in der Geschichte etwas weiter. In die Zeit Altgriechenlands und des alten Roms. Für die Griechen und Römer gehörte Sport bereits zum Alltag. Die Hellenen können hierbei als Vorreiter gesehen werden. Körperliche Ertüchtigung und Wettkämpfe waren von großer Bedeutung. Die athletische Erziehung diente nicht zuletzt der Vorbereitung der jungen Männer auf den Krieg.

Die antiken Olympischen Spiele fanden bereits im Zeitraum von 776 v. Chr. bis 393 n. Chr. statt. Alle vier Jahre versammelten sich im Heiligen Hain von Olympia neben den Athleten offizielle Vertreter aus der gesamten griechischen Welt. Die Spiele waren von außerordentlicher Bedeutung weit über den Sport hinaus. Sie dienten Kultur und Politik als wichtiges Forum. Und sie waren ein Symbol von geistiger Einheit bei den ständig zerstrittenen Griechen.

Laufen ist bei der Olympiade die älteste Disziplin. Während der ersten 13 Austragungen war der Stadionlauf der einzige Wettbewerb. Erst später kamen andere Sportarten hinzu. Gelaufen wurde barfuß eine Stadionrunde über 192,28 Meter. Die Streckenlänge wurde bei weiteren Austragungen bis auf 24 Stadionrunden ausgedehnt, das entsprach immerhin schon 4.614 Metern.

Zugelassen waren nur männliche Athleten. Sie wurden monatelang vor den Wettkämpfen trainingsspezifisch vorbereitet. Spezielle Ernährung sollte den Trainingseffekt steigern. Und Massageöle zur besseren Entspannung der Muskulatur wurden bereits verwendet. Für die Athleten war der Sieg das Erstrebenswerte. Das heutige olympische Motto „Dabeisein ist alles" steht dazu klar im Gegensatz zum damaligen aus Homers Epos *Ilias:* „Immer der Erste zu sein und den anderen überlegen". Der Stärkere überlebt.

Für die Sportler war es damals bereits eine Chance, ihrem Leben materielle Erfüllung zu geben. Im Jahr 393 wurden alle heidnischen Zeremonien, darunter auch die Olympischen Spiele, vom römischen Kaiser Theodosius I. (379-395) verboten.

Das Laufen hatte also in ein paar tausend Jahren eine völlig andere Bedeutung bekommen. In der gesamten Geschichte der Menschheit ein kurzer Zeitraum. Von überlebenswichtig hin zum Mittel der Selbstdarstellung und zum Erschaffen von Privilegien.

Während der Zeit des kriegerischen Mittelalters, dem steigenden Einfluss der Kirchen, der Entdeckung der Neuen Welt durch die Seefahrer, der Kolonialisierung und Seuchenzeiten wie der Pest blieb kaum Platz für sportliche Orientierung.

Erst in der Neuzeit kam es durch Pioniere wie Friedrich Ludwig Jahn (1778-1852), besser bekannt als Turnvater Jahn, zu einer Renaissance des Sports. Sein Motto „frisch, fromm, fröhlich, frei" täuscht über den eigentlichen Zweck der Bewegung hinweg. Er initiierte die deutsche Turnbewegung, um die Jugend auf den Kampf gegen die Eroberung Napoleons I. vorzubereiten. Das und seine politischen Ansichten geben Grund für kontroverse Diskussionen. Sein Verdienst für den Sport ist aber unumstritten.

Ein wichtiger Meilenstein für sportliche Aktivitäten, so wie wir sie in der heutigen Zeit betreiben, war die Wiederbelebung der Olympischen Spiele 1894 durch den französischen Pädagogen und Historiker Pierre de Coubertin (1863-1937). Als Treffen der Jugend der Welt sollen sie der Völkerverständigung und dem sportlichen Wettstreit dienen. Ein friedliches Miteinander mit vielen positiven Energien. Auch wenn im vergangenen Jahrhundert die Spiele ab und an zu politischen Zwecken missbraucht wurden, sind die olympischen Wettkämpfe nach wie vor das Highlight in einem (Profi-)Sportlerleben. Aber auch die Auswirkungen für die Freizeitsportler sind nicht zu unterschätzen. Stehen die Olympiaden doch für faire sportliche Auseinandersetzungen und haben somit eine enorme Vorbildwirkung.

Sind wir nun also geboren, um zu laufen? Ja, unbedingt! Keine andere Sportart benötigt so wenig Equipment. Es muss nicht barfuß sein, wie in der Antike. Ein Paar Laufschuhe genügen und schon kann es losgehen. Was hält uns also oft davon ab, unsere Gene zu nutzen und die einfachste aller Bewegungsformen für unser Wohlbefinden zu nutzen? Es braucht manchmal eine Initialzündung. Ob das nun ein Arzt, der Nachbar, eine neue Liebe oder ein ähnliches lebensveränderndes Ereignis ist.

Die ersten Jahre meiner sportlichen Karriere nach der Wiedergeburt mit 36 Jahren verliefen wechselhaft. Ich hatte keine Ahnung von Training oder dem gezielten Aufbau des Körpers. Gewicht musste runter und ich spürte diese positiven Effekte im Hirn. Das kommt euch sicher bekannt vor.

Der Ausstoß von Endorphinen, wenn man eine gewisse Zeit gelaufen ist. Dieses befriedigende Lächeln nach der Laufrunde. Die Glückshormone tanzen unkontrollierbar in einem süchtig machenden Rhythmus. Sich diesen vom Körper selbst produzierten Drogen hinzugeben und in einen meditativen Zustand zu gelangen, wird auch als *Flow* bezeichnet.

Ich mochte dieses Gefühl. Und irgendwie lief ich plötzlich nicht mehr aus dem rationalen Grund der Gewichtsreduktion. Eine Stunde am Abend nach der Arbeit ließ alle Probleme des Tages vergessen. Morgens nach dem Aufstehen schaffte ein lockerer Lauf einen klaren Kopf und Körper und Geist waren bereit für den Tag. Es spielte keine Rolle, wann ich lief, es fühlte sich gut an.

Ich war einer neuen Sucht verfallen. So definierten das zumindest meine Freunde. Mir jedoch war schon damals klar, ohne das Wissen über Laufen und Sport, was ich mir in den kommenden Jahren noch aneignen sollte, dass eine Abhängigkeit auch einen Zwang beinhaltet. Und den verspürte ich zu keiner Zeit.

Wenn ich keine Lust auf Sport hatte, konnte ich mich anderen Interessen widmen. Das hatten die Laufeinheiten bereits in der frühen Phase bewirkt. Wie wir vorher festgestellt haben, ist Laufen etwas ganz Natürliches für unseren Körper. Und ich hatte mir diese Urzeitfähigkeit wieder angeeignet. Unsere Vorfahren haben uns diese mitgegeben. Von Sucht also keine Spur.

Nach einigen Jahren Triathlon bis hin zu Ironman-Distanzen suchte ich vermehrt Entspannung im Sport. Es klingt paradox. Aber im Wissen, kein Weltmeister oder Olympiasieger zu werden, wollte ich die Schmerzen, die im Training oder bei Wettkämpfen auftreten, genießen können.

Bei vielen Hobbyathleten bleibt der Spaß und Genuss oft auf der Strecke. Das Ambitionierte überwiegt. Dabei haben wir doch bereits genug Belastung im Alltag. Job, Familie, Freunde und nun auch noch das Hobby. Es muss alles unter einen Hut passen.

Meine Entscheidung stand fest. Längere Distanzen, den Körper herausfordern. Gleichzeitig eine Genussvariante des Sports suchen. Und so kam ich unweigerlich auf Ultraläufe. Nach 10 Jahren Aufbau und auch Raubbau am Körper war ich bereit für eine neue Form der Belastung.

Mittlerweile hatte ich die Trainingsplanung in die Hände eines Profis gegeben. Nach der deprimierenden Diagnose einer renommierten Züricher Sportklinik sah ich mich dazu gezwungen, wollte ich weiter Sport treiben. Die Innenmenisken beider Knie waren verschlissen. Falsche Belastungen, schlechte Vorbereitung auf Wettkämpfe, zu intensives Training, nicht sportgerechte Ernährung und noch einiges mehr hatten dahin geführt.

Während eines dreistündigen Gesprächs versuchten mir Orthopäden klarzumachen, dass an einem Eingriff kein Weg vorbeiführt. So oder so könne ich das Laufen für den Rest meines Lebens vergessen. Eine Belastung, wie ich sie in den vergangenen Jahren exzessiv betrieben habe, wird nicht mehr möglich sein.

Niederschmetternd. Es war an einem Freitag. Unvergesslich. Die Stimmung war während des ganzen Wochenendes im Keller. Ist denn Sport nun gesund oder nicht? Sollten meine Freunde recht behalten, dass ich mich der Sucht hingab und nun vor dem Ergebnis stehe? Und was ist mit unseren Genen?

In diesem Moment änderte sich etwas in meinem Leben. Erneut. Ich beschäftigte mich mit dem Thema Sport. Las über den Körper. Verstand Zusammenhänge. Nach dem Wiedereinstieg in das aktive Leben sicher einer der wichtigsten Momente.

Das war auch der Beginn einer bis heute andauernden Zusammenarbeit, mittlerweile Freundschaft mit dem diplomierten Sportwissenschaftler Dr. Konrad Smolinski von KS-SPORTSWORLD. Seine Erfahrung, nicht nur im sportlichen Bereich, sondern wesentlicher im Umgang mit Menschen haben mich auch in dieser schwierigen Phase nicht den Kopf in den Sand stecken lassen. Er überzeugte mich, mittels soliden Aufbaus einen konservativen Weg raus aus der Verletzung zu finden.

Von der Klinik bekam ich drei Monate Bedenkzeit. Der Vertrag zum OP-Termin lag unterschriftsbereit vor mir. Wenn ich die Papiere heute in die Finger bekomme, ertappe ich mich bei einem Lächeln. Statt Anästhesie und Skalpell standen Wackelbrett und Gummibänder während dieser drei Monate auf dem Programm. Muskelgruppen, die ich bis dahin nicht kannte, wurden aufgebaut. Das erste Ziel war Schmerzfreiheit.

90 Tage später saß ich im Warteraum der Sportklinik. Meine Idee über den weiteren Verlauf der Genesung hatte ich parat. Jetzt musste ich nur noch die Ärzte von ihrem Vorhaben abbringen. Spezialisten, die in einer Fehlstellung einen Makel sehen, der sich mit einfachen Mitteln beheben lässt. Die Person dahinter wird dabei oft vergessen.

In einem kurzen Gespräch konnte ich die Mediziner davon überzeugen, einen Weg für mich gefunden zu haben. Ohne Eingriff. Bis heute habe ich die medizinische Einrichtung nur noch einmal besucht. Für einen Vortrag. Über das Laufen.

Ich glaube nicht an Wunder. Jede Reaktion resultiert aus einer Aktion. Der gezielte Aufbau der Strukturen rund um das Knie, ja des gesamten Körpers, bewirkte eine Linderung der Schmerzen. Unterstützend wurde die Ernährung optimiert. Nichts Verrücktes.

Entzündungshemmende Lebensmittel und ein Nährstoffpaket brachten schnell den gewünschten Erfolg.

Viel wichtiger war aber das Verstehen der Probleme. Sollte ich das Knie schonen, wie die Ärzte es mir empfohlen hatten? Und da sind wir wieder bei den Urmenschen. Ihnen blieb keine andere Wahl, als sich täglich aufzumachen und Nahrung zu beschaffen. Eine permanente Belastung für den Bewegungsapparat. Und genau das benötigen wir.

Sitzen ist das neue Rauchen. So wird unsere Bewegungsschwäche oft betitelt. Wir brauchen die Stoßbelastungen auf den Gelenken, die wir im Alltag absolut vernachlässigen.

Nach sechs Monaten aktiver Therapie erreichte ich bei einem meiner letzten Ausflüge in den Triathlon eine neue persönliche Bestzeit über die Mitteldistanz. Ein positives Signal für den Körper. Er ist bereit für Abwechslung. Zeit für neue Taten. Auf zu längeren Läufen. Lang und locker.

Mit erfolgreichem Absolvieren von Distanzen bis zu 100 Meilen und Etappenläufen bis 250 Kilometern eröffnete sich eine neue Welt. Eine bis vor Kurzem für unmöglich gehaltene. Mehr mentale Herausforderung als physische. Angekommen in der Welt des Ultralaufs.

Das Faszinierende am Laufen ist seine meditative Form. Genuss steht im Vordergrund. Wir müssen die Wildsau nicht mehr zu Tode hetzen. Unser Laufverhalten hat sich von Notwendigem zum Hobby weiterentwickelt. Wir adaptieren Reize und passen uns neuen Gegebenheiten an. Das Wahrnehmen von Natur und Umwelt spielt eine bedeutende Rolle. Achtsamkeit und Konzentration auf das Hier und Jetzt. Den Körper übermannt ein rauschartiges Gefühl. Die Beine laufen von selbst.

Selbst bei extrem überlangen Distanzen jenseits der 200-Kilometer-Marke nonstop macht man diese äußerst befriedigende Erfahrung. Bedingung ist eine solide Trainingsbasis und ein Loslassenkönnen. Auch das ist trainierbar. Unser Gehirn schaltet in Zeiten hoher Ausdauerbelastung einzelne Regionen ab bzw. reduziert seine Aktivität.

Hast du während eines intensiven Laufs schon einmal versucht, komplizierte mathematische Formeln zu lösen? Es wird dir schwerer fallen als entspannt am Schreibtisch. Wir sprechen von Abschaltenkönnen beim Laufen. Im wahrsten Sinne des Wortes. Das unterscheidet Laufen von anderen Ausdauersportarten, wie z. B. Radfahren.

Den Körper und Geist auf zwei schmalen Rädern in einen Trancezustand zu versetzen, könnte lebensgefährliche Folgen haben. Beim Laufen sieht das anders aus. Speziell bei Ultraläufen, also Distanzen über die klassische Marathondistanz hinaus, erschafft unser System einen Zustand, der fast schon als Entspannung bezeichnet werden kann. Im vollen Gegensatz zur geleisteten körperlichen Extrembelastung.

EIN TRAUM WIRD WIRKLICHKEIT

Auf einer Trainingsrunde kam mir dann in genau dieser Stimmung eine weitreichende Idee. Laufen auf allen sieben Kontinenten. Ultraläufe. In einem Zeitraum von 12 Monaten. Ein Gedanke, der sich schnell im Gehirn als Traum festsetzt. Soweit ich recherchieren konnte, hatte das genau ein Läufer vor mir geschafft. Eine Herausforderung, die sich mit meiner steigenden Reiselust bestens vereinbaren lässt.

Es soll eingebunden werden in ein Hilfsprojekt. Das Thema hierfür muss Kinder und Asien beinhalten. Unsere Sprösslinge in hiesigen fürsorglichen Ländern behütet aufwachsen zu sehen, im Wissen, dass es nicht vielen auf unserem Planeten so gut geht, hat mich darin bekräftigt. Von früheren Reisen nach Nepal bestand bereits Kontakt zu einer Hilfsorganisation vor Ort.

Ein Projekt war schnell definiert. An einer Schule in einem abgelegenen Gebiet in der Everestregion war die Bibliothek seit dem Erdbeben 2015 zerstört. Sämtliche Bücher sind verschollen. Der Aufbau des Gebäudes und ein besserer Zugang zu Bildung von über 1.000 Kindern sind Motivation genug. Das Budget zum Aufbau in Höhe von 28.000 US-Dollar sollte erreichbar sein.

Irgendwann habe ich von den ausgefallensten Wettkämpfen auf unserem Planeten gehört: ein Lauf in der Antarktis, all die Wüstendinger, Läufe in 5.000 Metern Höhe usw. Während der Vorstellung des Projekts bei einer Marketingexpertin wies sie mich auf einen Makel hin. Sieben Ultraläufe auf sieben Kontinenten in 12 Monaten klingt nicht rund und ist schlecht zu vermarkten. Um Spender zu finden, muss ein gut kommunizierbares Konzept erstellt werden.

Es wäre besser, den Zeitrahmen ebenfalls auf die Zahl sieben festzulegen. Also nicht sieben Jahre, sondern sieben Monate. Da haben wir den Salat. Die Herausforderung wird nicht geringer. Interessanterweise nimmt der Ansporn in gleichem Maße zu. Es sind nicht die Aufgaben, die uns leichter fallen, von denen wir schwer abzubringen sind. Im Gegenteil, lassen uns große Projekte über uns hinauswachsen.

Die Idee ist super. Das hat so noch niemand gemacht. Als experimentierfreudiger Mensch bin ich sofort dabei. Etwas kribbelt in mir. Ich kann es kaum erwarten, an der ersten Startlinie zu stehen. Aber bis dahin ist es noch ein langer Weg.

Nach Übergewicht und Dauerstress hat mich der Sport wieder auf die Spur gebracht. Und dass es jetzt Extremsport sein soll, dem ich mich hingebe, liegt im Auge des Betrachters. Durch das Herantasten an Grenzen und das Überschreiten derselben, oder besser das Verschieben der Komfortzone, adoptiert der Körper Belastungen.

Es mag jemanden extrem vorkommen, dass ich einen 100-Meilen-Lauf absolviere oder 24 Stunden am Stück renne. Für mich ist es extrem, Dinge zu erledigen, bei denen ich mich nicht wohlfühle, die ich nicht kann. Zum Beispiel als Pilot die ständige Verantwortung für Passagiere zu übernehmen. Oder kranke Menschen zu pflegen. Oder komplizierte physikalische Zusammenhänge zu untersuchen. Da gibt es unzählige Beispiele, die nicht in meiner Komfortzone liegen. Für Menschen, die sich nicht mit Ausdauersport beschäftigen, ist ein Marathon bereits extrem.

Laufen geht immer und überall. Witterungsverhältnisse spielen dabei eine ebenso untergeordnete Rolle wie Geländestruktur oder Untergrund. Selbstverständlich macht ein Lauf in einer inspirierenden Umgebung umso mehr Spaß. Für die einen ist das der in der Nähe liegende Wald, andere lieben Bewegung im Urbanen. Hauptsache, die Blutzirkulation ankurbeln, das Herz-Kreislauf-System aktivieren und stärken.

Unsere viel zu oft geschonten Knochen und Gelenke jauchzen vor Freude. Sehnen und Bänder helfen unterstützend. Der gesamte Bewegungsapparat dankt es uns mit geringerer Anfälligkeit gegenüber Verletzungen. Ja, sogar gegenüber Infekten. Und laufen stärkt Toleranz. Gegenüber Menschen im Allgemeinen. Und gegenüber dem eigenen Leben.

Ambitionierte trainieren dabei anders als Gesundheitsläufer. Das Ziel ist bei beiden gleich. Ein zufriedenes Lächeln nach absolvierter Einheit unter der Dusche als Belohnung.

Etwas vorsichtig müssen wir dann aber doch mit der Verherrlichung des Laufens umgehen. Klar, das Buch hier handelt von einem Laufprojekt und den Vorzügen, die diese zyklische Vorwärtsbewegung mit sich bringt. Es spielt aber weniger eine Rolle, welche Art von Sport ausgeübt wird. Zufriedenheit und Befriedigung dabei empfinden. Das ist es, was zählt.

Da gibt es ja noch unzählige andere Möglichkeiten der aktiven Freizeitgestaltung. Man darf sich da nicht zu ernst nehmen. Jeder hat seine eigene Lebensphilosophie. Bewusst oder unbewusst. Ich mag es, einfach und mit Leichtigkeit den Alltag zu bestreiten.

Unsere Existenz ist zeitlich begrenzt. Wir stehen zwangsläufig hin und wieder komplexen Aufgaben und Anforderungen gegenüber. Dann kann es in der Freizeit auch mal etwas schlichter zugehen. Laufen ist kinderleicht. Ein Paar Laufschuhe, wenn überhaupt, genügen.

Sportliche Ziele zu finden, ist nicht schwer. Die eigenen Fähigkeiten und Bedürfnisse abzuschätzen, dann aber schon. Oft sind wir zu vorsichtig. Bauen bereits beim Formulieren von Absichten Sicherheitsmargen ein.

Ein Marathon ist für einen Laufanfänger unvorstellbar. 42 Kilometer. Allein diese Zahl lässt die Poren die Schweißproduktion ankurbeln. Speziell für Menschen, die erst spät in ein sportliches Leben einsteigen, ist eine gesunde Herangehensweise unumgänglich.

Step by Step. Anfangs nicht zu viel wollen. Das „Was?“ muss klar sein. Dann kümmert dich auch das „Wie?“ wenig. Über das „Warum?“ machen wir uns hier mal keine Gedanken. Die Steigerung kommt dann wie von selbst. Für mich gibt es da nur eine Überlegung. Was ein anderer kann, kann ich auch. Und manchmal auch noch viel mehr. Was spricht dagegen?

Wir wachsen mit unseren Aufgaben. Das ist aber noch nicht alles. Wir entwickeln uns mit jeder neuen Herausforderung weiter. Ohne Innovationen würden wir vermutlich immer noch durch die Savanne streifen und unser Nachtlager in Höhlen finden. Es sind die bedeutenden Schritte, die die Menschheit weitergebracht haben.

Die Erfindung von Feuer, Zeit, Ackerbau, Elektrizität, von Rad oder Computer sind Meilensteine in der Geschichte. Und die Anpassungen nehmen an Geschwindigkeit zu. Moderne Medien werden von allen Altersklassen mittlerweile mit Leichtigkeit bedient. Noch vor ein paar Jahren galten Computergrundkurse für Senioren als Standard.

Unterdessen steht Facebook für das einfachste Onlinekommunikationsmedium, um mit Familie und Freunden in Kontakt zu bleiben, Neues aus allen Ecken der Welt zu erfahren und Geschichten zu teilen. Altersschichtenübergreifend. Ständig am Mobiltelefon abrufbar. Fluch und Segen zugleich. Auch wenn sich der eine oder andere die gute alte Zeit zurückwünscht, die Zukunft hält unaufhörlich Einzug.

Für uns getriebene Kreaturen kann das zu Stress führen. Wir wollen stets up to date bleiben. Jede Modernisierung mitgehen. Dabei wäre es ab und an sinnvoller, uns als Individuum zu betrachten und nicht nur das Gesamtbild der Menschheit zu sehen. Was wollen wir? Worin liegen unsere Stärken?

Wir wägen uns als Zahnrad einer ständig in Bewegung pulsierenden Maschinerie. Ein schreckliches Bild, das so gezeichnet wird. Wenn einer ausfällt, kommt der Motor zum Erliegen. In der Realität sieht das anders aus. Jeder ist abkömmlich. Das wird uns bei einem krankheitsbedingten Ausfall schnell bewusst. Und ist dann auch ebenso schnell wieder vergessen, sobald es uns besser geht.

Auch wenn Laufen nicht der Heilige Gral unter den Sportarten ist, so bringt es uns doch eines näher. Ob sich unsere Umwelt progressiv entwickelt, spielt keine Rolle, die Laufgeschwindigkeit bleibt unverändert. Wir werden es nicht schaffen, unseren Schnitt von fünf Minuten pro Kilometer auf 30 Sekunden pro Kilometer zu erhöhen.

Das ist die gute Nachricht. Die weniger gute kommt prompt: Für viele ist eine Laufgeschwindigkeit von fünf Minuten pro Kilometer bereits purer Stress. Allerdings kein negativer. Zumindest nicht dauerhaft. Und wie die Entwicklung in den Epochen der Menschheitsgeschichte, treiben auch wir unsere eigene voran.

Konstantes Arbeiten am Körper und auch wohlverdiente Ruhepausen sind Bestandteile eines erfüllten Lebens. Wer einmal das befriedigende Gefühl nach einer Laufrunde im frisch duftenden Regen wahrgenommen hat, gönnt sich mehr davon. Und entwickelt nicht nur seinen Körper, sondern nebenher auch den Geist stetig weiter.

Ich mag es, beim Laufen abzuschalten. Neue Gedanken in sich aufkeimen zu lassen. Oder einfach nichts zu denken und den Wind, die Sonne oder Kälte zu spüren. Allein oder mit anderen, beides hat seinen Reiz.

Wenn es aber an Ultradistanzen geht, bist du allein. Du musst Dinge mit dir selbst ausmachen. Kaum jemand absolviert mit dir ein mehrstündiges Lauftraining. Sind Ultraläufer deshalb Eigenbrötler oder Egoisten? Das hängt von der jeweiligen Persönlichkeit ab.

Im Allgemeinen kann man aber sagen, dass die Gemeinschaft der Ultraläufer eine sehr starke Gruppendynamik aufweist. Zusammenhalt und Respekt gegenüber den Mitstreitern sind größer als bei anderen Sportarten. Die Freude über den Erfolg des anderen wird geteilt. Das ist sicher ein entscheidender Reiz, der die langen Dinger ausmacht. Bei den Läufen herrscht eine entspannte Atmosphäre.

Trotz Wettkampfanspannung. Du gehst in deinen Körper und lernst immer neue Seiten an dir kennen. Die Intensität ist nie so hoch wie bei kürzeren, schnelleren Distanzen. Du nimmst Dinge bewusster wahr. In deiner Umgebung, aber auch an dir selbst. Deshalb sind Ultraläufer auch gern ohne großen Schnickschnack unterwegs.

Es wird oft als Philosophie bezeichnet. Ist aber nichts anderes, als störende Faktoren auszublenden. Was hilft es mir, meine Herzfrequenz bei einem 100-Kilometer-Lauf aufzuzeichnen? Wie motiviert würde ich sein, wenn mir mein Handy sagt: Kilometer 5 von 100. Einige Läufer sind mit Musik unterwegs. Ich genieße lieber jedes Geräusch um mich herum.

Und aus dieser Liebe und Überzeugung zum Laufen wurde der *Run for Children* geboren. Ein hoch angesetztes Ziel motiviert. Sieben Monate, sieben Etappen-Ultraläufe über eine Gesamtdistanz von knapp 1.700 Kilometern und unzähligen Höhenmetern in den unwirtlichsten Gegenden der Erde auf allen sieben Kontinenten. Mehr als eine Mission.

Einer läuft, viele spenden. Mit dem Erlös wird der Aufbau eines Schul- und Ausbildungsprojekts in Mainapokhari, Nepal, unterstützt. Während zwei Jahren wird mich dieses Hilfsprojekt fordern und begleiten. Viele Unbekannte stehen im Vorfeld im Raum. Das macht es umso spannender.

Wir haben den Drang, alles bis ins Detail planen zu wollen. Die Realität hält aber immer wieder Überraschungen bereit. Unser Leben verläuft nicht nach vorgefertigtem Drehbuch. Du bist dein eigener Autor. Die Handlung bestimmst du. Ebenso, was in deinem Buch vorkommt.

Station 1/7

„THE HIDDEN TREASURE“, ALBANIEN, EUROPA

Der erste der sieben Läufe des Projekts *Run for Children* fand im September 2018 in Albanien statt. „The Hidden Treasure" - der Name ist Programm. In einem Staat in Europa, von dem wir so wenig wissen. Mit Vorurteilen behaftet, hat es eines der ärmsten Länder unseres Kontinents nicht leicht, sich als Sportdestination einen Namen zu machen. Stefan Betzelt von „GlobalLimits" will das ändern. Zum zweiten Mal lud er auf 220 Kilometer ein, das Land von seiner ursprünglichen Seite kennenzulernen.

Bereits nach der Ankunft in Tirana wird klar: Gegensätze sind in diesem Land an der Tagesordnung. Die moderne städtische Jugend verkörpert ein neues Zeitalter. Losgelöst von den semikommunistischen Strukturen der letzten Jahrzehnte und in Aufbruchstimmung. Aber doch irgendwie gefangen in den schwachen Wirtschaftsstrukturen.

Demgegenüber stehen die traditionellen Bewohner der Bergregionen. Seit der großen Landflucht in den 1990er-Jahren leben 54 Prozent der knapp drei Millionen Einwohner des Landes in den Städten. Wir aber laufen im weniger bevölkerten Hinterland.

Wie ist so ein Mehrtageslauf, auch Etappenlauf genannt, aber eigentlich aufgebaut? Es gibt da die verschiedensten Strukturen. Eines haben alle gemeinsam. Die Gesamtstrecke wird auf mehrere Tage verteilt. Bei den meisten Veranstaltungen ist mindestens eine Etappe über eine Ultradistanz, also mehr als die klassische Marathonstrecke, zu absolvieren.

Gestartet wird gemeinsam. Jeder Läufer kann das Tagesziel in seinem eigenen Tempo erreichen. Sofern er innerhalb der Cut-off-Zeit bleibt. Vom ambitionierten Renner bis zum genießenden

Walker trifft man auf ein breites Spektrum an Teilnehmern. Eines haben alle gemeinsam: Spaß an Bewegung und Abenteuerlust im unbekannten Terrain.

Die meisten Etappenläufe finden an sehr speziellen Locations statt. Hier im Buch sind nur sieben präsent. Es gibt über den gesamten Globus verteilt unzählige mehr.

Ab der ersten Etappe in Albanien wird klar: Das Land hat richtig Berge. Etwa die Hälfte der Fläche des Balkanstaates sind Gebirgszüge. Auf den höchsten, den 2.764 Meter hohen Korab, müssen wir zwar nicht rauf, aber von Beginn an haben die Streckenmarkierer auf Höhenmeter gesetzt.

Die Trails und Bergstraßen kann man sich aber nicht wie in den Alpen vorstellen. Hier dominieren Steine: Kieselsteine und Felsen, scharfe und runde, nasse und trockene, feste und lose. Steine, Steine, Steine. Ein ganz schöner Eiertanz. Für das Auge gibt es spitz aufragende Bergkuppen, Weideflächen, Hügel und viel Grün. Alles recht ursprünglich.

Bauern und Schafhirten sind so ziemlich die einzigen Menschen, denen wir abseits der kleinen Dörfchen begegnen. Einzelne Ortschaften bestehen nur aus einer Handvoll Häusern. In anderen verfallen Grundstücke. Die ehemaligen Bewohner sind längst nach Italien oder Griechenland ausgewandert.

Was ist das Besondere an diesem Lauf? Das Streckenprofil stellt natürlich auch eine Herausforderung dar. Aber es sind doch eher die Menschen hier im ländlichen Albanien. Überall werden wir stets mit einem Lächeln begrüßt. Eine natürliche Freundlichkeit strahlt uns entgegen.

Wir verbrachten eine Nacht bei einer Familie in deren Haus. Wurden reich bekocht. Sie haben ihr Schlafzimmer für uns geräumt. Gastfreundschaft par excellence! Das ältere Paar sprach kein Englisch und niemand von uns Albanisch. Und doch fanden wir ein gemeinsames Level. Vermutlich waren sie einfach so nett, weil wir auf der Mitleidsstufe ganz oben bei ihnen standen. Ein paar Verrückte rennen durch die Berge.

Und dann sind da noch die historischen Stätten, die wir während der sechs Tage anlaufen. Der geschichtliche Hintergrund meist griechisch-römisch basierend, aber auch der Einfluss der Osmanen und anderer Gruppen wie der Illyrer ist allgegenwärtig.

Der Start erfolgt in Berat, seit 2008 UNESCO-Welterbe. Auch die Stadt der tausend Fenster genannt. Uns bleibt keine Zeit zum Zählen. Nach der Nationalhymne, vorgetragen von einer Schulklasse, und einer kurzen Ansprache der Bürgermeisterin geht es auf den Weg.

Die letzte Nacht haben wir in Zelten in der Burgfestung Kalaja, erhöht über dem Osumtal und den verwinkelten Gassen der Altstadt verbracht. 11 orthodoxe Kirchen, Moscheen und Ruinen von Zisternen und allerlei Steinhäusern zeugen von einer bewegten Geschichte.

Aber wir sind ja nicht hier im Land als Touristen unterwegs. Also nicht alle. Die Teilnehmer bei Ultraläufen stehen aus total unterschiedlichen Motiven am Start. Jeder hat seine eigene Geschichte. Der eine ist dem Alkohol entkommen, der andere Drogen. Überwundene Krankheiten und die Rückkehr ins Leben werden ebenso zelebriert. Wieder andere fliehen gern temporär vor der Ehefrau (oder dem Ehemann ...). Oder bringen sie gerade mit und absolvieren den Lauf zusammen.

Dann gibt es da noch die Masochisten, die sich so eine freudvolle Qual zu einem runden Geburtstag schenken. Oder jene, die den Kick auf längeren Distanzen suchen. Ein paar haben schon alles gemacht und befriedigen sich ab und an mit einem neuen Ziel. Nicht zu vergessen die Angeber, die es dem Nachbarn beweisen wollen. Und solche, die eine Teilnahme und das Medaillensammeln extrinsisch motiviert, überhaupt Sport zu treiben.

Fast vergessen gegangen sind die Naturburschen, die sich fernab von befestigten Straßen erst so richtig wohlfühlen. Man erkennt sie an einem überlangen Vollbart. Und die Ambitionierten, denen es einzig um den Sieg oder zumindest das Erklimmen des Podests geht. Okay, die sind in der Unterzahl. Was ist mit den Gesellschaftsmenschen, die eine Gruppe um sich herum benötigen? Allein im Wald zu joggen, wäre nichts für sie.

Gibt es da eventuell auch Zeitgenossen, die einen solchen Anlass zur Partnersuche nutzen? Zumindest wäre das gemeinsame Hobby dann das Gleiche. Und selbstverständlich der Lauftourist, der eine alphabetisch sortierte Liste in Excel führt und keinen Hehl daraus macht, bereits in 103 Ländern die Laufschuhe geschnürt zu haben. Und da ist zu guter Letzt der Genussläufer, der sich an den Verpflegungsstellen gern etwas mehr Zeit lässt, die Fotokamera immer griffbereit hat und nach Erreichen der Ziellinie von fruchtig-süßen Beeren oder einem erfrischenden Bad bei einer Flussquerung unterwegs berichtet.

Eine bunte Mischung, die sich so oder in ähnlicher Zusammensetzung für das Abenteuer „The Hidden Treasure“ angemeldet hat. Eines haben dabei alle gemeinsam. Sie eint der Spaß an der Bewegung. Wir sind zum Laufen geboren.

Wo ich mich bei der Aufzählung wiederfinde? Ein wenig von allem. Es kommt immer auf die aktuelle Verfassung und die örtlichen Gegebenheiten an. Laufen kann überall Laune machen. Ich habe für mich herausgefunden, dass feuchte Hitze meinem Körper nicht so gut tut wie trockene. Wärme habe ich beim Laufen generell lieber als Kälte. Große Höhen machen mir weniger zu schaffen als anderen Mitstreitern. Als Urzeitmensch und Läufer hätte ich vermutlich bessere Überlebenschancen im äthiopischen Hochland als im Amazonasbecken gehabt.

Im Zuge des *Run for Children* habe ich ja noch genügend Gelegenheiten, weitere ausgiebige Tests am eigenen Körper durchzuführen. Was ich zum jetzigen Zeitpunkt schon weiß: Es wird nicht langweilig und die Anpassungszeiten an vollkommen verschiedene klimatische und geologische Bedingungen sind teilweise knapp bemessen zwischen den einzelnen Wettkämpfen. Und je nach körperlicher und geistiger Verfassung erkenne ich mich in dem einen oder anderen Klischee wieder. Aber jetzt gilt der Fokus dem ersten Wettkampf hier in Albanien.

Die Hitze der kommenden Tage wird brutal. Albanien ist die Verlängerung Griechenlands. Klimatisch mit dem großen Nachbarn identisch. Mitte September herrschen Temperaturen bis zu 40 Grad Celsius. Die Läufer bekommen das in den kraftraubenden Hügeln des Hinterlands zu spüren. Flüssigkeitsaufnahme steht im Mittelpunkt. Ab und an zieht eine leichte Brise vom Ionischen Meer herauf.

Die Schäfer auf den ausgedehnten Weideflächen an der Strecke sind hitzeresistent. Sie verziehen kaum eine Miene. Ab und an hebt mal einer die Hand zum Gruß. Ihre Hirtenhunde sollen für uns eine größere Gefahr als die hohen Temperaturen darstellen. Im Vorjahr wurde der Sieger von einem solchen gebissen. Also nicht zu schnell laufen. Könnte das eine geeignete Strategie sein?

Während anderer Wettkämpfe habe ich da bereits unterschiedliche Erfahrungen gemacht. Anschreien hilft nicht. Steinewerfen nur bedingt. Am besten funktioniert Ruhe bewahren und Überlegenheit demonstrieren. Bei einem Wüstenlauf in Indien hat mich so ein Kläffer kilometerlang verrückt gemacht. Ich habe ihn einfach ignoriert, obwohl er mit wilden, mannshohen Sprüngen und lautem Gebell immer wieder seine Bereitschaft für Konfrontation signalisierte. Irgendwann wurde es auch ihm zu blöd und er hat sich abgewendet.

In Albanien kam es nicht so weit. An neuralgischen Punkten hat der Veranstalter Einheimische platziert. Sie werden uns vor den ihr Revier verteidigenden Bestien schützen. Erfolgreich.

Die Tagesetappen zwischen 30 und 55 Kilometern verfliegen. Die meiste Zeit bin ich allein unterwegs. Bei einem kleinen Starterfeld von gerade einmal 40 Läufern erhascht man höchstens auf einem Hügel mal den Blick auf den Vordermann. Der ist dann bereits am nächsten Anstieg.

Dazwischen vertreibe ich mir die Zeit damit, nichts zu denken. Das ist es, was den Reiz dieser Wettkämpfe ausmacht. Allein in der Natur. Der Duft der wilden Wiesenkräuter, die vorbeiziehende Landschaft und die Stille, die uns außerhalb der bewohnten Gebiete umgibt, lassen die laute Welt vergessen. Und die Strapazen, die so mancher Kilometer für jeden bereithält.

Entschädigung finden wir immer wieder in den Camps an den Etappenzielen. Unterkünfte stehen bei diesem Wettkampf in Form von Zelten, Homestays und einer Schule zur Verfügung. In einem kleinen Dorf wurde gar ein Fest für uns organisiert. Mitten auf dem Dorfplatz an langen Tischreihen wurden wir von allen Seiten mit feinen Speisen und Getränken umsorgt.

Junge Männer und Frauen des Ortes führten in farbenfrohen Trachten traditionelle Tänze auf. Es dauerte nicht lange und die Sportler mischten sich unter die Tänzer. Selbst die fußlahmen Läufer, die tagsüber nur mit Mühe das Ziel erreichten, tanzten vergnügt zu sirtakiähnlichen Rhythmen. Dieser Abend hätte in einem Film nicht besser dargestellt werden können.

Am darauffolgenden Morgen gehen dann alle Teilnehmer mit neuer Energie an den Start. Eigentlich sollten wir ausgebrannt sein. Diese Begegnungen mit der außergewöhnlichen albanischen Gastfreundschaft und die positive Gruppendynamik lässt die Anstrengungen der vergangenen Tage vergessen. Ich fühle mich angekommen. Täglich an den Tageszielen. Und vielmehr in mir selbst. Weit weg vom Alltag. In einem Zustand innerer Ruhe und Gelassenheit.

Der Panoramablick wird nun immer wieder auf das in der Ferne leuchtende türkisfarbene Wasser des Ionischen Meeres gelenkt. Über das bergige Relief lassen sich einsame, abgeschiedene Buchten und am Horizont der Küste vorgelagerte Inseln erkennen. Die Kombination mit den glühend heißen Temperaturen lässt fast schon Karibikfeeling aufsteigen. Erste Anzeichen für Halluzinationen? Nein, wir sind im Süden Albaniens angekommen.

Der Einstieg in das außergewöhnlichste Laufprojekt meiner noch so kurzen Ultralaufkarriere hat sehr gut begonnen. Wichtig ist es, verletzungsfrei durch die nächsten sieben Monate zu kommen. Der anspruchsvolle Untergrund in Albanien ist bereits eine erste echte Herausforderung.

Ich muss mit meinen Kräften haushalten. Das ist leichter gesagt, als getan, wenn man morgens hufescharrend mit altbekannten Konkurrenten am Start steht. Da will sich auch niemand etwas schenken.

Bei allem entspannten Ultralaufen, im Wettkampf entwickelt jeder einen natürlichen Ehrgeiz. Da geht es sogar bei den hinteren Platzierungen um die Wurst. Viele der Teilnehmer kennen sich bereits von anderen Rennen und wissen, wo Stärken und Schwächen des anderen liegen. Im Großen und Ganzen ist es aber ein friedliches Miteinander, das eher an ein Jugendlager als an einen harten sportlichen Wettstreit erinnert.

Die Erholung spielt bei einem Mehrtagesevent eine entscheidende Rolle. Um am nächsten Morgen wieder frisch und munter an der Startlinie stehen zu können, muss für den lädierten Körper gut gesorgt werden. Ich habe da aus den Erfahrungen früherer Etappenläufe einige für mich wesentliche Erkenntnisse gezogen: nach Erreichen des Tagesziels Füße hoch ist eine. Speicher auffüllen ein weiteres. Und ausreichend Schlaf rundet meine Vorbereitung für den kommenden Tag ab.

Alles selbstverständlich? Ja, in der Theorie schon. Es kann aber durchaus sein, dass einer dieser Punkte suboptimal umsetzbar ist. So geschehen beim Lauf in Albanien. Vom Veranstalter bekam ich den lautesten Schnarcher in der gesamten deutschsprachigen, ach, was sage ich, aus der weltweiten Ultralaufszene als Zeltkompagnon zugeteilt. Ich nenne keine Namen, aber Insider wissen, um wen es sich handelt. Zumal er seine nächtlichen opernförmigen, stundenlangen Aufführungen mit vorangehendem Bierkonsum noch verstärkt.

Aber das ist eben auch Teil dieser Wettkampfform. Also nicht der Bierkonsum. Das Gesamterlebnis Mehrtageslauf mit all seinen Facetten.

Das letzte kurze Teilstück führt über 15 Kilometer in die touristisch erschlossene Ruinenstadt Butrint. Der Ursprung lässt sich bis ins 10. Jahrhundert v. Chr. zurückverfolgen. Es gibt verschiedene Mythen über die Entstehung der Stadt. Illyrer und Griechen spielen dabei stets eine Rolle.

Für uns wartet im imposanten Amphitheater in historischen Gemäuern die Ziellinie. Das Finale nach einer Woche herumstreunen durch die entlegenen Regionen eines ohnehin wenig bekannten Balkanlandes. Touristengruppen mit Regenschirm-Guides aus aller Herren Länder wuseln bereits durch die ausgegrabene Stadtanlage.

Wir müssen ein wenig wie Zombies auf sie wirken. Wunden von Dornenbüschen an Beinen und Armen, in verschwitzter Laufbekleidung mit einem kräftigen Hautgout nach einer Woche Duschen in Flüssen oder unter Wasserschläuchen. Eine gesunde Mischung Realität hat uns wieder.

Der bleibende Eindruck von Albanien ist absolut positiv. Ich bin kein Marketingbotschafter des Landes. Wer aber eine vom Tourismus noch unverdorbene Gegend in Europa sucht, wird es mögen. Besonders gut geeignet für aktive Reisende. Besser als laufend hätte ich das Land nicht kennenlernen können.

TRAINING FÜRS LEBEN

"Run until you can't run anymore.
Then run some more.
Find a new source of energy and will.
Then run even faster."

Scott Jurek

Erwartet in diesem Buch keine Trainingspläne von mir. Das überlasse ich gern den Experten. Aus meiner Geschichte habe ich gelernt, dass bei selbst ausgearbeiteten oder schlimmstenfalls gar nicht konzipierten Trainingsmethoden weitreichende Fehler gemacht werden können.

Meine Ansprechperson für Saison- und Wettkampfvorbereitung habe ich euch im letzten Kapitel bereits genannt. Wichtig ist neben dem fachlichen Know-how eine gute Menschenkenntnis des Trainers. Das ist ein Vertrauensverhältnis, bei dem es oft um mehr als die reine Steigerung der Leistungsfähigkeit geht.

Es fängt mühsam an. Schweißgebadet sind die ersten Kilometer Geschichte. Das wird nie etwas. Wie bin ich nur auf diese absurde Idee gekommen? Sport. Das lässt sich doch auch wunderbar am Fernsehen praktizieren. Aber dann. Aus Qual wird Zufriedenheit. Dein Körper akzeptiert mehr, als sich dein Geist vorstellen kann.

Die Metamorphose hat begonnen. Wo soll das nur noch hinführen?

Wir kennen uns alle bestens mit Trainingsmethoden aus. Vor allem, wenn es um unsere Lieblings-Fernsehsportart Fußball geht. Da kann jeder Hobbytrainer mitreden und weiß genau, was es braucht, um die Niederlage zu vermeiden.

Im realen Leben und beim Einzelnen sieht das dann etwas anders aus. Die meisten Menschen haben keine Ahnung, was für Prozesse in ihnen ablaufen. Oder sind auf dem Stand der Schulbildung stehen geblieben. Als Nichtsportler in meinem früheren Leben habe ich mich ebenso wenig dafür interessiert.

Das Wissen über meinen Körper und wie belastbar er tatsächlich ist, erlangte ich erst nach vielen aktiven Jahren. Mittlerweile ist das Gefühl zurück. Ein gesunder Geist in einem gesunden Körper. Aus Erfahrung kann ich sagen: ein erstrebenswerter Zustand.

DER WEG ZURÜCK ZU LEBENSFREUDE

Wie lässt sich der Begriff Training überhaupt definieren? Gemäß Duden ist es eine „planmäßige Durchführung eines Programms von vielfältigen Übungen zur Ausbildung von Können, Stärkung der Kondition und Steigerung der Leistungsfähigkeit". Der Duden ist das Rechtschreibwörterbuch der deutschen Sprache und damit Spezialist für unsere Ausdrucksweise. Seit 1880 der Kerninformant unserer Wörter.

In der Definition ist schon viel verpackt. Es bedarf eines Planes, die Durchführung weist auf Aktivität hin. Eine Kombination aus abwechslungsreichen Übungen ist Teil eines Programms. Die Kondition soll gestärkt und die Leistungsfähigkeit verbessert werden.

Sich beim Begriff Training aber nur an dieser Begriffserklärung zu orientieren, wäre wohl zu banal. Da müssen noch weitere bedeutende Faktoren berücksichtigt werden. Gesundheitsprävention, also eine Verringerung oder ein Entgegenwirken von gesundheitlichen Schädigungen, fehlt in der allgemeintauglichen Darstellung genauso wie der Hinweis auf ein aufbauendes Training zur Rehabilitation.

Ein weiterer Punkt ist Training zur Vorbeugung, um Mangelerscheinungen, z. B. entstanden durch unsere defizitäre Bewegung, zu minimieren oder zu beseitigen. Und in den letzten Jahrzehnten mit zunehmendem Durchschnittslebensalter immer bedeutender werdend: der Alterungsprozess, oder, besser gesagt, der mit dem Alter zusammenhängende Leistungsrückgang kann durch regelmäßige sportliche Aktivitäten verlangsamt und hinausgeschoben werden.

Als letztes Element zum Trainingserfolg fehlen noch klare Trainingsziele. So oder ähnlich würden Sportmediziner oder Sportwissenschaftler den Begriff Training darstellen. Aber etwas ganz Entscheidendes wird bei jeder Definition vergessen.

Sportliches Training soll Spaß machen und positive Energien freisetzen. Es kann dabei sehr gut zu einer Wechselwirkung kommen. Das Training dient als Stimmungsaufheller und dieses angenehme Gefühl lässt uns die nächste Einheit kaum abwarten.

Aber genug der Theorie. Wie bin ich nach Jahren der Unsportlichkeit wieder auf den Weg gekommen? Auf einen Weg, der unmöglich Geglaubtes Wirklichkeit werden lässt. Dafür müssen wir erst einmal einen Blick auf das alte Leben werfen.

Es ist ein Freitag. Kein besonderer, ein gewöhnlicher. In einer Zweigstelle unseres Unternehmens 130 Kilometer entfernt gab es krankheitsbedingte Ausfälle, die sich vor Ort nicht kompensieren ließen. Als Mitinhaber einer Restaurantkette bleibt keine Zeit für Fragen. Ich setze mich ins Auto und werde den Abend bei Küchen- oder Servicetätigkeit verbringen.

Während der einstündigen Fahrt musste ich zweimal einen Rastplatz ansteuern. Nein, nicht für den Gang zur Toilette. Ich brauche das Fahrzeug gar nicht zu verlassen. Müdigkeit übermannte mich während der Fahrt. Ich konnte die Augen nicht mehr offenhalten. Ein leeres, schlappes Gefühl strömt durch den Körper.

Das ist nicht das erste Mal. Irgendetwas stimmt nicht. Warum liege ich nachts wach und tagsüber falle ich immer wieder in diese Schlafphasen? Mein Körper ist ausgebrannt. Ich spüre schon seit Monaten, dass etwas nicht stimmt. Als starker Mann kann man sich jedoch keine Schwäche erlauben, habe ich mir immer wieder gesagt. Das Unternehmen steht an erster Stelle. Ich muss funktionieren.

Eine Woche später sitze ich bei meinem Hausarzt. Bislang war ich guter Kunde, wenn es um die rettende Injektion bei Rückenbeschwerden ging. Oder mal bei einem grippalen Infekt. Er ist ein erfahrener Allgemeinmediziner in den Mittfünfzigern. In einem 30-minütigen Monolog redete er auf mich ein. Nahm kein Blatt vor den Mund. Erklärte mir, dass das neumoderne Wort Burn-out nichts anderes ist als eine Depression.

Dass mein Körper aus dem Gleichgewicht ist. Die Botenstoffe im Gehirn haben die Balance verloren. Er hatte das richtige Gespür und konnte an meinen eingefallenen, schwarz umrandeten Augen, an der fehlenden Körperspannung und am lustlosen Verhalten schnell erkennen, in welcher Situation ich mich gerade befinde. Er bot mir Hilfe an, wenn ich für einen Lebenswandel bereit bin. Der erste Schritt müsse von mir kommen.

So hatte ich mir das nicht vorgestellt. Empört verließ ich die Praxis. Und gleichzeitig aufgewühlt. Ich habe ihn aufgesucht, um mit einem schlafbringenden Medikament Ruhe in der Nacht zu finden. Stattdessen hat er mit dem Finger in der Wunde gestochert. Die Gedanken an seine Worte ließen sich nicht verdrängen. Sie beschäftigten mich bis zum nächsten Tag.

Dann saß ich unsicher, ja fast ein wenig scheu, wieder in seinem Wartezimmer. Ich konnte ein leichtes Schmunzeln in seinen Mundwinkeln wahrnehmen, als er mich sah. Keine Ahnung, worauf das hier hinausläuft. Ich spürte aber, dass ich Hilfe benötige.

In den vergangenen Monaten hat sich mein seelischer Zustand derart verändert, dass der fehlende Schlaf nur das Tüpfelchen auf dem i war. Das Empfinden hatte sich gewandelt, Gefühle waren auf Apathie gesetzt. Ich saß teilweise Stunden vor einer E-Mail und war nicht in der Lage, eine Antwort zu verfassen.

Mitarbeiter und auch meine Partnerin sprachen mich auf eine permanente Gereiztheit an. Meine Gedanken waren längst nicht mehr positiv. Ich sah keinen Ausweg aus dieser Situation. Das Gespräch von gestern ließ mich nicht los. Ich realisierte, ich will mich öffnen und sein Angebot zur Hilfe annehmen.

Man muss Körper und Geist am Anfang manipulieren, bevor durch gezielte trainingstechnische Maßnahmen die Gesundheit wiedererlangt werden kann. Dem Kopf zu sagen, dass es so nicht weitergeht, ist keine große Sache. Aber die Reaktion auf die Ansage und die Bereitschaft, einen Wandel einzuleiten, eine andere.

Der Arzt konnte mir durch seine langjährige Erfahrung im Umgang mit solchen Problemen eine Strategie vorschlagen. Ein Teil davon war der sportliche Ansatz, um die erhöhte Produktion stimmungsaufhellender Neurotransmitter wie Serotonin als Instrument für eine Veränderung nutzen zu können. Unterstützend sollen Antidepressiva helfen. Davon kann man halten, was man will.

Ich war in einer solch bescheidenen Situation, dass ich mich auf alles eingelassen hätte. Weiterhin gab er mir auf den Weg, ich solle nicht alles zu ernst nehmen und perfekt machen wollen. Diese typisch deutsche Eigenschaft ablegen? Na gut, wenn's helfen soll.

Er riet mir zu einer begrenzten Auszeit aus dem Geschäft. Und Dinge zu tun, die mir Spaß bereiten. Mein Lebensmittelpunkt war in der Vergangenheit Arbeit. Was gab es da noch?

Ich bin bereit. Los geht's! Auf in ein neues Leben. Raus aus dem Gedankendschungel, Unabkömmlichkeit, Zukunftsängsten. Es klingt vielleicht sehr einfach, wie ich das umgesetzt habe. In Wirklichkeit war das ein langer Prozess. Über Jahre. Mit einem kurzen Rückfall. Bis ich dann endlich die Kurve genommen habe. Eine einschneidende Veränderung in meinem Leben. Die Wichtigste. Bis heute.

Gelernt habe ich vieles aus der Zeit. Und kann die Lehren aus diesem Teil meiner Biografie bis in die Gegenwart auf die langen Etappen der Ultraläufe mitnehmen. Jeder Mensch hat zwei Leben. Das zweite beginnt, wenn dir bewusst wird, dass du nur eines hast. Wenn du einmal an der Klippe standest, findest du immer einen Ausweg.

Meinem damaligen Hausarzt kann ich nur danken für die Unterstützung, die er mir im vielleicht richtigen Moment geboten hat. Er hat mir die Augen geöffnet und vor allem etwas in mir bewegt. Er hat mich dazu bewegt, mich zu bewegen. Ich bin jetzt im Training. Im Aufbau für einen neuen Abschnitt. Gewicht muss runter.

Bei zwei Treppen läuft mir der Schweiß, als käme ich gerade aus einem türkischen Hamam. SO fühle ich mich nicht wohl. Meine Stimmung ist wieder aufgehellt und ich nehme meinen Körper bewusster denn je wahr. Aber was ich da an Bauchansatz so sehe und spüre, ist unangenehm.

Mitte 30 mit lebensbejahender Grundeinstellung brauche ich einen neuen Anreiz. Sucht man bei Google nach der besten Sportart zum Fettverbrennen, steht das klassische Joggen an erster Stelle. Ich hatte mit Schwimmen begonnen und konnte, neben den positiven Effekten für die Psyche, meine Rückenschmerzen lindern. Auf der Waage machte sich das kaum bemerkbar.

Von katabolen und anabolen Prozessen, also vereinfacht gesagt, Fettabbau und Muskelaufbau hatte ich keine Ahnung. Und unter gesunder Ernährung verstand ich, den Fast-Food-Anteil auf ein- bis zweimal pro Woche zu reduzieren.

Was nun folgte, war ein Umwandlungsprozess über Jahre. Von der ersten Laufrunde über die Distanz von knapp zwei Kilometern bis hin zu Jahresumfängen zwischen 5.000 und 6.000 Kilometern. Von einem hochroten Kopf nach Zieleinlauf beim ersten Wettkampf hin zu entspannten Finishlinebildern nach 250 Kilometern.

Wie war das möglich? Ich hatte Freude am Sport gefunden. Das Laufen war in den Anfängen die körperlich anstrengendste Disziplin. Aber auch die befriedigendste. Am Abend nach getaner Arbeit noch schnell raus für eine Laufrunde zum Kopflüften, wurde schnell Bestandteil meines Alltags. Und wie ich da so vor mich hinlief, kam mir eine geniale Idee.

Im vergangenen Juli, noch vor dem Besuch beim Medikus, sah ich Werbung für den Ironman Switzerland. Als Sofasportler habe ich mich immer wieder mal bei sportlichen Ereignissen der verschiedenen Genres an der Strecke blicken lassen. Ob Motorrad- oder Automobilrennen, Fußball oder Tennis. Die Leistungen der Sportler begeisterten mich.

Unvorstellbare Talente, die Meister ihres Fachs, waren hier am Werk. Akteure, die ihr Hobby zum Beruf gemacht hatten. Eingebunden in ein eminentes Business. Was ich aber nun im Start- und Zielbereich der Triathlonveranstaltung in Zürich zu sehen bekam, warf ein ganz anderes Bild auf mein Verständnis von Sport.

Hier waren Jedermänner/-frauen unterwegs. Über verschiedene Distanzen, angefeuert von Begleitern und Fans am Zielkanal. Nach dem Schwimmen und Radfahren quälten sie sich auf den letzten Metern des Laufs. Was ich damals noch nicht wusste: Es sieht nur aus, als würden sie sich quälen. In der Erschöpfung geht das Lächeln oft unter.

Das wird es sein. Mein neues Projekt. Im Schwimmen konnte ich schon einige Bahnen Brust ziehen. Laufen geht auch immer besser. Und Radfahren kann ich von Kindesbeinen an. Das verlernt man nicht. Der Anmeldebutton auf der Webseite des Veranstalters war gedrückt. Es gibt kein Zurück mehr. Jedermanndistanz. Die genaue Streckenlänge ist mir entfallen. Ein paar hundert Meter schwimmen, 20 Kilometer auf dem Rad und ein Lauf über etwa fünf Kilometer forderten mich vollends.

An die Gefühle beim Überqueren der Ziellinie kann ich mich noch sehr gut erinnern. Freude, Stolz, aufgedreht und voller Befriedigung war mir klar, ich will mehr davon. Die Glückshormone klatschten Beifall. Hatte ich die Einstiegsdroge konsumiert? Diese Eindrücke waren weder mit gesteigertem Jahresumsatz im Geschäft noch mit bestandener Führerscheinprüfung vergleichbar.

Was hier im Körper ablief, betrachtete ich damals als Wunder. Ich hätte nie und nimmer geglaubt, dass ich zu so etwas fähig bin. Heute mit einigen Jahren Erfahrung im Sport ist mir klar, wie intrinsische Motivation funktioniert.

Körper und Geist sind also manipuliert und zurück auf einem guten Weg. Von nun an möchte ich diese aktiven Momente als Energiequelle nutzen. Die ausgeschütteten Glücksgefühle waren ein Booster. Die Belohnung für die Stunden der Vorbereitung.

Wie aber die zeitaufwendigen Trainingseinheiten für längere Triathlondistanzen sinnvoll in den Alltag einbinden? Anfangs braucht es immer wieder neue Triebkraft für das Kachelnzählen im Schwimmbad, die Stunden auf dem Rad oder Laufkilometer bei jedem Wetter. Wie schaffen wir es, den oft beschriebenen inneren Schweinehund zu überlisten?

Motivation heißt die Zauberformel. Ein großes Wort, gelassen ausgesprochen. Vereinfacht gesagt, geht es dabei um eine Auflistung von Beweggründen, die ein Erreichen von realistischen Zielen unter Einsatz von Energie ermöglichen. Auf dem Weg zum Ziel spielen verschiedene Faktoren eine Rolle.

Bei der von außen beeinflussten, extrinsischen Motivation bilden materielle Dinge den Anreiz. Zum Beispiel fördert ein besseres Gehalt im Job die Arbeitsleistung oder die Stunden des Lernens werden intensiviert für eine gute Note in der Schule. Eine Belohnung steht im Zentrum des Handelns.

Die innere, intrinsische Motivation setzt auf eigenen Antrieb. Innerer Wille und Leidenschaft sind zwei wichtige Ansätze hierfür. Sport zu treiben, weil man sich dabei gut fühlt, ist ein Beispiel. Reisen zu gehen, um neue Kulturen kennenzulernen und sich weiterzubilden, ein anderes. Am Arbeitsplatz wirst du mehr Einsatz zeigen, wenn du deinen Auftrag als sinnvoll erachtest. Oder du trinkst Rote-Beete-Saft, weil du gesund leben möchtest.

Wie funktioniert das bei uns Hobbysportlern? Ein Ziel muss gesteckt werden. Ein Plan muss her, wie man das Ziel erreicht. Alle Faktoren, die die Umsetzung beeinflussen können, müssen dabei berücksichtigt werden.

Nehmen wir mal das Beispiel Gewichtsreduktion. Nach der Saisonpause, in der Vorweihnachtszeit, waren die Verlockungen zu groß. Ich fühle mich nicht mehr wohl und möchte vor dem Wiedereinstieg in das Training abnehmen. Das Ziel muss klar definierbar sein. Die Aussage: „Ich möchte abnehmen", macht wenig Sinn. Es fehlt eine konkrete Vorstellung.

Ist das Ziel erreicht, wenn ich fünf Kilogramm abgenommen habe oder 10? In welchem Zeitrahmen soll das Ergebnis begutachtet werden?

Mit dieser wenig strukturierten Zielstellung prophezeie ich mal, der Kandidat wird mit den fünf Kilogramm bereits zufrieden sein. Eventuell auch bereits mit drei Kilogramm. Es war keine Rede davon, was die Waage weniger anzeigen soll.

Ein Konzept, wie die Wunschzahl erreicht werden soll, muss detailliert aufgelistet werden.

Soll es mittels Ernährungsumstellung realisiert werden? Eine Kur? Wenn ja, welche genau? Soll das Essverhalten oder Uhrzeiten angepasst werden? Wie ist es mit Ruhezeiten? Spielt Bewegung eine Rolle? In welcher Form? Je ausführlicher, desto hilfreicher gelingt die Umsetzung. Schriftlich ist von Vorteil und besser überprüfbar.

Beim Erstellen eines Plans müssen alle Kriterien aus dem Umfeld berücksichtigt werden, die direkten Einfluss auf die Umsetzung haben. Für die Gewichtsreduktion soll als Beispiel ein Intervallfasten nach der 16:8-Methode umgesetzt werden. Zwischen 18 Uhr und 10 Uhr am Folgetag wird nichts gegessen. Lässt sich das mit der täglichen Familienzusammenkunft am Abendessentisch vereinbaren?

Oder aber der Plan sieht vor, auf Kohlenhydrate zu verzichten. Deckt die Betriebskantine dann meinen Nährstoffbedarf noch ab oder muss ich mich anderweitig bei den Mahlzeiten verpflegen? Auch hier gilt: Eine gute Ausarbeitung des Konzepts vereinfacht die Umsetzung.

Ich habe bewusst das Thema Gewichtsreduktion gewählt. Das ist ein häufiger Antrieb, der Nichtsportler zu Aktivität verleitet. Damit es dann nicht zum Verleiden wird, sollte ein wichtiger Bestandteil bei der Zielsetzung der Faktor Spaß sein.

Die intrinsischen Beweggründe sollten dominieren. Es muss von innen kommen. Ziele sind leichter zu erreichen, wenn Leidenschaft dahintersteckt. Und die Belohnung muss klar im Hirn hinterlegt sein. Im Falle Gewichtsreduktion ginge eine üppige Mahlzeit nach erreichtem Ziel wohl in die falsche Richtung.

Bei einer größeren Aufgabe spricht man auch davon, Mauern überwinden zu müssen. Eine lebensbedeutende Veränderung einleiten. Einen neuen Lebensweg einschlagen. Nach 20 Jahren im ungeliebten Job nun doch endlich die Fühler nach einer Alternative ausstrecken.

Das können einschneidende Ereignisse sein, die besonders viel Energie benötigen. Die Motivation hierfür muss deutlich ausgeprägter sein. Was uns oft nicht in den Sinn kommt, ist die Möglichkeit, diese Mauer abzubauen, anstatt einzureißen.

Die Ursachen für eine Beeinträchtigung zu verringern. Etwas Ungeliebtes zu mögen. Sich mit Situationen abfinden. Ziele herabschrauben. Die Sichtweise anzupassen. Positive Herangehensweise zu leben. Auch in schwierigen Situationen von innen heraus einen Ausweg finden. Bestenfalls lächelnd.

AUFBAU NACH NIEDERSCHMETTERNDER DIAGNOSE

Warum sollte ich Mauern einreißen? Der Sport macht mir ja Spaß. Mit Freude stelle ich mich steigenden Herausforderungen. Über verschiedene Mitteldistanztriathlons (1,9 Kilometer Schwimmen, 90 Kilometer Radfahren und 21,1 Kilometer Laufen) wurde dann bald eine ganze, vollständige Langdistanz, ein Ironman (3,8 Kilometer Schwimmen, 180 Kilometer Radfahren und 42,2 Kilometer Laufen) als nächstes Ziel definiert.

Leider hatte ich über Trainingsmethoden noch nicht viel gehört. Über unsinnige Umfänge in der Vorbereitung erreichte ich im zweiten Anlauf die Startlinie. Beim ersten Versuch musste ich einen Monat vor dem Wettkampf aufgrund einer Verletzung die Teilnahme absagen.

So ist es mir in dieser Periode mehrmals ergangen. Ziele waren gesteckt. Ich hatte aber weder ein Konzept noch habe ich meine Konstellation im Leben dabei berücksichtigt. Ich ließ mich zu sehr von Emotionen leiten. Oder von schönen Bildern in Hochglanzmagazinen. Oder von der Werbeindustrie, die versprach, mit diesem High-End-Zeitfahrrad wirst du über dich hinauswachsen.

Was hat mich immer wieder zurück ins Training gebracht und mir schlussendlich vier erfolgreiche Teilnahmen über die Langdistanz ermöglicht? Der intensive Weg bis zum Wettkampftag, die Vorbereitung auf dem Rad und in den Laufschuhen in der Natur taten gut. Die Befriedigung, die durch den Körper strömt, wenn man in den Trainingseinheiten etwas geleistet hat. Und ja, die Wettkämpfe an sich.

Ich war damals fasziniert, mich mit tausenden anderen im Wasser prügeln zu dürfen, Gegner auf dem Rad einzufangen und eingefangen zu werden, und beim Laufen irgendwie das Ganze zu Ende zu bringen. Für den Körper ein Wahnsinnsstress. Und Befriedigung gleichzeitig. Es ist von außen schwer nachvollziehbar.

Triathlon ist ein ganzheitlicher Sport, der mit realistisch gesteckten Zielen Spaß macht. Irgendwann stehe ich mal wieder am Start. Ziemlich sicher. Die Motivation zumindest ist da.

Das abwechslungsreiche Training hatte den angenehmen Nebeneffekt, dass sich mein Fett-Muskel-Anteil in ein brauchbares Verhältnis verschob. Es dauerte eine Weile und mein Gewicht pegelte sich auf einem gesunden Niveau ein. Die Investition in sportliche Aktivitäten hatte sich gelohnt. Ein weiteres Teilziel war erreicht. Was kommt als Nächstes?

Wie aus den letzten Absätzen hervorgeht, war das Training nicht wirklich strukturiert. Es fiel mir jeweils ein paar Wochen vor den Wettkämpfen ein, dass ich noch trainieren muss. Ohne Rücksicht auf die Gesundheit. Daher rührten auch meist die Verletzungen.

Das änderte sich erst nach dem Beginn der Zusammenarbeit mit einem Trainer. Dr. Konrad Smolinski half mir fortan, mehr Spaß im aktiven Teil meines Lebens zu haben. Durch seine sportwissenschaftliche Sicht bekamen Trainingseinheiten Sinn. Er schaute nicht nur auf athletische Verbesserungen, sondern war auch motivierend wichtig.

Übrigens, das Ziel bei drei der vier Langdistanzen habe ich erst nach Anleitung und persönlich auf mich zugeschnittenen Plänen gesehen. Die Vermutung liegt nahe, dass ich ohne seine Mithilfe Sport heute nicht als wesentlichen Bestandteil meines Lebens betrachten würde. Hypothetisch und doch ziemlich real.

Und hier sind wir beim Knie angelangt. Der Auslöser für die Kontaktaufnahme zu Konrad war ein Gespräch mit den Orthopäden einer Sportklinik in Zürich. Bei einer Wettkampfreise zum Ironman 70.3 in Panama hatte ich mir eine Woche vor dem Startschuss das Knie verdreht. Eine dieser ganz blöden Situationen, die kein Mensch braucht.

In einem Sportgeschäft bei Anprobe eines Laufschuhs mal schnell durch den Laden gesprintet, kurze Drehung auf einem Bein und sprintend zurück. Tätsch. Bei der Drehung nahm ich ein komisches Geräusch aus dem Knie wahr. Ohne Halt bin ich auf die Seite gekippt. Das Bein hatte seine Stabilität verloren.

Was war das denn? Sicher nur ein wenig verdreht. Humpelnd verließ ich den Laden. Ohne neuen Laufschuh. Der Kauf war mir vergangen.

Bis zum Wettkampftag schonte ich das Bein, so gut es ging. Ein kurzer Lauf zwei Tage vor dem Event ließ nichts Gutes vermuten. Nur mit schmerzverzerrtem Gesicht waren schnelle Schritte möglich. Die gleichförmigen Bewegungen wie Kraulschwimmen und das Pedalieren auf dem Rad gingen. Ohne großen Druck, aber machbar.

Ich bin um die halbe Welt gereist und soll nun unverrichteter Dinge nach Hause zurückkehren? Als Hobbysportler hielt ich mich eher an das neuolympische Motto: Dabei sein ist alles! Meine Wettkampfstrategie stand fest. Schwimmen und Radfahren bewusst erleben und danach aus dem Wettkampf aussteigen.

So stand ich nach den ersten beiden verrichteten Teildisziplinen in der Wechselzone und sah einen nach dem anderen an mir vorbeiziehen. Alle im Laufschritt auf die abschließenden Runden zu Fuß.

Über Sinn oder Unsinn meiner folgenden Übung kann man streiten. Ich beschloss, die verbleibenden 21 Kilometer in Angriff zu nehmen. Bis zum Cut-off, also dem Zeitfenster bis zur Beendigung des Wettkampfs, blieb genügend Spielraum, um die Strecke auch gehend zu bewältigen. Ob ich damit mehr kaputt mache als gewinne? Darüber habe ich mir keine Gedanken gemacht.

Es war zumindest mein Wettkampf mit den meisten Schulterklopfern. Gefühlt jeder andere Teilnehmer munterte mich auf, wenn er leichten Schrittes an mir vorbeizog. Mitleid, Unverständnis oder Bewunderung für die Leistung mischten sich in ihre Sprüche. Es war sicher nicht schön, anzusehen, wie ich mich asynchron humpelnd mit wehleidigem Gesicht die zwei Runden bis zur Medaille schleppte. Entschlossenheit als Motivation.

Die Ärzte hatten wenig Freude an der Medaille. Ich hätte mich lieber zurückhalten sollen und um Himmels willen das Knie ruhig stellen. Sagt das mal einem Umtriebigen. Nach unzähligen MRI, Kernspintomografie und Besprechungen in sterilen, in kühlem Weiß gekachelten Ärztezimmern, kamen die Fachleute zum Ergebnis, dass ein Eingriff die einzige Lösung bietet.

Am Rande die Frage: Warum müssen die Räume in Kliniken immer so kühl gestaltet sein, das macht absolut keine Lust auf eine

Operation. Da liegt doch ein Riesenpotenzial für eine Geschäftsidee!

Das Orientierungsgespräch dauerte drei Stunden. In Computersimulationen wurde mir aufgezeigt, wo das Problem wurzelte. Eine leichte Tendenz zum O-Bein hat die Innenmenisken stark verschlissen. Wenn man es handwerklich korrekt machen will, müssen die Schienbeine durchtrennt, in einem Winkel von sechs Grad wieder neu fixiert werden, mit körpereigener Masse aufgefüllt (ich habe vergessen, woher sie die entnehmen wollten) und nach sechs Monaten kann ich wieder ohne Krücken gehen.

Stockentlastung postoperativ heißt die Bezeichnung dafür. Nachzulesen im Prospekt „Das künstliche Kniegelenk", das ich für den Heimweg als Lektüre mitbekam. Ach ja, das hatte ich fast vergessen: Die Menisken werden durch eine Prothese entlastet. Operativ soll ein körperfremdes Element eingesetzt werden. Das ganze Paket. Eine Runderneuerung am größten Gelenk unserer Anatomie, empfindlich und kompliziert konstruiert.

Völlig überfordert und mental nicht auf diesen Prozess eingestimmt, saß ich am Folgetag vor dem Computer. Wir sind ja alle auch Arzt. Dank moderner Medien werden Diagnosen bereits heute via Web gestellt. Und über so ziemlich jedes Gebrechen gibt es im Internet ausgiebige Informationen.

Ich las aus den Texten meist das heraus, was die Orthopäden mir bereits lang und breit dargelegt hatten. Ein Eingriff soll eine Linderung bringen. Schmerzfreiheit im Alltag stand bei mir ganz oben auf der Wunschliste. Davon bin ich seit dem Auftritt in Panama weit entfernt.

Bei der einen oder anderen Schilderung war dann auch von konservativer Herangehensweise die Rede. Sollte es da etwa noch eine Alternative zu den unterschriftsreifen OP-Papieren geben? Mittels Physiotherapie könnten gezielte Übungen zur Kräftigung und Koordination beim Aufbau helfen. Ich bin nicht mehr sicher, welche Suchbegriffe ich im Detail eingegeben habe. Irgendwann öffnete sich eine Seite mit Personal Trainern im deutschsprachigen Raum, die ihre Dienstleistungen mit ausführlicher Beschreibung anboten.

In einem ersten Telefonat mit einem Kandidaten wurde mir eine andere Sichtweise auf die Dinge dargestellt. Dr. Konrad Smolinski beschwichtigte mich, dass die Ärzte hochstudierte Spezialisten seien und natürlich ihren Job perfekt machen möchten. Wie wir alle. Das Individuum Mensch dahinter wird oft vergessen.

Ich hatte noch Ziele, ja. Und so, wie von den Medizinern dargestellt, von jetzt an auf Laufen, Rennen, Joggen oder wie immer man es benennen möchte, zu verzichten, war keines davon. Er machte mir Mut. Gemeinsam gestalteten wir einen Plan. Die Sache fing an, mir Gefallen zu bereiten.

Die Suche eines geeigneten Physiotherapeuten im Umkreis wäre unabdingbar. Nix postoperative Stockentlastung. Stattdessen präoperative Maßnahmen zur Linderung des Schmerzempfindens.

Während drei Monaten bin ich nun schon im Physioraum mit Christian Stoffel beim Aufbau. Der Betreiber der Sportphysiotherapie „Getup" in Zürich hat mich schnell verstanden. Er, selbst Sportler mit eigener Geschichte zu Knieproblemen und erfahren als Betreuer von Handball- und Fußballmannschaften, wusste bestens, was für eine Wiederherstellung der feinen Strukturen rund um die Knie wichtig ist.

Ein gezieltes Beinachsentraining zur Kräftigung der beteiligten Muskelketten stand für die kommenden Wochen und Monate auf dem Programm. Das Ansteuern der Adduktoren (innere Oberschenkelmuskulatur) durch gezielte Übungen erzeugte zu Beginn einen ungewohnten Muskelkater. Voraussetzung für die Kraftarbeit am Bein ist eine starke Rumpfmuskulatur. Komplexe Übungen für Abduktoren (äußere Oberschenkelmuskulatur) und Hüftaußenrotatoren wirkten sich positiv auf das Kräftegleichgewicht der Bein- und Hüftmuskulatur aus. Und die Fußstabilität musste verbessert werden.

Das Fernziel: Das Becken stabilisieren, also weniger Drehbewegung erlauben und die Beinachsen in klarer vertikaler Linie halten. Die Rotationen in den Beinen und speziell im Knie können durch eine kräftigere Muskulatur besser kontrolliert werden. Und wo sind die Aufgaben für das Knie?

Der Musculus quadriceps femoris (auch vierköpfiger Schenkelstrecker genannt - ein Schelm, der Böses dabei denkt) ist der einzige Muskel, der direkt im Kniebereich als Strecker des Kniegelenks dient. Und dieser kann nur sehr schwer isoliert trainiert werden. Er kann seine volle Streckleistung nur bei gestrecktem Hüftgelenk erbringen. Die Muskelketten, also die Verbindungen zwischen den einzelnen Muskelpartien, übernehmen bei Kraftaufbau und Bewegungsschulung eine entscheidende Rolle.

Und nun, nach drei Monaten Folterkammer, geht es zum ersten Mal für einen Laufversuch raus auf die Bahn. In den vergangenen vier Wochen bin ich bereits barfuß über den weichen Rasen des Fußballplatzes getänzelt. Die Beine dabei immer schön in der Achse halten, kaum Querbelastung.

Mittlerweile hatte ich Aquajogging ins Training integriert. Zugegeben, früher habe ich mich über die meist in die Jahre gekommenen, teils mit duftenden Badekappen ausgestatteten, sanft mit dem Kopf wippenden Wassertreter amüsiert. Laufen im Wasser, was soll das denn? Das geht doch viel besser an Land.

Heute weiß ich die Vorzüge dieser laufähnlichen Belastung zu schätzen. Fehlende Stoßbelastung, eine gleichförmige Bewegung und die zusätzliche Beanspruchung an die Muskulatur aufgrund des Wasserwiderstands bringen Aquajogging als geeignete Variante beim Aufbau nach Knieproblemen völlig zu Recht ins Spiel.

Wir sind auf der Laufbahn. Ein Versuch, ob der Aufbau bereits ausreichend für „richtige" Läufe ist. Motiviert und voller Freude, endlich wieder an der frischen Luft laufen zu lernen, trabte ich langsamen Schrittes los. Am Ende der langen Geraden, kurz nach der 100 Meter Ziellinie, bog ich in die Linkskurve ein.

Wow, es funktioniert. Mein Knie hält. Jetzt bin ich im Radius. Die Beine verrichten ihre Arbeit wie gewohnt. Aber halt. Was ist das? Ein stechender Schmerz schießt vom Knie ins Hirn. Stopp. Abbruch der Übung. Zurück in den Fitnessraum.

Was habe ich aus dieser langwierigen Phase gelernt? Man kann nichts übers Knie brechen. Ja, der Spruch passt. Regeneration braucht seine Zeit. Und einen soliden Aufbau. Dem Körper muss die Chance gegeben werden, im Zusammenspiel von Belastung, Ermüdung, Erholung und Anpassung verschlissene Strukturen und eingeschränkte Bewegungsabläufe wiederherzustellen.

Und noch eine Erkenntnis soll mich fortan auch beim Laufen begleiten. Das Wort Patient, also der Kranke, wird aus dem Englischen mit „geduldig" übersetzt. Selbst wenn wir gern sofort genesen und uns von ungeliebten und ungewohnten Dingen umgehend befreien möchten: Zeit ist ein wichtiger Faktor im Heilungsprozess. Für das Laufen bedeutet das, es geht nicht von null auf hundert. Es bedarf eines Entwicklungsprozesses, bevor Ziele anvisiert und erreicht werden können.

Nur sechs Monate nach dem niederschmetternden Gespräch mit den Ärzten stand ich bei einem Ironman 70.3 erneut am Start. So weit stabil, das Grundgefühl des Körpers war angenehm. Das gezielte Aufbautraining hat viel Veränderung in meinem gesamten Organismus bewirkt. Ich bin das erste Mal gut vorbereitet zu einem Wettkampf angereist. Das befriedigende Gefühl kam dieses Mal bereits vor dem Start.

Ich bin zurück. Als intakter Mensch. Motiviert für neue Aufgaben. Und das Unglaubliche für mich damals: Ich konnte bei diesem Event meine persönliche Bestzeit über die Mitteldistanz aufstellen.

Bis heute, neun Jahre danach, habe ich die kräftigenden, koordinativen und stabilisierenden Übungen in meinem Trainingsalltag beibehalten. Ich habe erkannt, dass für den Genuss der Glückshormone, einhergehend mit sportlicher Aktivität, weit mehr als reines Disziplinentraining notwendig ist. Es braucht immer wieder neue Reize, neue Beanspruchungen, um die sich verändernden Ziele des Lebens bewältigen zu können. Stillstand ist dabei hemmend. Anpassungsfähigkeit ist gefragt. Ich habe meinem Körper die Chance gegeben und er hat sie genutzt.

TRAINING ALS LEBENSAUFGABE

Es dauerte viele Jahre, bis ich erkannt habe, dass das Leben hier und jetzt stattfindet. Wir versuchen, unsere Zeit auf der Erde bestmöglich zu planen. Jeder hat da so seine Strategie. Die einen haben einen Masterplan, andere rechnen in Lebensphasen. Wieder andere lassen sich treiben.

Für mich gab es ab dem Teenagealter eine 10-Jahres-Strategie. Nach Abschluss der Ausbildung wusste ich, wo ich mit 30 Jahren stehen möchte. Manager eines Hotels, das sollte es sein. Auf dem Weg dahin ist so manches auf der Strecke geblieben.

Das Ziel war mit 27 bereits erreicht. Ich saß vor einem Anstellungsvertrag in der angestrebten Position. Aber wollte ich das wirklich? In den zurückliegenden Arbeits- und Studienjahren hatte ich mich verändert. Weiterentwickelt. Nicht nur beruflich. Auch menschlich. Prioritäten hatten sich verschoben.

Ich konnte mir eine Umsetzung des über Jahre anvisierten Ziels nicht mehr vorstellen. Irgendetwas sträubte sich in mir, ließ mich unsicher werden. Mein Bauchgefühl sagte mir, dass irgendwo noch etwas Spannenderes wartet. Heute wundere ich mich manchmal über meine Entscheidung von damals.

Eine solche Chance auszuschlagen. Nicht nur der Karrieresprung, auch die damit einhergehende finanzielle Perspektive war natürlich verlockend. Die Frage, wo ich mich als Mensch in der Zukunft sehe, stand im Raum. Ich unterschrieb den Vertrag nicht. Stattdessen veränderte ich mich räumlich.

Und fing wieder von vorn an. Als Trainee in einem Hotel im Ausland. Damals Ausland, heute Heimat. Für ein Minimumsalär. Die Arbeitsleistung und Präsenzzeiten hatten sich zum vorhergehenden Job kaum geändert. Warum also bin ich diesen Schritt gegangen?

Das Neue, Unbekannte reizt mich. Eingefahrene Strukturen sind nichts für mich. Wenn ich meiner Strategie von vor fast 10 Jahren gefolgt wäre, was würde ich heute wohl machen? Das ist das Spannende am Leben. Offen sein für das, was kommt. Nicht im Unbeweglichen verharren. Diese Erkenntnis kam aber erst viel später.

Für die folgende Dekade legte ich mir das nächste Ziel zurecht. Die Formulierung oder der abstrakte Wunsch, der damit verbunden ist, klingt vielleicht überheblich oder ist für viele unvorstellbar. Und ich hatte auch keinen Masterplan, wie ich das erreichen soll. Und ob ich das noch will, wenn es so weit ist. Die Vergangenheit hatte mich gelehrt, offen und mit wachen Augen durchs Leben zu gehen.

Der geregelte Arbeitsalltag bestimmte mein Leben nach wie vor. Es verlief alles, wie von der Gesellschaft erwartet. Ich verbrachte meine Tage damit, den größten Teil der kostbaren Lebenszeit Unternehmen zur Verfügung zu stellen. Und doch, tief in mir drin, schlummerten da noch andere Ideen.

Mittlerweile 28 Jahre alt, definierte ich das neue Grobziel: Mit 40 Jahren möchte ich morgens entscheiden können, ob ich aufstehe oder liegen bleibe. Was für ein Traum! Keine Ahnung, wie ich das erreichen soll.

Ich bekomme auch heute noch oft zu hören: Du hast schon Glück gehabt in deinem Leben. Zum Thema Glück kommen wir später noch. Nur so viel vorweg: Für dein Leben bist nur du selbst verantwortlich. Und du entscheidest bei jeder Weichenstellung, wo der Zug hinfahren soll. Ich habe meinen Weg gefunden und erkannt, dass zu viel Lebensplanung nicht immer sinnvoll ist. Es braucht eine Grundstrategie. Man muss aber jederzeit bereit sein, auf Unvorhergesehenes reagieren und flexibel darauf antworten zu können.

Was ist daraus geworden? Der unerwartete Lottogewinn blieb aus. Na ja, vielleicht hätte ich dafür auch spielen müssen. Nein, zwei Jahre später machte ich mich mit zwei Freunden selbstständig. Restaurants betreiben, war die Idee.

Nicht eines, eine Kette wollen wir aufbauen. Für die nächsten 13 Jahre gab es nichts anderes als vollen Fokus auf die Geschäftstätigkeit. Mit allen Vor- und Nachteilen. Mit Höhen und Tiefen. Erfolgreich, trotz einzelnen Rückschlägen. Unglaublich intensiv, die wahrscheinlich wertvollste Erfahrung in meinem Leben.

Allein über diese Zeit könnte ich ein Buch schreiben. Um es kurz zu machen, ich habe meine Firmenanteile mit 43 Jahren verkauft und stand nun jeden Morgen vor der gleichen Frage: Aufstehen oder liegen bleiben?

Was hat das mit Training und Sport zu tun? Zum einen brachten mich die gehörigen Alltagsbelastungen für Körper und Psyche in ein sportlich aktives, gesünderes Leben zurück. Zum anderen zeigt es auf, dass langfristige Planung durchaus Sinn macht, wenn man sich genügend Spielraum einräumt. Du kannst dir dabei nur selbst im Weg stehen.

Ich bin bei meinen Entscheidungen selbstbestimmt. Das konnte ich fortan gut auf den Sport applizieren. Ich lasse mich durch Trainingspläne leiten, bestimme aber die grobe Richtung, das gemeinsam mit dem Coach definierte Ziel. Und ich habe gelernt, loszulassen.

Auch im Sport können überambitionierte Vorhaben eine starke Belastung darstellen. Abseits von Wettkämpfen aktiv zu sein, macht fast noch mehr Sinn. Gesunderhaltung steht dann im Vordergrund. Um sich täglich dem ärgsten Gegner zu stellen, braucht es keine Startnummer.

Ihr seht schon, meine Einstellungen zu Karriere und dem ewigen Streben nach mehr haben sich geändert. Es gibt keine künftige 10-Jahres-Strategie. Immer wieder kleine Teilziele, aber kein großes Konzeptraster. Ich lasse mich treiben. Und nutze die Effekte des jahresumfassenden Trainings fürs Leben.

Eine konstante Größe bildet bei mir eine morgendliche Laufrunde als ausgezeichneten Einstieg in einen neuen Tag. Ein lockeres Tippeln durch Wald und Flur ist die beste Möglichkeit, das Gespräch mit dem Körper zu suchen. Kein intensives Ballern, nein, eher ein Wachlaufen. Die jungfräuliche Morgenluft aufsaugen. Der Serotoninspiegel wird auf das tagesübliche Niveau katapultiert. Synapsen werden wachgerüttelt.

Aus der Wade meldet sich der Gastrocnemius zum Morgenappell. Ein kurzes Zwiegespräch mit dem Piriformis und wir sind uns einig, dass Rumpfstabilisierung dringend wieder ins Training integriert werden muss. Iris und Pupille üben das Zusammenspiel, um die farbenfrohen visuellen Signale des am Horizont aufsteigenden orangefarbenen Feuerballs in voller Pracht verlustfrei an den Kortex am hinteren Pol des Großhirns zu übermitteln.

Mittels gleichmäßiger Frequenz pumpt das Herz lebenswichtigen Sauerstoff durch die Blutbahnen bis in die weit entlegensten Körperzellen. Der Puls hat den Ruhebereich verlassen und wiegt sich wollig im lockeren Dauerlauftempo. Alle Beteiligten sind hellwach. Guten Morgen!

Zwei Rehe queren den Weg und schauen mir lange nach. Ich würde sie gern in meine Gespräche einbinden. Aber ich bin ja mit mir selbst noch nicht fertig. Denn das alles Entscheidende bei diesem Auftaktlauf ist jeweils die Frage: Bin ich zufrieden mit meinem Leben? Die stelle ich mir nicht tagtäglich, aber doch oft.

In den meisten Fällen kann ich sie mit Ja beantworten. Und sollte die Antwort auf ein Nein oder Naja fallen, weiß ich, ich werde etwas ändern. Das klingt einfach, ist aber nicht immer umsetzbar. Das liegt an jedem selbst.

In den vergangenen Jahren habe ich im Bekanntenkreis oft gehört: „Was du machst, kann ich nicht. Ich würde gern, aber ..." Gründe und Ausreden sind leicht gefunden. In manchen Fällen antworte ich dann jeweils nur kurz und knapp: „Nein, das kannst du nicht." Warum? Müsste ich den anderen nicht überzeugen, sein Leben umzukrempeln und Laufen als Energiequelle zu entdecken? Ich kann auch keine Bücher schreiben. Zumindest nicht bis zu diesem Erstlingswerk.

Nein, denn den Grundsatzentscheid hat er mit dem Satz: „Das kann ich nicht", bereits getroffen. Es ist dabei unwesentlich, ob ich mit einem Läufer über eine bevorstehende Ultradistanz rede oder mit einem Nichtsportler über das Leben, so, wie ich es führe.

„Kann nicht" ist die angezogene Handbremse. Da helfen alle Versuche des Gasgebens nichts. Ich habe irgendwann den Hebel umgelegt und festgestellt, dass vieles viel leichter geht. Entspannt durch das Leben. Und mit Sport gelingt das wunderbar. Jede Trainingseinheit ist eine Einheit fürs Leben.

In schwierigen Zeiten wie der Pandemie haben unglaublich viele den Sport als Ausgleich wiederentdeckt. Verschiedene Auslöser, wie veränderte Präsenzzeiten durch Homeoffice oder die einzige Möglichkeit, das Haus für sportliche Aktivitäten zu verlassen, haben dazu geführt. Ich habe noch nie so ausgetretene Wanderwege gesehen. Zu allen Tageszeiten laufen Aktive durch den Wald. Fahrradfahrer übernehmen immer mehr das Straßenbild. Und plötzlich outen sich Menschen aus der Nachbarschaft als Sporttreibende.

Die Sportartikelindustrie gilt sicher als einer der Profiteure in der Coronakrise. Und das ist gut so. Eine Krise bietet auch jeweils Chancen. Ich spreche hier nicht von Chancen für die Händler von Sportgeräten. Die wahren Möglichkeiten bieten sich denen, die aus der vermehrten Bewegung das Positive für sich erkennen. Und irgendwann im inneren Dialog voller Stolz zu sich selbst sagen: „Ja, ich kann!"

Springen wir kurz zurück in die intensive Triathlonphase. Nachdem ich meinen Körper und in erster Linie den Kopf davon überzeugt hatte, Sport und Bewegung als wichtigen Bestandteil des Lebens anzuerkennen, konnte die nächste Stufe gezündet werden. Als Triathlet und mit weniger Erfahrung im sportwissenschaftlichen Bereich wollte ich meine Grenzen immer weiter verschieben. Ich bin davon ausgegangen, ich muss dem Körper neue Reize setzen, damit er mir neue Türen öffnet.

Vom Kurztriathlon bis hin zur Ironman-Distanz war alles möglich. Die Struktur für die Trainingseinheiten holte ich mir anfangs noch aus einschlägigen Magazinen oder Büchern. Oder aus dem Internet. Periodisierung auf Wettkampfhöhepunkte, abwechslungsreiches Training, das Wechselspiel aus Belastung, Ermüdung, Erholung und Anpassung, richtige Ernährung, kräftigende Übungen oder psychisch unterstützende Maßnahmen wie Meditation waren mir fremd. Ich gebe zu, ich habe es am Rande wahrgenommen, aber aus vermeintlichem Zeitmangel oder Desinteresse ignoriert.

Im ersten Trainingslager auf einer Kanareninsel war ich der unerfahrene Exot Anfang 40 zwischen jungen Vollblutsportlern. Mit wachem Geist habe ich alle Informationen aufgesogen, die sich mir boten. Der erste Ironman stand in wenigen Monaten an.

Ich hörte plötzlich etwas darüber, wie Intervalltraining beim Laufen funktioniert, dass Schwimmtechnik nicht über Kilometerleistung erlernbar ist oder wie in der Gruppe Reifen an Reifen Rad gefahren wird. Wenn ich heute an die Anfänge zurückdenke, kann ich nur noch schmunzeln. Den Gesprächen während der Mahlzeiten konnte ich nur bedingt folgen. Eine fremde Welt, die es zu entdecken galt.

Und dann waren da auch Trainer. Mehr oder weniger ausgebildete Fachleute, die sich mit Methodik und Didaktik auskannten. Es gab viel zu lernen. Besonders wichtig war die Erkenntnis, dass Trainingssteuerung ein entscheidendes Mittel zum Erfolg ist. Standardisierte Trainingspläne taugen nicht für unsere individuellen Bedürfnisse.

Nur ein Jahr später kam es zur Zusammenarbeit mit dem sportwissenschaftlichen Profi. Die Geschichte mit dem Knie. Kennt ihr ja schon. Ich versuche mal einen Vergleich. Eine Crème brûlée kann man im Supermarkt fix und fertig kaufen. Oder in Pulverform und unter Zufügen von Milch und Rahm fertigstellen. Bei den Inhaltstoffen und Allergenangaben muss man dann schon mal ein Auge zudrücken. Und der Geschmack ist so ein vanilleartiges, überzuckertes Aller-Welt-Aroma mit mehr oder weniger gelungener Karamellkruste.

Wenn du eine echte Delikatesse möchtest, bei der dir das Wasser im Munde zusammenläuft, musst du zum Koch deines Vertrauens pilgern und bekommst eine Spezialität duftend nach frischer Zitrone, Orange und Vanille, die ihresgleichen sucht. Natürlich kann man das nicht von jedem Koch erwarten. Eigentlich schon, aber es gibt halt wie in jedem Handwerk Fachleute, die sich ihren Aufgaben mit mehr oder weniger Gespür widmen.

Und so ist es auch mit einem geeigneten Trainer. Ich bin froh, im richtigen Moment den idealen Spezialisten gefunden zu haben. Den besten Koch für meine Crème brûlée. Die Ausgaben dafür übersteigen die Fertigware. Wert ist es das aber auf jeden Fall. Qualität kostet.

Gesundheit soll keine Frage des Geldes sein. Und wer sich im Leben immer mit dem Zweitbesten zufriedengibt, wird auch immer nur das Zweitbeste bekommen. Du entscheidest.

Irgendwann habe ich dann auch erkannt, dass sich Grenzen menschlicher Leistungen nicht verschieben lassen. Grenzen sind da. Punkt. Das Leben ist endlich. Es ist aber für jeden möglich, seine Grenzen auszuloten. Und da bleibt noch viel Luft nach oben.

ULTRALAUF – MEHR ALS NUR SPORT

Alles Verrückte. Am Start des „Lavaredo Ultra Trails" drängeln sich 1.800 Läufer. Sie können es kaum erwarten, die anspruchsvolle Strecke über 120 Kilometer mit 5.800 Höhenmetern durch die atemberaubende Dolomitenlandschaft in Angriff zu nehmen. Die Veranstaltung ist bereits Monate im Voraus ausverkauft. 1.070 Teilnehmer werden die Ziellinie innerhalb des Zeitlimits von 30 Stunden erfolgreich absolvieren.

Während bis vor einigen Jahrzehnten ein Marathon pro Jahr als gesund galt, boomen heute überlange Laufwettbewerbe abseits befestigter Straßen. Weltweit schießen Ultraläufe und speziell Ultratrailläufe wie Pilze aus dem Boden.

Wie lässt sich diese erhöhte Nachfrage begründen? Muten wir uns immer mehr zu und eine Marathondistanz stellt ungenügende Ansprüche? Oder befriedigt der Lauf innerhalb fester Infrastrukturen der Städte unser Belohnungssystem nicht mehr ausreichend?

Es ist eine Kombination aus verschiedenen Faktoren, die uns in die Natur treibt. Eine gesteigerte Abenteuerlust, raus aus dem Alltag, ist sicher ein Grund. Der Trend zurück zur Natur, der in vielen Bereichen des Lebens Einzug gehalten hat, ein anderer. Eine kurze Flucht aus den gewohnten Mauern. Die duftende Alpenwiese ist genauso wahrnehmbar wie alle anderen Einflüsse von außen.

Entspannter zu laufen ohne den vergleichbaren Zeitdruck wie bei einem Straßenmarathon und somit ein bewusstes Erleben ohne ständigen Blick auf den Kilometerschnitt. Der spielerische Effekt ist dabei in der Natur größer. Beim Springen durch Pfützen und über Bäume kommt der kindliche Spieltrieb wieder durch. Die Kameradschaft zwischen den Läufern ist ausgeprägter. Das gemeinsame Erlebnis steht bei Trailläufen im Vordergrund.

Der unebene Untergrund lässt ein gesunderes Laufen zu. Die Ansprüche an Koordination und Reaktionsvermögen wirken sich positiv auf eine Minimierung des Verletzungsrisikos aus. Die Belastung für den Körperapparat ist durch die abwechslungsreichen Streckenprofile weniger einseitig.

Und schlussendlich hat sich die Trainingslehre entscheidend verändert. Der erste Marathonläufer fiel nach gerannten 42 Kilometern tot um. Das war im Jahre 490 v. Chr. In den über 2.000 Jahren bis heute haben wir ständig dazugelernt und sind in der Lage, durch entsprechendes Training ultralange Distanzen auf gesundem Niveau zu bewältigen.

Von Ultradistanz im Laufsport spricht man ab einer Streckenlänge jenseits der 42,195 Kilometer Marathondistanz. Als längste Laufstrecke, die als Wettkampf ausgetragen wird, gelten die 3.100 Meilen (4.989 Kilometer) beim „Self-Transcendence 3100 Miles Race" in New York. Das mag unvorstellbar erscheinen und für Menschen nicht machbar. Alljährlich finden sich aber auch hier einige wenige Starter, die diese irre Herausforderung angehen. Von der *New York Times* wurde der Event nicht umsonst als Mount Everest des Ultramarathons bezeichnet.

Ist denn nun diese zunehmende Schar an Läufern, die ihr Level auf immer längeren Distanzen testen, als töricht zu bezeichnen? Ein deutscher Laufkollege hat es bei einem Etappenlauf mal so schön formuliert: endlich mal eine Woche unter normalen Menschen. Dem ist nichts hinzuzufügen.

Ein Ultralauf folgt als nächster, für mich logischer Schritt in meiner Vita als Sportler. Etwas Entspannteres als die Triathlons. Einen gescheiten Marathon habe ich noch nicht absolviert. Nur so aus Gaudi mal untertage in einem Salzbergwerk oder in Verbindung mit einer Reise zu den Victoriafällen oder als Dessert beim Ironman. Umfangreiche Ausdauerbelastungen bin ich von den Triathlonlangdistanzen gewöhnt.

Meine Lebenseinstellung hat sich allmählich von Profitdenken und ambitionierten Zielen entfernt. Bereits bei den letzten Teilnahmen im Triathlon rundete eine Reise ein großartiges Gesamterlebnis ab. Der Wettkampf stand dabei stets im Mittelpunkt.

Beim Recherchieren nach einem abenteuerlichen Laufevent fand ich einen Artikel über eine Kilimandscharo-Umrundung. 280 Kilometer an acht Tagen klang realisierbar. Kein Wettkampf, ein geleiteter Lauf. In kleiner Gruppe. War mir auch sympathisch. Übernachtung in Zelten. Das wäre doch die perfekte Challenge.

Und wie beim ersten Triathlon drückte ich auch dieses Mal schnell die Entertaste zur Anmeldung. Und ich kann euch versichern, ich freute mich wie ein kleines Kind auf diese Reise.

Noch bevor ich eine längere Laufstrecke als einen Marathon unter die Füße nahm, war ich dem Etappenlauf verfallen. Mehrere Tage hintereinander, morgens mit verknittertem Gesicht aus dem Zelt kriechen, lernen, mit wenig auszukommen und den Tag hindurch laufen. Einfach laufen. Das war es, wonach ich gesucht hatte.

Wie trainiert man für so eine tägliche Belastung? Wer kennt nicht die 10.000-Stunden-Regel?

Spätestens bekannt geworden, seit Malcolm Gladwell 2009 in seinem Bestseller *Überflieger: Warum manche Menschen erfolgreich sind - und andere nicht* diese Theorie von Anders Ericcson aus dem Jahr 1990 wieder aufgriff. 10.000 Stunden zu üben, machen den Meister aus dir. Klingt simpel und einleuchtend: viel hilft viel. Viele Laufkilometer ergeben einen gut trainierten Läufer.

Mittlerweile sind die Forscher davon abgekommen. Diese These, die in den 1960er- bis 1980er-Jahren praktiziert wurde, wird mit dem schönen Wort Variation ergänzt. Also nicht stupide Kilometer schrubben, sondern verschiedene Reize in das Programm einbauen. Qualität vor Quantität.

Jeden Tag zu laufen, wäre also zu einfach formuliert. Es kommt auf eine gute physische und psychische Vorbereitung an. Die Trainingsplanung hatte plötzlich neue Inhalte. Mit den folgenden Beispielen könnt ihr euch ein Bild davon machen, was ich zusätzlich zu Laufkilometern, um die man nicht umhinkommt, vor Ultradistanzen in mein Training einbinde. Die Aufzählung ist nicht gewichtend zu verstehen.

Die Vorzüge des nüchternen Trainings am Morgen vor dem Frühstück kennt ihr vielleicht schon. Der Körper kommt auf Betriebstemperatur und ohne störende Verdauungsprozesse mit leerem Magen läuft es leichter. Empfehlungen hierfür gehen von 40 bis 60 Minuten aus.

Ich baue in meine Trainingsläufe ab und an einen langen Dauerlauf bis zu drei Stunden ohne Nahrung ein. Sogar ohne Wasser.

Bei sehr heißen Temperaturen wird mal an einem Brunnen gestoppt. Wofür soll das gut sein?

Durch kontinuierliches Ausdehnen der Laufzeit ohne Zusatz von Nährstoffen habe ich meinen Körper auf Notsituationen vorbereitet. Ich falle nicht sofort in einen Hungerast, wenn gerade mal nichts zu beißen in der Nähe ist. Das kann bei Wettkämpfen, speziell im Abenteuerbereich, von Nutzen sein. Die Strecken sind dabei meist unbekannt. Sich zu verlaufen und vom Weg abzukommen, gehört zur Tagesordnung.

Und plötzlich ist der nächste Verpflegungsposten nicht nach einer, sondern erst nach drei Stunden erreicht. Unmöglich? Nein, das habe ich bereits erlebt. Und im Alltag schadet es nicht, während anhaltender Belastungen dem Verdauungssystem nicht permanent Nachschub liefern zu müssen. Ein Bauarbeiter muss zwischen Frühstück und Mittag auch bei extrem anstrengender Tätigkeit nicht dauernd Energie zuführen.

Grundlagenläufe sind für einen soliden Saisonaufbau unablässig. Langsames Tempo, ruhige Atmung, Kopf hoch, Brust raus, Hüfte nach vorn, die Arme geben den Takt vor. So, wie du den ganzen Tag laufen kannst. Es ist wichtig, sich eine gute Basis zu erarbeiten. Vergleichbar mit einem Haus. Das Fundament sozusagen. Es käme auch niemand auf die Idee, auf halb gegossenem Sockel die Wände hochzuziehen. Alles der Reihe nach. Und erst wenn das Dach drauf ist, kommen Tapete und Bilder an die Wand.

Ich mag diese Läufe. Sicher unspektakulär, aber sehr wirksam. Interessantere Trainingsformen sind die, worüber man gern spricht. Ein Berglauf mit unendlich vielen Höhenmetern, Intervallserien, bei denen dir schon beim Zuhören schwindlig wird. Aber diese ruhigen, langen Basisläufe zwischendrin machen Champions.

Dann ist da noch die „Einfach-mal-loslaufen-Runde". Eine grobe Zeitvorgabe formuliert, den Rucksack mit Wechselshirt und ein paar Notfalldingen wie ein Gel oder eine Rettungsdecke (gehört bei mir in den Bergen immer mit dazu) packen, Wasserstopps planen und los. Dabei kann es auch schon mal quer durch den Wald oder über die Wiesen gehen.

Koordinativ anspruchsvoll und die Orientierung im Gelände wird geschult. Jede Wegsperrung oder Flüsse unterwegs erhöhen den Reiz. Von so einer Runde kann man auch mal schlammverschmiert zurückkommen. Spielerisch und Abenteuertraining zugleich.

Meditation ist ein wichtiger Bestandteil für ein ausgewogenes, ganzheitliches Training. Warum Meditation einen positiven Einfluss auf jede Laufdistanz, ja, auch auf das Leben hat, werden wir im nächsten Kapitel „Kopfkino" noch im Detail anschauen.

Power Naps. Eines meiner Lieblingsthemen. Diese kurzen, entspannenden Schlafphasen zum Energietanken während des Tages. Auf Trainingseinheiten wird Wert gelegt, aber die regenerativen Pausen kommen zu kurz. Arbeitszeit, oder anders gesagt, sportfreie Zeit, ist nicht gleich Erholung. Optimal sind kurze, etwa 10 bis 30 Minuten dauernde Schläfchen in der Leichtschlafphase. Vergleichbar mit einem Dämmern.

Gerade für Sportler, die mehrere Trainingseinheiten am Tag bestreiten, absolut empfehlenswert. Und ein Power Nap kann überall gemacht werden. Das geht sogar im Büro mit dem Kopf auf der Tischplatte. Wenn der Chef gerade außer Haus ist.

Eine gute Möglichkeit, Abwechslung in den Trainingsalltag zu bringen, sind Barfußläufe. Ich habe sie während der Reha für das Knie schätzen gelernt. Anfangs auf weichem Untergrund wie einem Fußballrasen. Auf Schuhe, selbst auf Sandalen, dabei verzichten. Schult die Fußmotorik, fördert die ursprüngliche Laufbewegung und stärkt die Struktur nach oben weit über das Knie hinaus.

Beobachte einmal Kinder, die leichtfüßig durch den Sand springen. Sie haben noch die unverdorbenen Bewegungsabläufe, den Abdruck am Vorfuß und die natürlichen Ausgleichsbewegungen im Fußgelenk, die wir uns mit dem modernen Schuhwerk ruiniert haben. Man kann sich da aber in kleinen Schritten wieder herantasten. Dient nicht nur der Abwechslung, sondern auch der Verletzungsprophylaxe.

Im Winter sind Barfußläufe im Schnee empfehlenswert. Für ein paar Minuten locker im pulvrigen Schnee traben. Aktiviert und belebt die Füße.

Immer Natur, kein Laufband. Laufen hat den angenehmen Vorteil, dass es bei jedem Wetter und an jedem Ort geht. Als Genusssportler kann ich diese zwei Tage im Jahr, in denen der Schnee 50 Zentimeter hoch liegt, gut und gern mal Pause machen. Ansonsten gibt es keinen Grund, nicht in die Laufschuhe zu steigen.

An der Stelle auch gleich noch ein Tipp zu Laufschuhen. Von Goretex oder ähnlichen wasserdichten Materialien halte ich wenig. Die Schuhe sind im Obermaterial steif und bei richtigem Sauwetter kommt das Wasser oben am Schaft rein. Wer nicht gern nasse Füße hat, trägt bei Schmuddelwetter wasserdichte Socken.

Für Etappenläufe oder selbst für lange Ultradistanzen nonstop ist ein Rucksack notwendig. Ich empfehle Training mit dem Rucksack einige Wochen vor dem Event zur Gewöhnung. Aber bitte, wenn immer möglich, mit Originalinhalt. Soll heißen, es bringt nicht viel, im Training mit Büchern im Rucksack zu laufen und dann im Wettkampf voller Verwunderung ein anderes Trageverhalten zu bemängeln.

Der Inhalt muss wohlüberlegt gepackt werden. Schwere Gegenstände gehoren nicht nach unten, sondern so nah wie möglich an den Rücken. Die optimale Bepackung findet man im Training bei längeren Läufen leicht heraus.

Besondere Wettkämpfe benötigen spezielle Methoden der Vorbereitung. Für den vierten Lauf beim *Run for Children*, „The Last Desert“ in der Antarktis, wurde stundenlanges Rundenlaufen auf sehr kurzen Distanzen in Aussicht gestellt. Wie trainiert man einen Lauf über 8-10 Stunden auf einer einen Kilometer kurzen Schleife? Am besten bei einem 24-Stunden-Lauf. Dort ist die Strecke aus logistischen Gründen auf ähnlich kurzen Runden abzuspulen.

Ein solcher Lauf findet in Heimatnähe alljährlich statt. Der Antarktis-Testwettkampf ist auserkoren. Für den 24-Stunden-Lauf habe ich in der Vorbereitung aber bereits einen eigenen Test absolviert. Ich wollte mental bereit sein. Auf einer Schleife von 2,5 Kilometern sollten während 24 Stunden drei Blöcke à vier Stunden als Trainingseinheit dienen. Dazwischen sechs Stunden Pause.

In 24 Stunden also 12 Stunden aktiv und 12 Stunden passiv. Das war die perfekte mentale Vorbereitung für den 24-Stunden-Lauf. Und ich konnte als Newcomer bei einem solchen stupiden Lauf in etwa meine Leistung abschätzen. Mal andere Wege gehen.

Auf Schnickschnack und den Einsatz von technischen Gadgets kann ich gut verzichten. Eine weitere wichtige Erkenntnis für lange Distanzen. Eine Sportuhr für die absolvierte Strecke oder mindestens die aktuelle Uhrzeit trage ich. Ich kenne aber nicht mal einen Bruchteil aller Funktionen meiner etwas in die Jahre gekommenen Begleiterin (also wir sprechen von der Uhr). Und sie ist auf stumm gestellt (die Uhr).

Es wäre eher demotivierend, bei einem 100-Kilometer-Lauf alle paar Minuten zu hören: noch 98 Kilometer ... noch 97 Kilometer ... noch 96 Kilometer ... Die Auswertung habe ich früher rudimentär mit Stift auf einem Blatt Papier erfasst. Heute bin ich froh über die einschlägigen Apps. Aber ganz ehrlich: Wer von euch interessiert sich für mehr als eine Handvoll Informationen?

Und wo wir gerade beim Thema Uhr sind. Wie wäre es denn mal, das Display abzukleben? Oder im Winter die Uhr unter sämtliche drei Bekleidungsschichten zu stecken? Oder in die Reißverschlusstasche der Laufhose? Nach Gefühl laufen. In den Körper hineinhören. Du wirst schnell merken, dass du ein Gespür dafür bekommst, wann eine Stunde vorbei ist.

Anfangs wird die Herzfrequenz vielleicht etwas höher liegen, als wenn man sie ständig im Blick hat. Aber auch das kann man trainieren. Auf Signale des Körpers zu achten und diese zu respektieren.

Treppentraining ist eine gute Möglichkeit für Flachländer als Vorbereitung für einen Berglauf. Ich habe es im Januar während des *Run for Children* als Vorbereitung für den Lauf in Costa Rica eingebaut. Es galt dort, von der Küste ins Hinterland täglich unzählige Höhenmeter zu absolvieren. Und im Januar ist es nicht so einfach, einen Tropenlauf nachzustellen.

Die Alternative war schnell gefunden. Unser Treppenhaus umfasst vom Keller bis zum Dach sieben Stockwerke, 118 Stufen. Bei konstanter Raumtemperatur von 21 Grad Celsius kommt man da schnell mal ins Schwitzen.

Begonnen habe ich mit 30 Minuten. Das Ziel war es, das Training bis auf zwei Stunden Dauer zu steigern. Und ob ihr es glaubt oder nicht: es hat Spaß gemacht. Nur ein einziges Mal hat mich eine Nachbarin 10 Minuten in ein Gespräch verwickelt.

Das sind mal so einige meiner teils vom normalen Plan eines klassischen Läufers abweichende Zückerli. Damit habe ich das Rad auch nicht erfunden. Das wird der eine oder andere bereits genauso umsetzen. Dazu kommen natürlich vielfältige Ausgleichssportarten wie Radfahren, Schwimmen, Skilanglauf oder eben Kraft- und Stabilisierungsübungen.

Grundsätzlich orientiere ich mich bei meinem Lauftraining nicht an einer Streckenlänge, sondern an der zu trainierenden Zeit. Die grobe Vorgabe kann schon sein, am Sonntag in einem längeren Lauf 50 Kilometer abzuspulen.

Ob es dann aber 48 oder 52 sind, interessiert mich nicht, wenn ich die Zeitvorgabe von fünf Stunden lockeren Dauerlaufs erfüllt habe. Es ist in meinen Augen wenig sinnvoll, für eine runde Zahl auf der Uhr noch dreimal um den Häuserblock zu joggen.

Das gilt ebenso für einen Stundenlauf. Hügelig bis bergig als Trainingsvorgabe kommt dann vielleicht eine Distanz von 9,47 Kilometern zustande. Warum soll ich dann hintendrauf noch flach 530 Meter laufen? Als Urzeitmensch sehe ich das so: Vor der Höhle mit der erlegten Wildsau auf dem Rücken noch drei Runden drehen, kostet mich die Kraft, die ich am nächsten Morgen für die kommende Jagd dringend wieder benötige. Stattdessen gilt: Wenn das Ziel erreicht ist, setzt die Regeneration für die anstehenden Aufgaben ein.

Zu Trainingsplänen und deren Umsetzung noch ein Wort. Ich höre immer wieder den Satz: „Ich muss heute Abend noch trainieren." Das sind sicherlich salopp dahingesagte Worte. Sie beinhalten nur einen mangelhaften Ansatz. Du musst nicht trainieren, du willst es! Ein Trainer, der ein monatliches Honorar bekommt, sollte keinen falschen Druck in dir aufbauen.

Natürlich ist es ein anderes Motiv, eine andere Form der Motivation, wenn wir schon Geld an einen Fachmann überweisen. Und ich kann aus Erfahrung sagen, dass es ab und an notwendig ist. Wir brauchen den Tritt in den Hintern. Aber müssen musst du nichts. Es trainiert sich viel angenehmer und mit besserer Laune, wenn du WILLST.

Diese Trainingseinheiten waren allesamt Teil meiner Vorbereitung für den *Run for Children*. Zusätzlich zu den Laufbelastungen während der Mehrtagesläufe forderten die teils kurzen Regenerationszeiten zwischen den einzelnen Kontinenten ein gutes Körpermanagement. Das galt es, in der Planung und den aufbauenden Trainingseinheiten zu berücksichtigen.

In den Wettkämpfen möchte ich eine Balance zwischen Abenteuer und Performance finden. Einen Zustand, der weit über den sportlichen Aspekt hinausgeht. Und dabei mit dem Hilfsprojekt Gutes tun. Und dafür ist auch eine starke psychische Verfassung notwendig.

Station 2/7

„ATACAMA CROSSING“, CHILE, SÜDAMERIKA

Nur eine Woche nach der Rückkehr aus Albanien sitze ich bereits wieder am Flughafen. Das Ziel ist San Pedro de Atacama. Eine Wüstenstadt auf dem trockenen Hochplateau der Anden im Nordosten Chiles. Ich bin gut erholt von den anspruchsvollen Tagen in Albanien. Die Speicher sind wieder aufgefüllt. Das Abenteuer „Atacama Crossing" kann beginnen.

Es sollte wohl der speziellste Wettkampf von allen sieben werden. Das zumindest haben mir ehemalige Teilnehmer des „Atacama Crossings" bereits vorgeschwärmt. Und haben damit nicht zu viel versprochen.

Die Bedingungen bei dem 250 Kilometer langen Selbstversorgerrennen sind sehr anspruchsvoll. Kälte in der Nacht, extreme Hitze tagsüber. Laufen in Höhenlagen zwischen 2.400 und 3.200 Metern. Untergrund von losem Sand über knallharte Salzebenen, scharfe Steinplatten, durch Flüsse und Canyons. Und dabei immer das gesamte Equipment für eine gesamte Woche am Mann.

Essen, alles Notwendige zum Schlafen, Kleidung, 36 Pflichtgegenstände, persönliche Dinge. In der Vorbereitung kann ich hier bereits den ersten Erfolg verzeichnen. Mit 7,2 Kilogramm zählt mein Rucksack zu den Leichtesten. Und das sollte sich dann hoffentlich beim Laufen auszahlen.

Die Atacamawüste erstreckt sich von Nord nach Süd über 1.200 Kilometer. Im Regenschatten der Anden fällt in einigen Teilen jahrzehntelang kein Niederschlag. Eine bizarre Gegend. Atemberaubend schön. Aber wie soll Laufen hier möglich sein? Die Frage stelle ich mir nach Ankunft in San Pedro, dem wuseligen Wüstenstädtchen, noch nicht. Ein Ort, der mit seinen tausenden Touristen für den Moment hektisch wirkt, inmitten der ursprünglichen Natur.

Fragen werden hier Ash gestellt. Er hat am Wettkampf in den letzten Jahren wieder und wieder teilgenommen und steht in diesem Jahr vor seinem zehnten Finish. Masochist oder Süchtiger? Er kennt alle Tricks und Kniffe, die er gern Neulingen im Vorfeld weitergibt.

Neue Socken für jeden Tag? Wofür? Schuhe ausziehen vor der Flussquerung? Wofür? Lange Pausen auf der 80 Kilometer langen Ultraetappe? Wofür?

Bei seinen Ausführungen macht er keinen Hehl daraus, dass das Rennen für ihn ein Riesenspaß ist. Andere dagegen sind sich da noch gar nicht so sicher.

Die vergangenen beiden Tage dienten der Erholung nach der aufwendigen Anreise. Über Madrid und Santiago de Chile führte der Weg per Flugzeug nach Calama und von dort nochmals 90 Minuten mit dem Taxi nach San Pedro. Bereits unterwegs eröffnet sich die Weite der Atacama. Faszinierende Ausblicke auf die erloschenen Vulkane der Anden. Schon bald taucht der 5.920 Meter hohe Licancabur auf.

Der schneebedeckte, gleichmäßig geformte und majestätisch erscheinende Gipfel wird während der Laufetappen immer wieder die Blicke auf sich ziehen. Die unendlich langen, topschwarz geteerten Straßen bilden mit ihren gelben Begrenzungslinien einen absoluten Kontrast zur surrealen Wüstenlandschaft. Wir fahren auf 2.500 Meter über dem Meeresspiegel.

Der Körper muss sich erst an die Höhe gewöhnen. Zur Anpassung eignen sich Spaziergänge an den türkisfarbenen Lagunen in der Umgebung, in den erodierten Schluchten des Valle de la Luna - das Tal des Mondes, auch Moonland genannt, in der Nähe von San Pedro de Atacama - oder ein Ausflug zu den heißen Quellen der Geysire des El Tatio. Zwei Tage müssen zur Akklimatisierung genügen.

Los geht's. Auf zur ersten Etappe. Acht Uhr morgens. Nach einer eiskalten Nacht im Zelt sind die Zehen noch gefroren. Aufbruchstimmung herrscht. Kaum jemand möchte seine Kamera für ein Erinnerungsfoto herausholen. Finger warmhalten. Noch ein wenig auf der Stelle tänzeln. Das Startsignal ertönt.

Und schon geht die Post ab. Allerdings nur kurz. Nach etwa 500 Metern schreit Ash von hinten. Der Trail zweigt rechts ab. Wir sind aber alle auf der staubigen Schotterpiste geradeaus unterwegs. Puhhh. Das erste Mal verlaufen. Das fängt ja super an. Irgendwie habe ich die Kurve aber noch gekriegt. Und zu meiner Überraschung bin ich in Führung liegend!

Das Glücksgefühl soll etwa fünf Minuten anhalten, bis ich von zwei Läufern überholt werde. Allein dieser Moment des Triumphs, ein bunt gemischtes Starterfeld von 116 Läufern anzuführen, in Kombination mit den Eindrücken der letzten Tage, genügt schon, um zufrieden nach Hause zu fliegen. Aber es geht ja noch weiter!

Die Landschaft ist unglaublich schön. Alle paar Kilometer wechseln sich schmale Canyons in tiefrotem Gestein mit weiten Hochebenen ab. Kein Baum, nur ein paar Distelbüsche auf einer Höhe von 3.200 Metern über dem Meer. Loses Geröll auf den Lavafeldern. Sandpassagen. Und am Ende noch ein fünf Kilometer langer Anstieg zwischen windstillen Felsen. Spektakulär.

Die Zelte stehen bereits in Reih und Glied. Für die Läufer 15 Rundzelte. Die Teilnehmer werden zusammengewürfelt ohne Rücksicht auf Nationalitäten und Geschlecht. Das ist Teil des Abenteuers. Für eine Woche nicht neben deinem gewohnten Partner, sondern mit wildfremden Menschen übernachten. Anfangs fremd, später Freunde. Diese Gemeinschaften schweißen unglaublich zusammen. Jeder schaut für die anderen.

Nach den Zieleinläufen werden die Zeltkumpane besonders frenetisch gefeiert. Die zuerst Eintreffenden sorgen für Sauberkeit in der Behausung, Laufwege zu den Örtlichkeiten und Verfügbarkeit von heißem und kaltem Wasser werden erkundet. Die Stärkeren helfen den Schwächeren. Ab dem dritten Tag duftet jeder gleich. Klar, man muss das mögen. Eine polygame Ehe auf Zeit. Und: Ein Schnarcher ist immer darunter. Da kannst du nur hoffen, dass du es bist.

Zügig zu laufen, ist beim „Atacama Crossing" gar nicht immer so einfach. Steil aufragende Sanddünen stellen sich in den Weg. Kilometerlange, unebene Salzpassagen, bei denen ein Fehltritt fatale Folgen haben kann, bilden technisch eine Herausforderung. Ein Sturz oder Umknicken hier und die Salzkristalle zerschneiden den Schuh inklusive dem, was darin steckt.

Am zweiten Morgen, kurz nach dem Start, erwartete uns eine fünf Kilometer lange Strecke im tiefen Canyon des Rio Grande mit eiskaltem Schmelzwasser der Andenvulkane. Die Füße sind bereits nach einigen Metern zu Eisklumpen gefroren. Kein Gefühl mehr. Immer wieder rein ins Wasser, knietief. Der Canyon war zu dieser frühen Tageszeit noch schattig und kalt. Trotz der Umstände ein Genuss. Einmalig.

Ein paar Kilometer später in der Sonne ist das Gefühl in den Zehen zurück. Das nächste Highlight sollte nicht lange auf sich warten lassen. Über einen steilen Anstieg erreichen wir den Höhengrad oberhalb San Pedro de Atacama. Atemberaubender Ausblick. Die Andenkette, die endlos erscheinende Salzebene um San Pedro, die steil abfallenden Dünen direkt unter uns.

Die Wegmarkierung zeigt die Richtung direkt in der Falllinie. Hinein wie in einen Skihang. Ohne Ski. 300 Meter auf dem Absatz der Laufschuhe cruisen. Erinnert an Tiefschneefahren. Ein fluffiges Gefühl. Der Downhill ging viel zu schnell vorbei. Am liebsten noch mal hoch. Sessellift oder Gondelbahn Fehlanzeige. Pure Natur. Ein paar abenteuerlustige Sandboarder nur einige Meter entfernt quälen sich im losen Untergrund für einige Sekunden Genuss immer wieder die Steigung hinauf.

Der Etappenlauf „Atacama Crossing" gehört zu der Sorte „Selbstversorgerlauf". Was bedeutet das im Detail? Wie eingangs bereits erwähnt, ist sämtliche Ausrüstung für die gesamte Dauer, also 250 Laufkilometer an sechs Tagen und für einen dazwischenliegenden Ruhetag, selbst mitzuführen. Das beinhaltet auch die Verpflegung für die ganze Woche. Einzig heißes und kaltes Wasser wird zur Verfügung gestellt. Das gilt es, bei der Planung für solch einen Event bereits zu berücksichtigen.

Energieeffiziente Nahrungsmittel mit gutem Kalorien-Gewichts-Verhältnis, also hoher Energiedichte, sind gefragt. Bestenfalls in Trockenform, Wasser oder Flüssigkeitsanteile (etwa 80 Prozent, je nach Lebensmittel) wiegen nur unnötig. Der Veranstalter fordert 2.000 Kilokalorien pro Tag im Minimum. Ein Nachweis darüber muss beim Briefing vor der ersten Etappe erbracht werden.

Da werden dann schon mal sämtliche Verpackungen auf Nährwertangaben durchgesehen. Oder man bringt typisch deutsch eine Exceltabelle mit allen Angaben mit. Diese hilft auch bei der Planung zu Hause. 2.000 Kilokalorien klingt nicht nach Völlerei, wenn man bedenkt, dass als Empfehlung für einen gesunden Erwachsenen zwischen 25 und 51 Jahren mit einem Körpergewicht von 76 Kilogramm etwa 3.000 Kilokalorien pro Tag gelten. Als Grundlage für diese Alltagsberechnung wurde eine Schlafdauer von acht Stunden, sitzende berufliche Tätigkeit von acht Stunden und eine aktive Sportart wie Laufen über acht Stunden pro Woche angenommen.

Und hier in der Wüste sollen zwei Drittel dessen unter täglicher hoher sportlicher Belastung ausreichend sein? In den Anfängen war ich da sehr skeptisch. Ich esse gern. Bei vergangenen Wettkämpfen dieser Art habe ich dann schnell gelernt, dass es reicht. Der Körper hat genügend Reserven. Bei jedem von uns.

Wie sich diese Kalorien im Rucksack gestalten, ist natürlich sehr individuell. Es gibt Läufer, die haben die benötigte Mindestmenge in Form von Nüssen dabei. Morgens Nüsse, nach der Zielankunft Nüsse, abends Nüsse. Mir würde das gewaltig auf genau die gleichen gehen. Wie bereits gesagt, lege ich Wert auf gutes Essen und Verpflegung. Während einer Wettkampfwoche müssen da allerdings Abstriche gemacht werden.

Ein halbes Schwein auf Toast oder Spargel mit Sauce hollandaise lassen sich nicht so einfach im Rucksack transportieren. Mittlerweile gibt es aber hervorragende Trockennahrung für Trekking und Abenteurer, die nach Zugabe von Wasser eine vollwertige Mahlzeit ergibt. Das müssen nicht nur langweilige Pastakreationen sein. Die Industrie geht da voll und ganz auf Trends ein. Ob mexikanische Fajitas, vegane Seitanmenüs oder Mac 'n' Cheese, beim Gedanken daran läuft bereits das Wasser im Munde zusammen.

Über Tests in Training und Wettkämpfen habe ich mir eine erfolgreiche Strategie erarbeitet. Zum Frühstück gibt es immer das Gleiche. Gebratene asiatische Sobanudeln, Kartoffelbrei und Tee. Tee anstelle von Kaffee, weil sich ein Teebeutel mehrmals aufgießen lässt. Die Nudeln bekommen etwas mehr Wasser als im Normalfall. Klar, kommt da die Frage auf: Nudeln und Kartoffelbrei zum Frühstück? Ich bin ein Warmesser. Und es muss nichts Süßes am Morgen sein.

Mit dieser Zusammenstellung decke ich Kohlenhydrate, Salz, Flüssigkeitsbedarf, Fett und Eiweiß bereits vor dem Start ab. Und das mit knapp 800 Kilokalorien zirka eine Stunde vor der jeweiligen Etappe. Einerlei, wie lang diese ist. Den Magen vor dem Laufen nicht übermäßig zu belasten, ist das Ziel. Aber eben, Verpflegung ist so individuell wie jeder selbst.

In der Atacama, wie bei jedem Sportevent, sind natürlich auch Einsteiger ins Mehrtagesbusiness am Start. Erfahrene Läufer können diese schnell an der Größe des Laufrucksacks erkennen. Neben Kleidung ist Nahrung oft der Teil, der zu viel mitgeschleppt wird. Unsicherheiten bei der Vorbereitung tendieren zu dem einen oder anderen Päckchen Biskuit extra. Ein Riegel zusätzlich wiegt ja nicht die Welt. Für den Ruhetag ausreichend Essen einpacken, da soll nicht gehungert werden.

Normalerweise werden die Newbies am dritten oder vierten Tag auf die immer noch prall gefüllte Speisekammer hingewiesen, die sie auf jedem Schritt tragen müssen. Warum erst ab diesem Zeitpunkt? Dann ist in der Regel der eigene Hunger groß und jede zusätzliche Quelle für Kalorien ist willkommen. Und bis hierhin gab es einen Träger dafür. Das kann auch Teil einer Optimierungsstrategie sein.

Die Zeltkumpanen hier in unserer temporären Männer-WG sind allesamt angenehme Zeitgenossen. Da werden die Rucksäcke bereits nach der ersten Laufetappe neu strukturiert. So kamen viel zu viele Energieriegel, getrocknete Aprikosen, Schokoladenkuchen und andere Leckereien zum Vorschein. Das Buffet wurde als Berg in der Zeltmitte aufgebaut. Win-win. Die Jungs haben leichtere Rucksäcke und wir einen vollen Magen. Es war auch für die Nachbarzelte noch ausreichend da.

Die gesamte Nahrung nahm bei mir etwa vier Kilogramm vom Gewicht des Rucksacks ein. Nicht eingerechnet die zuvor beschriebene zusätzlichen Goodies. Die Tagesrationen bestehen dann aus gefriergetrockneten Menüs für den Abend und Snacks für die Laufstrecke. Trockenfrüchte und Pulver, die sich mittels Flüssigkeit zu Energielieferanten verwandeln lassen, haben sich hier bewährt. Wichtig ist: Schmecken muss es und Magen und Verdauungstrakt sollen eine komplette Woche damit zurechtkommen.

Es gibt diese Tage, an denen einem die eigene Nahrung bis zum Hals steht. Dann hilft der Gang zu Lauffreunden aus anderen Kulturkreisen. Kartoffelbrei ist bei Asiaten sehr beliebt. Dafür kommt dann im eigenen Menü mal koreanisches Bibimbap auf den Tisch.

Weiter geht's im Laufschritt. Am nächsten Morgen zum Einstieg in den Tag gab es unwegsames Gelände wie auf einem Kartoffelacker zu bewältigen. Hochstehende Wurzeln, Distelbüsche und trockene, lose Erde. Der Blick geht maximal zwei Meter voraus. Auf die Hacken des Vordermanns. Anspruchsvoll für Koordination und Gelenke.

Bei Temperaturen von bis zu 47 Grad Celsius in der glühend heißen Sonne kann man gar nicht genug trinken. Dazu reflektieren die Sand- und Salzpassagen die Hitze sehr stark. Schatten gibt es keinen. Woher auch? Die längste Etappe über 80 Kilometer ist in der trockensten Wüste unseres Planeten eine echte Herausforderung.

Der Untergrund besteht zwischenzeitlich aus pickelharten Gesteinsplatten. In tiefem Rotbraun und mit großen Steinbrocken und messerscharfen Felsplatten gespickt. Das Terrain ähnelt in seiner Schroffheit dem des Mondes oder des Mars. Hier hat die NASA ihre Marssonden getestet. Eine absolut unwirtliche Gegend zum Laufen. Und doch freue ich mich jeden Morgen auf die abwechslungsreichen Eindrücke voller Spannung.

Die Impressionen der spektakulären geologischen Formationen nehmen nicht ab. Die Atacamawüste ist einer dieser Plätze, die

Magie ausstrahlen. Diese riesigen Salzflächen, über Jahrhunderte ausgehärtete Kristalle ehemaliger Salzseen in der Hochebene, stehen im Gegensatz zu den feinkörnigen Sandbergen.

Eine lange, gerade Linie zieht sich über 10 Kilometer durch eine dieser Ebenen. Der zwei Fuß breite Single Trail wurde während der vergangenen neun Austragungen durch die Läufer niedergetreten. Für Einheimische gibt es keinen plausiblen Grund, hier in der Affenhitze diese Fläche zu überqueren. Für die Teilnehmer dagegen wird es eine dieser Passagen sein, die man nie mehr vergisst. Zu weit weg von allem. Von allem, was das Hirn im Leben bislang als Futter bekommen hat.

Die beiden kreisrunden, tiefblauen Salzseen, Ojos del Salar, sind dabei nicht nur beliebter Fotospot, sondern dienen einigen Läufern auch für ein erfrischendes Bad während des Laufs. Dieser Teil, mit in der Hitze flimmernden Lagunen in der Ferne, erinnert an das Tote Meer. Wieder ein anderer Eindruck, den es zu verarbeiten gilt. Das Laufen hier stellt Anforderungen weit über die Physis hinaus.

Die Luft in der Höhe des Atacamaplateaus ist aufgrund fehlender Feuchtigkeit so klar, dass die führenden Weltraumunternehmen auf den Bergen in der Wüste ihre Forschungsstationen und Teleskope installiert haben. Während unseres Laufs wurde das größte optische Teleskop der Welt in Betrieb genommen. VLT für „Very Large Teleskop", oder auch ESPRESSO genannt „Echelle SPectrograph for Rocky Exoplanet and Stable Spectroscopic Observations" bündelt in einem Spektrografen das Licht aus vier leistungsstarken Teleskopen.

Verantwortlich für die Entwicklung und den Betrieb dieses hochpräzisen Instruments zeichnet sich ein Schweizer Forschungsteam. Das Gerät wurde entwickelt, um erdähnliche Planeten zu entdecken. Also solche, auf denen menschliches Leben möglich sein kann. Der Spektrograf schießt aber keine normalen Fotos.

Mittels 100-Megapixel-Kamera wird ein Spektrogramm erstellt, das feine Verschiebungen in den Farbtönen zeigt, wenn ein Stern seine Geschwindigkeit ändert. Weicht ein Stern regelmäßig von seinem Kurs ab, weist das auf einen Planeten hin, der in Wechselwirkung zu diesem Stern steht. Kompliziert? Dann lassen wir die Experten daran weiterforschen.

Für uns gibt es in den Camps bei tiefblauem Himmel reale Bilder. Wer nachts mal rausmuss, bekommt vor lauter Staunen den Mund nicht zu. Himmelskörper, soweit man schaut. Und zum Greifen nahe. Dagegen ist die Milchstraße, die über uns in Mitteleuropa in klaren Nächten zu sehen ist, eher eine dunkle Gasse. Wer als Kind bereits von fernen Galaxien geträumt hat, wird sich hier heimisch fühlen. Unvorstellbar, was es außerhalb unseres Planeten an Schönheit gibt.

Aber Zeit zum Träumen bleibt nicht viel. Die letzte kurze Etappe steht bereits an. Von den 116 Gestarteten kommen schlussendlich 93 ins Ziel. Einige schleppen sich förmlich über die abschließenden 12 Kilometer. Einzig der Wille brachte sie zurück nach San Pedro.

Der Ort hat sich verändert während der letzten sieben Tage. Es schwebt eine große Zufriedenheit und Gelassenheit durch die Straßen. Die vergangene Woche ging trotz der Anstrengungen bei diesem anspruchsvollen Etappenlauf viel zu schnell zu Ende. Da hat die Umgebung viel Einfluss genommen.

Ich bin noch nie in solch einem fantastischen Gebiet gelaufen. Das hat ungemein beflügelt. Verglichen mit vielen anderen Laufabenteuern, ist das „Atacama Crossing" einer der härteren Laufevents. Gleichzeitig außerordentlich spektakulär. Und wenn ihr Ash fragt, was er im nächsten September vorhat, kennt ihr bereits die Antwort. Ein positiv Bekloppter.

Nichts motiviert mehr, als bei einer Lieblingsbeschäftigung an seine Grenzen zu gehen. Das ist für die einen der Geschwindigkeitsrausch auf dem Motorrad, andere suchen ihr Handicap beim Golf. Bei Triathleten dreht sich alles um die Hawaii-Qualifikation.

Alle haben eines gemeinsam. Sie unterwerfen sich einem Gefühl, das unglaublich zufrieden macht. Dieser drogenähnliche Rausch. Eine Begierde, die es zu stillen gilt. Irgendetwas passiert im Gehirn, das wir nicht kontrollieren können. Ich werde mich diesem Rausch in den nächsten Monaten weiter extensiv hingeben. Der *Run for Children* ist in vollem Gange.

KOPFKINO

„Nur wer riskiert, zu weit zu gehen,
kann überhaupt herausfinden,
wie weit er gehen kann."

T. S. Eliot

Leistung ist ein komplexer Mix aus verschiedenen Zutaten. Für das Laufen steht die körperliche Fitness, die Physis, ganz oben auf der Liste. Kondition kann man sich durch Training erarbeiten. Technik ebenso. Grundlegende Voraussetzungen wie Geschlecht, Alter oder Begabung sind gegeben und spielen eine Rolle für sportliche Leistungsfähigkeit.

Gesundheit ist eine gute Voraussetzung, muss aber nicht zwingend bestehen. Wie wir gesehen haben, trägt Aktivität auch zu Heilung bei. Und dann gibt es da noch die psychischen Faktoren. Die mentale Bereitschaft, Herausforderungen anzugehen.

Träume sind ein wichtiger Teil unseres Lebens. Sie haben einen bedeutenden Einfluss auf unsere Handlungen. Sowohl nachts als auch tagsüber schicken wir unsere Gedanken auf Reisen. Und erschaffen dabei Sehnsüchte und Wunschbilder, kreative Fantasiewelten und Superhelden. Aber auch konkrete Ideen, Inspirationen reifen so heran. Das lockere Abschweifen aus dem Hier und Jetzt skizziert Vorstellungen auf die Festplatte in unserem Oberstübchen.

Von größerer Bedeutung, als nur zu träumen, ist es allerdings, diese Illusionen in die Tat umzusetzen. Sigmund Freud interpretierte sie als Ventil für unterdrückte Wünsche und Triebe. Diese freizulassen und gezielt einzusetzen, macht das Leben erst interessant. Unser Hirn arbeitet immer. Es ruht nicht einmal nachts, wenn wir schlafen. Das lässt das Gedankenspiel zu: Wenn du aufhörst, zu träumen, lebst du nicht mehr.

Ich habe ein Problem. Wenn sich einmal etwas im Kopf festgesetzt hat, gibt es kein Zurück mehr. Die Idee, auf allen Kontinenten Sport zu treiben, schlummert schon eine Weile in mir. Ich lasse dieser Vision keine Chance, in einer Ecke zu verstauben. Immer und immer wieder wird am Konzept gefeilt.

Der Grundgedanke ausgebaut. Anstrengend ist in dieser Phase nicht nur das körperliche Training. Auch das Mindset gilt es, zielgerichtet für die anstehenden Aufgaben vorzubereiten. Fragen kommen auf und wollen beantwortet werden. Angenehme und unangenehme Umstände gilt es zu bedenken.

Bereits vor dem ersten Lauf des *Run for Children* muss der Kopf Höchstleistungen bieten. Teils spielerisch, teils voller Ernst. Er ist der Hauptakteur, wenn wir unsere Träume verwirklichen wollen. Er steht nicht nur über allem. Er hat die führende Position im Zusammenspiel unserer Körperfunktionen und aller Informationen, die von außen auf uns einprasseln. Er ist der Leiter des biologischen, psychologischen, humanen Systems Mensch. Unser Kopf ist der Chef.

MENTALE VORAUSSETZUNG FÜR HÖCHSTLEISTUNG

Der Kopf entscheidet, lange bevor wir eine Handlung ausführen. Die eigentliche Aktion ist nur als Ausführung zu betrachten. Der Zeitraum ist dabei relativ. Beim Kauf einer neuen Hose fällt unser Entscheid schneller als bei der Auswahl des Lebenspartners. Wobei, bei manchem Zeitgenossen bin ich mir da nicht so sicher.

Die Art, zu denken, ist ein Punkt, der uns Menschen von den Tieren unterscheidet, auch wenn bei einigen Tieren aus der Forschung der vergangenen Jahrzehnte Intelligenz nachgewiesen wurde, die über ein Instinktverhalten hinausgeht. Irgendetwas in unserem Kopf muss dennoch anders sein. Von was reden wir eigentlich, wenn wir vom Kopf sprechen?

In Wechselwirkung mit der Umwelt laufen in unserem Gehirn ständig Prozesse und Aktivitäten ab. Vereinfacht dargestellt: Unsichtbare elektrische Ströme jagen über Nervenzellen durch das Gehirn. Synapsen erlauben einen Austausch der Informationen zwischen diesen Neuronen. Sinne wie Sehen, Hören, Geschmack, Riechen und Fühlen werden so in Gedanken umgewandelt. Diese Gedanken verarbeiten die Informationen und lösen Befehle aus.

Bewegungsabläufe wie das Laufen haben wir über Jahre automatisiert. Wir speichern diese Gedanken im Gehirn. Auf dem Weg vom krabbelnden Säugling bis zum Läufer mit aufrechtem Gang ist ein ständiger Austausch zwischen Gehirn und dem menschlichen Organismus notwendig. Erst wenn dieses komplexe Zusammenspiel, Gedanken in Taten umzuwandeln, funktioniert, kann die Bewegung ausgeführt werden.

Wie die Prozesse im Detail ablaufen, können Neurowissenschaftler wesentlich besser beschreiben. Nur noch so viel dazu: Allein 650 Muskeln sind dafür zuständig, einen Menschen zu bewegen. Um die 86 Milliarden Neuronen sorgen für lebhaften Verkehr. Innerhalb von Sekundenbruchteilen laufen für eine einzige Aktivität unzählige, ineinandergreifende chemische und elektrische Prozesse ab.

So viel einmal zur Theorie. Wenn wir vom Kopf sprechen, ist also das Gehirn mit all seinen interagierenden Partnern gemeint.

Bevor es zu einer Umsetzung kommt, müssen dort Gedanken entstehen. Aus Erfahrungen, abgespeicherten Bildern und äußeren Einflüssen definieren wir unser Vorstellungsvermögen. Was bei einem die Grenzen dessen übersteigt, ist für andere im Bereich des Möglichen.

Wo sich dabei jeder einordnet, liegt an vielfältigen Faktoren. Die Erziehung, Erlebnisse und das Umfeld nehmen wesentlichen Einfluss darauf. Die blühende Fantasie von Kindern ist dabei noch unbelastet. Wer wünscht sich diese nicht manchmal auch zurück?

Ich trage da noch eine Idee aus meinen Kinderjahren mit mir herum. Ganz klar visualisiert. Durch Bilder aus verschiedenen Medien befeuert. In meinem Gehirn ist der Abdruck davon hinterlegt. Ein noch nicht entwickeltes Negativ. Oder in der heutigen Zeit besser formuliert, ein noch ungeöffnetes File. Ein Traum. Eine uneingelöste Fantasie. Etwas hindert mich daran, diese Realität werden zu lassen.

Mein Vorstellungsvermögen ist für die Aktion bildhaft ausgeprägt. Und doch ist die Zeit noch nicht reif dafür. Auch wenn ich meinen Kopf noch so fest anstrenge, das Gehirn aktiviere, es ist nicht umsetzbar. Meine Kraft allein genügt nicht, den Gedanken Wirklichkeit werden zu lassen. Ganz einfach, weil die Technik noch nicht auf dem entscheidenden Entwicklungsstand ist, meine Kindheitsfiktion wahr werden zu lassen.

Auf einmal gibt es da etwas, das warten muss. Was das ist? In meinem Kopf schwirrt die Vorstellung, die Erde einmal von oben aus dem All zu sehen. Schon lange, bevor Richard Branson und andere Pioniere des Weltraumtourismus realistische Ziele für kurze Ausflüge ins All veröffentlichten, lag ich wach und sah auf unseren Planeten hinab. Ich bleibe positiv. Es stellt kein Problem dar. Mein heutiges Leben und das in meinem Umfeld ist dadurch nicht negativ beeinträchtigt.

Das Wort Problem benutze ich für unsere friedliche Umgebung und unser organisiertes Leben nur sehr spärlich. Ein paar Seiten zurück habe ich davon gesprochen, dass ich ein Problem habe. Wenn sich Dinge im Kopf festsetzen, müssen sie realisiert werden.

Nennen wir es besser Aufgaben. Es gibt einfache und weniger einfache im Leben. Alle sind lösbar. Selbst den lang gehegten Kindheitstraum hätte ich mir bereits verwirklichen können. Ich war nicht zielstrebig genug. Ansonsten wäre auf jeder Berufswunschliste die Bezeichnung Astronaut aufgetaucht. Diese Aufgabe hätte mich zu Höchstleistungen angetrieben. Lösbar wäre sie aber gewesen.

Wahre Probleme gibt es aber tatsächlich zur Genüge in allen Teilen der Welt. Von Menschen gemachte, wie Kriege, Hungersnot, Flucht und Vertreibung. Umweltkatastrophen, ebenfalls vom Menschen ausgelöst, wie Chemieunfälle, Kernreaktorkatastrophen oder Seuchen. Bei unerwarteten Naturkatastrophen wie Erdbeben, Vulkanausbrüchen oder Tsunamis sind wir nicht Urheber, können aber indirekt mitverantwortlich sein. Eines haben alle gemeinsam. Alle haben verheerende Auswirkungen auf die Lebewesen des blauen Planeten. Und damit für die Menschen.

Wir nehmen diese nur wahr, wenn sie direkt in unserer Umgebung geschehen. In Fernsehbildern oder in den sozialen Medien berühren sie uns weniger. Mein Verständnis von Zusammenleben geht weit über das familiäre Umfeld hinaus. Jeder Form von Leben ist Respekt zu zollen.

Wir sind nur eine begrenzte Anzahl Jahre auf der Erde. Und die sollen nicht vom ständigen Streben nach Mehr und der Bevorteilung des eigenen Egos bestimmt sein. Das sind aber leider meist die Auslöser der oben aufgeführten Probleme.

Aus einer dieser Notlagen entstand schlussendlich auch die Idee, die sportliche Herausforderung beim *Run for Children* mit einem Hilfsprojekt zu verbinden. Beim Jahrhunderterdbeben in Nepal 2015 sind ganze Landesteile in den Ausnahmezustand versetzt worden. Das erste große Beben traf die Himalajaregionen am 25. April mit voller Wucht. Nur einen Tag später sollte ich im Flieger sitzen, um an einer Schule in Kathmandu ein Freiwilligenprogramm zu leisten. Daraus wurde aufgrund der Situation natürlich nichts. Zahlreiche Nachbeben ließen kein geregeltes Leben für Monate zu.

Ein halbes Jahr später war ich vor Ort und konnte mir ein Bild von den Zerstörungen machen. Und wusste sehr schnell, dass ich meinen Beitrag leisten möchte, um den immer fröhlich lachenden Kindern die Chance auf eine bessere Zukunft zu ermöglichen. Und das geht am besten über Bildung.

Ein Freund in Kathmandu macht mich zu dieser Zeit auf eine Schule in Mainapokhari, in der erweiterten Everestregion, aufmerksam. Weitere Details zum Hilfsprojekt folgen im gezielten Kapitel dazu. Nur hier schon vorab: Das Puzzle im Gehirn, die Gedanken vervollständigen sich und brennen sich ein. Die Aufgabenstellung ist klar definiert.

Die Höher-schneller-weiter-Mentalität ist nur bedingt umsetzbar. Auch unser Vorstellungsvermögen ist begrenzt. Und was das Gehirn nicht vorausdenken kann, ist auch nicht umsetzbar. Soll heißen, ein 100-Meter-Weltrekord wird nicht auf fünf Sekunden zu drücken sein. Beim Marathon wurde die Zwei-Stunden-Schallmauer bereits geknackt. Die 42,195 Kilometer in 1:45 Stunden zu laufen, wird für uns Menschen im heutigen Entwicklungsstadium ohne Hilfsmittel schwierig bis unmöglich. Vorstellbar wäre es. Für den Moment scheinen beide Ziele allerdings unrealistisch.

Aber irrationale Ziele sind unser Antrieb für unglaubliche Leistungen. Was heute noch unmöglich erscheint, ist in Zukunft Normalität. Wir reden davon, unsere Grenzen zu verschieben. Wie bereits erwähnt, sind Grenzen fix. Aber der Weg aus der Komfortzone bis an die Grenzlinie lässt für die meisten von uns noch viel Spielraum. Ich erinnere mich da gern an ein Zitat eines alten Mönchs in Ladakh im indischen Himalaja: Beim Wort „unmöglich" musst du nur „un" weglassen!

In meinem Kopf hatte sich ein Wandel vollzogen. Ich kann meine Stärken wie Willenskraft und Durchhaltevermögen gut bei Ausdauerwettkämpfen ausschöpfen. Innerhalb von zwei Jahren nach dem ersten Etappenlauf am Kilimandscharo hat sich die Herangehensweise an überlange Distanzen verändert. Das ist ein Produkt meines Gehirns. Träume und Gedanken, die anfangs wahnwitzig erscheinen, in die Tat umzusetzen.

Ich will mich nicht als unsportlich bezeichnen, aber besondere Begabung oder Vorteile im Körperbau kann man mir nicht nachsagen. Es gibt diese Altersklassenathleten, denen man eine sportliche Vergangenheit aus der Jugend ansieht. Die auch jenseits der 50 immer noch eine hohe Grundschnelligkeit haben. Die einen gesunden Ehrgeiz mitbringen. Manchmal auch übermotiviert sind. Die eine klare Vorstellung von ihrem Leistungsvermögen haben. Deren Körper, oder besser die in der Hirnrinde eingebrannten Informationen, erinnern sich an trainierte Strukturen im Kindes- und Jugendalter.

Bei mir kommen da eher Gedanken an kindlichen Unfug und später an Partys, Alkohol und Nikotin oder was sonst gerade noch so im Angebot war, zum Vorschein. Es muss also noch mehr passiert sein seit meinem Einstieg in die Kreise der aktiven Menschen.

Über den Satz: „Was du machst, kann ich nicht", habe ich meine Ansicht bereits mitgeteilt. Wie ist es möglich, 100 Meilen oder 250 Kilometer oder gar noch längere Distanzen am Stück zu laufen? Ich stelle die Frage mal andersherum: Warum soll es nicht möglich sein? Der Kopf ist der Gamechanger.

Es benötigt Energie, starre Denk- und Verhaltensmuster aufzubrechen. Aber lohnend ist es auf alle Fälle. Ich möchte damit nicht sagen, die gesamte Menschheit soll sich bei 100-Meilen-Wettkämpfen messen. Dann haben wir die gleichen Anmeldefristen wie bereits bei Triathlon- oder Traillaufveranstaltungen. Aber einfach mal über den eigenen Horizont hinausschauen. Das betrifft nicht nur den Sport.

Viele Menschen wollen geführt werden. Aufschauen zu Idolen. Ihnen nacheifern. Sich in den Vorbildern wiederfinden. Sie projizieren ihr Leben in andere. Oder das der anderen in ihr eigenes. Als triviale Art, Erfolge zu feiern. Eine passive Art. Sie umgehen den aufwendigen Weg. Den Weg, den die Leitbilder nehmen mussten, um als solche anerkannt zu werden. Oft aufopferungsvoll, zeitaufwendig und schmerzhaft. Aber immer mit Leidenschaft. Und das macht den Unterschied.

Eine Passion für etwas ist nicht einfach kopierbar. Nur wenn ich den gleichen Schuh wie mein Vorbild trage, laufe ich lange noch nicht ebenso elegant und leichtfüßig. Der Wille allein genügt nicht. Im Privaten, im Beruf und in der Freizeit. Das Ergebnis ist ein anderes, wenn man etwas ohne Begeisterung anpackt.

Gute Beispiele dazu finden wir im Alltäglichen. Es gibt den klassischen Arbeitnehmer. Tag für Tag geht er gefrustet zur Arbeit. Die Motive für seine Lustlosigkeit können dabei unterschiedliche Gründe haben. Er verbringt die längste Zeit des Tages, ja sogar des Lebens, mit etwas, das ihm keinen oder nur wenig Spaß bereitet.

Seit Jahren erscheint er pünktlich und setzt seine Kraft für den Betrieb ein. Seine Arbeitskollegen haben es aufgegeben, ihn aufzumuntern. Seine Vorgesetzten versuchten vergeblich, die Motivation intrinsisch und extrinsisch zu steigern. Erfolglos. Er macht sich aber auch nicht die Mühe, über Alternativen nachzudenken.

Der einfachere Weg ist der, jeden Morgen aufs Neue durch das Fabriktor zu wackeln. Veränderung und größere Zufriedenheit würden Aufwand bedeuten. Ja, man muss sich engagieren, wenn man mit sich selbst und der Umwelt zufrieden sein möchte.

Ein Beispiel aus dem Sport. Ich kenne Triathleten oder besser gesagt ehemalige, die ihr Rad irgendwann in Folie verhüllt in den Keller hängen. Jahrelang versuchten sie erfolglos, die Qualifikation für den Ironman Hawaii zu erreichen. Das bedeutet über Monate Stunden der Vorbereitung für den entscheidenden Wettkampf. Und dann geht der Slot wegen 30 Sekunden Zeitdifferenz an die vor ihnen Platzierten. Die Motivation ist im Keller. Dort, wo das Rad hängt.

Die Beispiele sind wahllos aus dem Raum gegriffen. Ich könnte über Läufer schreiben, die sich vergeblich an einer Marathonbestzeit versuchen. Über Menschen, die Schönheitsidealen nacheifern und sich dafür unters Messer legen. Oder von ehrgeizigen Neidern, die den Mount Everest besteigen wollen, weil der Nachbar es auch getan hat.

Wo ist da die Freude am Erreichten? Die innere Zufriedenheit mit sich selbst?

Am Ende sagt dir einzig und allein DEIN Kopf, ob du mit deinem Gelebten glücklich bist.

Das bedeutet nicht, bei schwierigen Aufgaben den Kopf in den Sand zu stecken. Ein Richtungswechsel, ein Anpassen der Ziele genügt schon. Die Gedanken ins Positive kehren. Und damit neue Energie gewinnen. Die Lebenszeit angenehm gestalten. Am besten aktiv. Das kann bei dem oben aufgeführten Marathonläufer der Wechsel auf eine andere Distanz sein. Oder entspanntere längere Läufe vermehrt in der Natur, anstatt auf Asphalt. Oder mal eine Laufreise zu einem Wettkampf an einem besonderen Ort unternehmen.

Äußere Einflüsse helfen, den Kopf frei zu bekommen. Ja, das muss auch ab und an mal sein. Gedanken und Gefühle neu sortieren.

Idole haben natürlich auch positive Einflüsse. In Deutschland sprossen Ende der 1980er-Jahre Tennisklubs und -plätze aus dem Boden. In den 1990er-Jahren folgten dann Kartbahnen. Anton Krupicka, Scott Jurek und Kilian Jornet haben in den 2000er-Jahren das Trailrunning populär gemacht. Paula Radcliffe und Haile Gebrselassie stehen für Konstanz im Marathon.

Alle leben einen Traum. Und mussten dafür Entscheidungen treffen, die nicht immer populär waren. Und Entbehrungen entgegennehmen. Und unentwegt an Psyche und Physis arbeiten. Alle sind gute Vorbilder, die für ihre Leidenschaft brennen. Und diese Hingabe endet nicht an einer Ziellinie oder nach einer Stunde auf der Trainingsrunde.

Sport wird zur Lebenseinstellung. Und lässt das Leben leichter und unkomplizierter erscheinen. Den Grundsatzentscheid, wo das Leben hinführt, legt jeder für sich selbst fest. C. G. Jung hat das so formuliert: „Ich bin nicht das, was mir passiert ist, sondern was ich beschlossen habe."

Es gibt da aber auch noch Ängste und Bedenken. Sie hindern uns, zielstrebig einen Weg zu gehen. Angst, ein Grundgefühl der Menschheit, ohne die ein Überleben nicht möglich gewesen wäre. In bedrohlichen Situationen reagiert unsere Alarmanlage sehr sensibel. Schweißausbrüche, erhöhte Muskelanspannung, eine höhere Herzfrequenz, geweitete Pupillen als Zeichen hoher Aufmerksamkeit und andere Reaktionen sollen uns auf eine Kampf- oder Fluchtsituation vorbereiten.

Angst ist ein schlechter Motor. Nicht immer gelingt es uns, tief verwurzelte Zweifel auszublenden. Eine Marathondistanz ruft bei vielen, vor allem bei Nichtsportlern, Versagensängste hervor. Wie gelingt es, diese Angst zu überwinden? Indem man sich mit ihr auseinandersetzt. Sich Fragen stellt, was an einem Marathon Angst einflößt. Die Distanz? Durch langsames Herantasten lassen sich diese Bedenken wegtrainieren.

Der Stress, in einem großen Pulk zu laufen? Hier können Entspannungs- und Atemübungen helfen.

Am Tag X nicht bereit zu sein? Ein ausgefeilter Trainingsplan und mentales Training bereiten optimal auf die 42 Kilometer vor.

Es gibt keinen Grund, vor einem Marathon Angst zu haben. Hier geht es nicht um Leben und Tod. Früher noch etwas Besonderes, ist der Marathon zum Breitensport geworden. Hat normale Züge angenommen.

Natural Running ist im Trend. Nicht nur bei der Wahl eines möglichst wenig unterstützenden Schuhs. Auch das Outfit muss stimmen. Natürlich sind lange, zerzauste Vollbärte ein tolles Fotosujet bei jeder Laufveranstaltung. Weist es doch den Träger als echten Naturburschen aus. Als sei er, im karierten Flanellhemd mit Wollmütze auf dem Kopf nach zweijährigem Aufenthalt der amerikanischen Prärie entflohen und auf direktem Wege aus der Wildnis des Red Canyons an die Startlinie gerannt.

Ich persönlich halte es da lieber simpel. Es muss schnell gehen vor dem Spiegel. Und beim Körperkontakt mit dem Partner kann solch ein modisches Accessoire eher unerotisch sein. Geschmackssache. Mein Fazit: Laufen geht auch ohne Bart.

Wer aber sind denn eigentlich die Normalen? Gibt es sie überhaupt? Sind es die Läufer, die sich ihrer Wurzeln wieder erinnern oder sind es Antisportler, die ihre Untätigkeit damit begründen, dass die Weiterentwicklung der letzten Jahrtausende für etwas gut sein muss. Sonst hätten wir keine Fahrzeuge oder Rolltreppen erfinden müssen.

Der Begriff „Normale“ ist weit gefächert. Das liegt immer im Auge des Betrachters. In unserer Welt sind die Normalos diese unscheinbar grau Gekleideten, die um Himmels willen nicht auffallen wollen. Die sich durch das Leben schleichen, genauso wie aus dem Haus, um vom Nachbarn nicht gesehen zu werden. Die sich in der Tram hinter der Zeitung verstecken, um bestmöglich jedes Gespräch zu vermeiden.

Sie haben einen sicheren Job beim Steueramt oder in der Gemeindeverwaltung. Und fallen mit ihren Meinungen nicht auf. Kritisch ja, aber nur so viel, wie der andere hören möchte. Selbst beim Sterben nichts Spektakuläres, eine Kreislauferkrankung. Das macht man so. Auf dem Grabstein dann die Inschrift: Lebte ruhig und bescheiden, einzig der Tod ließ sich nicht vermeiden.

Es gibt diese Typen auch zur Genüge in der Läuferschar. Warum sind schwarze Laufsachen so beliebt? Mit reflektierendem Streifen am Hosenbein gilt man da schon fast als Rebell. Farben sind doch auch Ausdruck von Lebensfreude. Lasst es raus. Malt die Welt bunt. Seid verrückt und wagt euch an einen Marathon!

Höchstleistung ist und bleibt also etwas sehr Individuelles. Die Frage besteht darin, was man bereit ist einzusetzen, um ein überdurchschnittliches Hochgefühl nach erfolgreichem Erreichen einer Glanztat zu erleben. Der Grundsatzentscheid, der Kurs, muss im Kopf vorgegeben werden.

Wer seine Gedanken und Gefühle kontrollieren und in eine positive Richtung lenken kann, ist sicher auf einem guten Weg. Lernen, mit äußeren, teilweise negativen Einflüssen umzugehen, schadet im Leben auch nicht. Achtsam zu sich selbst zu sein, ist ein weiterer Baustein. Und wenn dann noch die notwendige Entspannung gelebt werden kann, ist der Kopf für viel mehr bereit, als wir leisten können.

ENTSPANNUNG ALS BASIS FÜR EIN GESUNDES SPORTLERLEBEN

Für Entspannung bleibt jetzt aber erst einmal keine Zeit. Schauen wir auf die Eckdaten des gesteckten sportlichen Ziels, sieben Etappenläufe während sieben Monaten auf sieben Kontinenten. Nachfolgend ein paar Zahlen dazu. Bei der Monatsangabe ist jeweils der Zeitpunkt des Zieleinlaufs angegeben:

September 2018, Europa, „The Hidden Treasure", Albanien, 220 Kilometer,

Oktober 2018, Südamerika, „Atacama Crossing", Chile, 250 Kilometer,

November 2018, Asien, „Everest Trail Race", Nepal, 160 Kilometer,

Dezember 2018, Antarktis, „The Last Desert Antarctica", 250 Kilometer,

Februar 2019, Nordamerika, „The Coastal Challenge", Costa Rica, 236 Kilometer,

März 2019, Ozeanien, „Alps2Ocean", Neuseeland, 316 Kilometer,

April 2019, Afrika, „Marathon des Sables", Marokko, 250 Kilometer.

Das macht insgesamt 1.682 Kilometer im Wettkampfmodus. In einem Zeitraum von etwas mehr als einem halben Jahr. Dazwischen bleibt nicht viel Zeit für Training. Beziehungsweise basiert das Training auf erhaltenden Maßnahmen. Zusätzlich zu den Laufkilometern belastet der Reisestress.

Als kürzeste Erholungsphase zwischen zwei Wettkämpfen bleibt genau eine Woche vom Lauf in Costa Rica bis an die Startlinie in Neuseeland. Die meiste Zeit davon in Flugzeugen und auf Flughäfen. Eine Umstellung des Körpers auf die unterschiedlichen klimatischen Bedingungen ist fast unmöglich. Das rasante Durchqueren der verschiedenen Zeitzonen irritiert den menschlichen Biorhythmus. Sich dieser Belastung entgegenzustellen, macht wenig Sinn.

Das Auseinandersetzen damit bereits im Vorfeld dagegen schon. Und das Positive daran zu sehen. Lange im Voraus habe ich mir bewusst gemacht, dass bei diesem Laufabenteuer nicht nur die absolvierten Kilometer zu Fuß, sondern auch jeder weitere zu Lande, zu Wasser und in der Luft wichtiger Teil des Projekts sein wird. Wie kann man diese Zeit effizienter nutzen, als zu relaxen, sich Ruhe zu gönnen und zu genießen?

Wie erholen sich Körper und Geist innerhalb kurzer Zeit von einem Mehrtageslauf? Gewicht muss aufgearbeitet werden, Muskeln, Bänder und Gelenke sollen schnell regenerieren. Der Schlaf-Wach-Rhythmus ist ständig auf der Suche nach seinem System. Die Ernährung wird mit jedem neuen Aufenthaltsort vor Herausforderungen gestellt. Eindrücke von fantastischen Orten und Begegnungen mit ebensolchen Menschen wollen verarbeitet werden.

Total verschiedene Anforderungen an das Equipment galt es, vor jedem Umzug auf einen neuen Kontinent zu beachten. Details wie Etappenlängen, Höhenprofile oder Kartenmaterial habe ich irgendwann zur Entlastung schon gar nicht mehr angeschaut. Es gab niemanden, der eine solche Abfolge von sportlichen Belastungen rund um den Globus in dieser Intensität bereits absolviert hatte.

Ein Buch, Onlineartikel oder Studien zum Thema gibt es keine. Natürlich genügend Lesestoff über Ultraläufe, Abenteuerläufe und Mehrtagesrennen in Wüsten oder im Dschungel. Aber jeder Mensch ist anders und verarbeitet solche Events unterschiedlich. Es blieb mir also keine andere Wahl, als mich auf etwas Unbekanntes einzulassen. Und das war es ja auch, was ich wollte.

In den Fußstapfen anderer zu wandern, ist immer einfacher, als einen eigenen Pfad zu treten. Und meine Rolle als Proband Nummer eins beim Abenteuer *Run for Children* gefiel mir, je mehr ich mich damit auseinandersetzte.

Als signifikantes Instrument habe ich während dieser Phase Entspannung genutzt. Meiner Meinung nach macht eine innere Ruhe, ja Zufriedenheit, den Unterschied zwischen Erfolg und Misserfolg aus. Regeneration setzt neue Energien frei. Ob im Sport oder im Alltag. Begriffe wie Meditation, autogenes Training oder Yoga sind in aller Munde. Loslassen können. Achtsamkeit. In den Körper hineinhören. Klingt gut und ist einfach. Denkste!

Man kann lange hineinhören, wenn keine Signale gesendet werden. Das kann ich aus Erfahrung sagen. Erholung muss genauso trainiert werden wie Anspannung.

Beim Siegerinterview nach dem Weltmeistertitel im Super-G bei der WM in Cortina d'Ampezzo wirkte Lara Gut-Behrami sehr locker und zufrieden. Die Schweizerin reflektiert ihre Leistung und weist auf ein stabiles Umfeld hin: „Wir haben in den letzten Jahren einiges aufgebaut. Mit meinem Mann zusammen habe ich ein Zuhause gefunden. Das hat mir geholfen, mich als Mensch zu beruhigen und zufriedener zu sein." Und weiter: „Ein Sieg ist mir nicht weniger wert. Aber alles, was ich bis hierhin gemacht habe, ist mir mehr wert."

Ich höre jeweils gespannt die Sätze von Sportlern nach Erfolgen und auch nach Niederlagen. Aus diesen Stellungnahmen kann man viel herausfiltern. Was immer wieder auftaucht, ist innere Ruhe und bei Mannschaften auch Harmonie. Während Spitzensportler mit Sportpsychologen arbeiten, bleibt uns Gesundheitssportlern nur die Beschäftigung mit uns selbst. Machen wir uns also mal auf die Suche nach der inneren Ruhe.

Kennst du deine Mitte? Ich habe ausgiebig geforscht, bis ich sie gefunden habe. Jetzt kann ich aber ziemlich genau lokalisieren, wo sie sich befindet. In der chinesischen Lehre vom Feng-Shui spricht man beim zentralen Ort einer Wohnung auch vom Tai-Chi.

Im Mittelpunkt eines Raums sammeln sich die Energien. Nur wenn diese ungehindert fließen können, fühlt man sich ausgeglichen und voller Lebenskraft. So weit mal die Theorie bei einem Gebäude. Im Körper ist das ähnlich. Nur, dass man die Mitte nicht vermessen kann. Man muss sie spüren. Es gibt diesen Ort, an dem die Kraft zusammenfließt. Das geschieht unbewusst. Und ist individuell verschieden.

Morgens nach dem Aufwachen, noch vor dem Aufstehen, messe ich meine Ruheherzfrequenz. Sie gibt mir Auskunft über den aktuellen Körperzustand. Bereits leichte Abweichungen vom üblichen Wert können auf ein Übertraining oder einen Infekt hinweisen. Diese Messung dient mir also als Alarmglocke.

Seit Jahren konstant liegt sie bei 41 Schlägen pro Minute. Das Prozedere dauert nicht länger als zwei, drei Minuten, ist aber jeweils noch einmal eine tolle Entspannungsübung, bevor der Körper in Bewegung kommt. Absolut flach, ohne Kopfkissen oder andere Erhöhungen. Arme und Beine locker abgelegt und leicht ausgestreckt. Die Konzentration gilt dabei einzig der Atmung.

Dafür nutze ich ein Pulsoxymeter, das mich sonst auf Reisen in die Höhenlagen des Himalajas als nützliches Tool begleitet. Es ist selbstverständlich auch möglich, die Herzfrequenz mit Fingern am Handgelenk oder am Hals zu messen. Dafür müsste ich aber einen Arm aus der absolut entspannten Position nehmen. Eine Sportuhr eignet sich natürlich auch. Aber eben bei mir ist es ein Oxymeter. Dieses Messgerät wird auf den Zeigefinger gesteckt und misst die Pulsrate via Infrarotlicht.

Anfangs konnte ich meine Gedanken nicht loslassen und spürte mein Herz rasen. Der Wert bewegte sich um die 48 Schläge. Damit lag ich als männliches Lebewesen bereits unter dem „Normalwert“. Bewusst in Anführungszeichen gesetzt, da er wie alles im Körper von Person zu Person individuell verschieden ist.

Mit zunehmender Erfahrung konnte ich meine Gedanken freigeben und mich einzig auf die Atmung konzentrieren. Langsam tief einatmen. Kurze Atempause. Und langsam und lang ausatmen. Die Atmung ging dabei bis tief in den Bauch. In diesem Stadium hatte ich noch keine Ahnung, dass das meine ersten Ansätze von Meditation waren.

Wie von selbst lenkte ich meinen Blick nach innen, führte einen Körperscan durch. Unbewusst stoppten die Gedanken. Ich war jetzt voll und ganz im Hier und Jetzt. Und spürte dort einen Ort, an dem alles zusammenlief. Ich blieb beim visuellen Körperabtasten immer wieder an diesem Punkt hängen. Irgendwo am Brustkorb.

Heute weiß ich, dass dort das Zwerchfell, unser wichtigster Atemmuskel, verläuft. Diese ausgeprägte Muskel-Sehnen-Platte, die den Brust- vom Bauchraum trennt, hat mehr Einfluss auf die umliegenden Organe und Strukturen, als uns lieb ist. Wir sollten es ihm durch korrekte Atmung danken. Nicht flach in die Brust, sondern tief in den Bauch. Beim Sport geschieht dies automatisch. Und mindestens einmal pro Tag, bei mir morgens, sollte man sich Zeit für sich nehmen.

Ich habe es also gefunden. Da ist es, mein Zentrum, meine Ruhe, mein Tai-Chi. Heureka! Wenn sich Situationen einstellen, die auf unangenehmen Stress hinauslaufen, kann ich mittlerweile durch gezielte Atmung meine Mitte suchen und entspannen. Das geht bei langen Läufen auch während der Aktivität. Stressen lasse ich mich nicht mehr so schnell wie früher. Ich habe Ruhe als Energiequelle entdeckt.

Das lässt sich auch wunderbar zwischen den einzelnen Laufetappen und während der Reisen zur Regeneration nutzen. Und da kommt dann auch gleich noch eine weitere Methode zur Anwendung. Achtsamkeit. Dieser Zustand im Hier und Jetzt, hellwach den Körper und Geist wahrnehmen, ohne abgelenkt zu sein von Gedanken, Emotionen, Vergangenheit oder Träumen.

Oft ist auch die Rede von Entschleunigung oder Stressreduktion. Der französische Schriftsteller Antoine de Saint-Exupéry hat das treffend in seinem Klassiker *Der kleine Prinz* beschrieben: „Was vergangen ist, ist vergangen, und du weißt nicht, was die Zukunft dir bringen mag. Aber das Hier und Jetzt, das gehört dir."

Machen wir uns nichts vor. Allein die Tatsache, dass ich den Moment aktiv erlebe und Alltagssorgen ausblende, lässt diese nicht wie von Zauberhand verschwinden. Es hilft aber ungemein, die unbequemen Aufgaben für einen Moment zu vergessen oder von außen, relativierter, zu betrachten. Ich werde auch nicht behaupten, sich durch Achtsamkeit Krankheiten vom Leib zu halten.

Diese Form der Meditation hilft aber dabei, seinen Körper bewusster wahrzunehmen. Ohne Wertung. Mit Abstand und mit einer neutralen Betrachtungsweise wirken in dir schlummernde Konflikte plötzlich nicht mehr so schlimm. Wie bei allen Techniken gilt: Man braucht Training, bis man Achtsamkeit für sich nutzbar machen kann. Und einen offenen Geist. Es muss auch kein unbezahlbarer Kurs bei einem Guru sein, um Achtsamkeit für sich zu entdecken. Das geht ganz gut im Alltag und von zu Hause aus.

Es sind diese kleinen Beeinträchtigungen von außen, die sich im Körper kumulieren und uns Kummer bereiten. Mal zwickt es hier, mal drückt es da. Einiges davon hat psychosomatische Ursachen. Ich kenne das nur zu gut. Wenn der Rücken schmerzt, hat sich im Kopf etwas angestaut, das Beachtung sucht. Um einen verspannten Nacken zu lösen, ist eine Massage dienlich. Ein übersäuerter Magen lässt sich mit Hausmitteln oder medikamentös wieder ins Lot bringen. Alle haben aber eines gemeinsam.

Eine Art von Stress verursacht Reaktionen. Irgendetwas Ungelöstes, eine Angst. Das kann unbewusst auftreten. Wir lokalisieren den Schmerz dort, wo wir ihn empfinden. Am Rücken, Nacken oder im Bauch. Wenn wir aber ehrlich zu uns sind und achtsam in uns hineinhören, finden wir den Brandherd irgendwo anders. Körper und Geist lassen sich nicht entkoppeln. Wir tragen ein komplexes Gebilde mit uns herum.

Im Speziellen, während der Dauer des *Run for Children* konnte ich die Erfahrung machen, dass für unser Gehirn überdimensionierte Aufgaben Stress bedeuten. Der ist da. Punkt. Mit Gelassenheit lässt er sich aber wesentlich besser ertragen. Und dieser Ballast kann ja auch positiv genutzt werden.

Als Nachfahren der Urzeitmenschen benötigen wir die lebenserhaltenden Triebe nicht mehr täglich. Damals kam Stress auf, wenn ein ausgewachsener Braunbär auftauchte. Weglaufen oder kämpfen? Heute sind diese natürlichen Ventile verkümmert. Stattdessen fressen wir Stress in uns hinein.

Besser wäre es, beim Braunbären anzusetzen. Eine Laufrunde oder eine Stunde im Boxstudio ersetzt die direkte Konfrontation. Ja, es ist widersprüchlich, aber Teil unserer Zeit. Wir erschaffen uns neue Formen von Stress, sozusagen Ersatzstress und gehen rennen, um ihn zu verarbeiten.

Sind denn aber Gefühle und Empfindungen nicht ebenso wichtig wie Ausgeglichenheit? Natürlich. Wir sind Emotionsmenschen. Auch wenn einige das nicht eingestehen wollen. Als Erwachsener muss man Stärke zeigen. Gefühle können uns in ein tiefes Loch reißen. Und dann wünschen wir uns, dass wir sie besser kontrollieren können.

Tatsächlich können wir sie nicht unterdrücken, sie reifen in uns. Wir können bereits bei der Entstehung in unseren Gedanken darüber entscheiden, ob wir positive oder negative Empfindungen spüren möchten. Ich habe für mich entschieden, positiven Gefühlen Aufmerksamkeit zu schenken. Negative kann man nie ganz ausschließen. Ich lasse sie aber gern in irgendeiner Ecke verkümmern oder arbeite daran, sie ins Gegenteil umzuwandeln.

Ein Beispiel: Du siehst auf der Startliste eines Wettkampfs einen bekannten Namen, der dir bei vergangenen Events bereits einen Podestplatz in der Altersklasse weggeschnappt hat. Löst der Gedanke Stress aus? Wieder das Podest verpassen? Konzentriere dich auf dich und deine Stärken. Du hast gut trainiert und gehst voller Tatendrang an den Start. Du möchtest den Lauf genießen und wirst dein Bestes geben. Eine neue persönliche Bestzeit liegt drin.

Das ist das erste Ziel. Vergiss sämtliche Konkurrenz. Du läufst für dich. Weil du Freude am Laufen hast. Wenn es für eine Platzierung unter den ersten drei Teilnehmern reicht, umso besser.

Ein asiatischer Laufkollege hat mich einmal gefragt, ob ich mich erinnern kann, wann ich das letzte Mal Tränen vergossen habe. Das konnte ich sehr gut. Es war beim Zieleinlauf eines Mehrtageslaufs, bei dem es nicht optimal lief. Ich bin verletzt an den Start gegangen, habe mich aber durchgebissen. Und war umso glücklicher, die Erlebnisse des Wettkampfs bis zum Ende erfahren zu können.

Es sind gerade diese rausgelassenen Emotionen, die Zufriedenheit erzeugen. Dieses befreiende Gefühl, das Zielbanner zu sehen. Mit nach oben gestreckten Armen und einem Siegesschrei, auch als 1025. in der Ergebnisliste, die Linie zu überqueren. Man spricht auch davon, dass eine Last abfällt. Die Anspannung weicht. Gerade mit reifer Lebenserfahrung sind Erwachsene bestens in der Lage, mit Gefühlen umzugehen. Indem wir sie wieder verstärkt ausleben.

Etwas Bemerkenswertes kommt noch hinzu. Nicht nur im Alltag oder beim Sport hilft eine gesunde Gelassenheit. Auch in Krisensituationen wie der Coronapandemie ist eine gute Portion Lockerheit und Entspannung förderlich. Es macht wenig Sinn, jede einzelne Maßnahme zu hinterfragen. Eine Prise Coolness würde in der ohnehin angespannten Situation guttun. Unentwegtes Auseinandersetzen mit Zahlen und Analysen ist keine gute Strategie zur Krisenbewältigung. Eine Runde laufen zwischendurch schon eher.

Ruhig auch mal auf News verzichten. Nachrichten sollten der Holpflicht unterliegen. Das ständige Berieselnlassen mit Informationen aus aller Welt macht das Leben des Einzelnen nicht besser. Es nützt mir nichts, von Katastrophen und negativen Schlagzeilen in Echtzeit zu erfahren. Das raubt nur Energie. Ja, bereits das Aufnehmen und das Nachdenken darüber benötigt Kraft. Die nutze ich gern anderweitig. Ständige Erreichbarkeit ist mühsam und unnötig.

Worin liegt der Vorteil, eine E-Mail innerhalb von Minuten beantworten zu können? Oder andersherum. Was passiert, wenn man es nicht macht? Ein Geschäft könnte eventuell nicht zustande kommen. Der andere muss unnötig auf eine Antwort warten. Eine eingehende Nachricht ist doch eine Aufgabe, die es umgehend abzuarbeiten gilt.

Wenn du so denkst, bist du noch nicht entspannt genug. Atme tief ein und relaxe. Die Welt geht nicht unter, wenn der Adressat nicht sofort bedient wird.

Eine entscheidende Komponente bei der Entspannung bildet der Schlaf. Ein ausgewogener Schlaf-Wach-Rhythmus ist wichtig für unsere Erholung. Der Mensch verbringt etwa ein Drittel seines Lebens im Schlaf. Stresshormone wie Adrenalin werden abgebaut, Zellen regenerieren und das Immunsystem wird gestärkt. Die Akkus werden aufgeladen.

Es gibt dabei nicht die optimale Dauer. Jeder muss für sich herausfinden, wie sein nächtlicher Regenerationsprozess optimal abläuft. Bei manchen sind es sechs Stunden. Bei mir gut und gerne acht bis neun Stunden. Auch beim Schlaf gilt das Gleiche wie beim Training: Qualität geht vor Quantität.

Die beste Schlafposition ist die Rückenlage. Nach Hinweis vom Physiotherapeuten ohne Erhöhungen. Also auch ohne Kopfkissen. Kopf, Hals und Rumpf sind in neutraler Position und die Extremitäten können ohne großen Aufwand mit Sauerstoff versorgt werden. Das Herz muss weniger Pumpaufwand betreiben und kann sich bei Ruhepulsschlägen ebenfalls von den Strapazen der Tagesaktivitäten erholen.

Wer ausgiebig trainiert, muss sich auch ausreichend Zeit für Erholung und Entspannung gönnen. Den inneren Frieden findest du nicht durch Sport, sondern mit ihm. Es geht um mehr als nur Bewegung. Die Anpassungsprozesse laufen in den Erholungsphasen ab. Also selbst in den Ruhephasen läuft etwas, falls das die Umtriebigen unter euch beruhigt. Entspannung ist nicht die abendliche Stunde vor dem Fernseher. Aktive Erholung macht noch dazu mehr Spaß als passive.

Das klingt gerade so, als wäre Sport die eierlegende Wollmilchsau. Absolut. Ich würde das unterschreiben. Sportler, die mit Leidenschaft und Passion bei der Sache sind und für ihren Körper Sorge tragen, haben mehr Freude am Leben. Sind zufriedener. Können mit Enttäuschungen besser umgehen. Kennen sich mit sich selbst bestens aus. Können negative Gedanken zum Positiven kehren. Und ruhen in sich selbst.

Mit Gelassenheit und innerer Ruhe kann man sich keine Brötchen kaufen. Der Hunger lässt sich so aber besser ertragen.

GRENZERFAHRUNGEN IM ULTRALAUF

Von Weitem erkennbar schweben Bruchteile von Häusern und buschartiger Vegetation wie eine Fata Morgana am Horizont. Um mich herum weiß. Einfach weiß, so weit das Auge reicht. Es ist noch früh am Tag. Das Licht ist klar. Ich folge einer violetten Linie auf dem GPS-Gerät in meiner Hand.

Mehr als 20 Kilometer sind seit dem letzten Verpflegungsposten vergangen. In gleichbleibendem Trott komme ich auf der flachen, trockenen Salzfläche gut voran. Vor mir kann ich keinen weiteren Läufer erkennen. Auch hinter mir niemand. 72 Teilnehmer, einfach so verschwunden.

Meine Wasservorräte sind längst aufgebraucht. Ich laufe auf Sparflamme. Alle 10 Kilometer sollten Checkposten mit Wasser und Verpflegung aufgebaut sein. Die Strecke ist nicht markiert. Einzig das GPS zeigt den Weg. Zweifel kommen auf. Wo bin ich? Und wenn ja, wie viele?

Am Vortag gab es vom Veranstalter nigelnagelneue Navigationsgeräte eines bekannten amerikanischen Anbieters. Zur Verfügung gestellt für dieses Laufevent. Drei verschiedene Strecken waren für den Folgetag darauf hinterlegt. 51, 101 Kilometer und 100 Meilen, also 161 Kilometer. Sowie eine kurze Proberunde, für einen Test zum Vertrautmachen mit dem technischen Gerät.

Ich halte so ein technisches Wunderteil das erste Mal in den Händen. Wie viele andere Starter hier auch. Auf Ansage drücken die Versammelten am Gadget den „ON"-Knopf. Kurze Einweisung, welche Taste welche Funktion ermöglicht. Gleichzeitig starten alle auf die Teststrecke. Und schwärmen in die unterschiedlichsten Richtungen aus.

Wild gestikulierend und mit lautem „Stopp" bittet der Verantwortliche alle wieder zurück zum Ausgangspunkt. Die gespeicherte Strecke war für alle identisch. Warum peilen also alle absolut unterschiedliche Kurse an? Das kann ja heiter werden morgen. Heute sorgt es noch für Belustigung.

Und am Folgetag bin ich nun im Dilemma. Es wurde ausdrücklich davor gewarnt, die Skalierung im Display nicht zu verändern.

Ich konnte aber nicht widerstehen und wollte nur schauen, wo der nächste Checkposten ist. Und siehe da, der weit entfernte Punkt leuchtet auf. Die violette Linie weist schnurstracks darauf zu. Dabei sind mir zwei (!) Checkposten am Rande der Salzwüste entgangen.

Ich bin mitten auf der Fläche des Ranns of Kutch, einem ausgetrockneten Salzsee im indischen Bundesstaat Gujarat an der Grenze zu Pakistan. Verlaufen wäre fatal. Die Länder sind nicht als die allerbesten Freunde bekannt. Die Grenze hier zu übertreten, kann diplomatische Folgen haben. Ruhe bewahren.

In meinem Kopf kreisen verschiedene Szenarien. Sie werden Helikopter senden, um mich zu suchen. Wenn ich dem gesamten Weg zurück folge, sollte ich den Ausgangspunkt erreichen. Pakistanisches Militär wird mich finden und ich muss mich rechtfertigen. Meine Gedanken lassen aber keine andere Alternative zu, als der Linie auf dem Navigationsgerät zu folgen.

Bei Wettkämpfen blende ich die Zeit zwischen Start und Ziel aus. Es gibt nur den Weg voraus. Ich genieße das Momentum und gebe mich gern wirren Gedanken hin. Halluzinationen. Abtauchen in eine Parallelwelt. Das kann auch mal schiefgehen. Siehe die leeren Wasserflaschen, die gerade links und rechts am Rucksack baumeln.

Je näher ich komme, desto schärfer zeichnen sich die Konturen von Lehmhäusern und mit den Armen fuchtelnden Personen ab. Sie haben mich entdeckt. Nach Stunden der Einsamkeit erreiche ich die 50 Kilometer-Marke. Wann hatte ich den letzten Menschen gesehen?

Ausgezehrt und dehydriert verschwimmt das Gefühl für Raum und Zeit. Die Helfer weisen mich darauf hin, dass ich die Checkposten verpasst habe. Ich konnte mir zu diesem Zeitpunkt nicht erklären, wie das passieren konnte. Und fand mich damit ab, das Rennen bereits hier für mich als beendet zu erklären.

Ich hatte mich für die 100 Meilen angemeldet. Meine Premiere über diese Streckenlänge. Und nach einem Drittel ist die Reise bereits beendet. Enttäuschung machte sich breit.

Aber halt. Da kam ein Verantwortlicher auf mich zu und gratulierte mir zur Führung. Ich erklärte ihm, was geschehen ist und erkundigte mich nach einem Transport zurück zum Start ins Camp. Nein, nein, ich habe als Erster den Checkposten erreicht und solle weiter rennen. Nach dem Wettkampf können wir dann darüber diskutieren.

Will er mich veräppeln? Ich soll die komplette Distanz laufen und werde dann unter Umständen disqualifiziert? Wo liegt da der Sinn?

Während ich so dasitze und meine Speicher mit allerlei Flüssigem auffülle, stelle ich mir die Frage, warum ich hier bin. Was lässt mich um die halbe Welt fliegen, um an einem solchen Wettstreit teilzunehmen? Die Antwort kommt schnell.

Es gibt keine andere Gelegenheit, an einem so speziellen Ort zu sein, als bei diesem Lauf. Ohne GPS-Route und ohne die gestellte Infrastruktur des Veranstalters kann diese karge Salzwüste nicht erkundet werden. Ich bin nicht hier, um zu gewinnen. Es geht um die Location und das Abenteuer. Darum habe ich meinen Namen auf die Startliste gesetzt. Selbst wenn ich nachträglich disqualifiziert werde, kann mir niemand das Erlebnis nehmen.

Nur kurze Zeit später schultere ich meinen Rucksack wieder. Es geht weiter. Mit neuer Stärke im Kopf. Meine Gedanken saugen die Eindrücke förmlich auf. Ich bin zufrieden, den negativen Zwischenfall verarbeitet und meinen Fokus auf das Wesentliche gelenkt zu haben. Diese Situation aus dem Wettkampf übertrage ich in Stresssituationen gern bis heute, noch Jahre danach. Innehalten und die Frage an sich selbst: Warum bin ich hier? Es gibt immer eine Antwort. Ein Ultralauf gibt dir viel Zeit, dich mit dir zu beschäftigen.

Von hier an ging es gut weiter in dieser schroffen, aber unglaublich schönen Landschaft. Ich konnte mein Tempo laufen und machte keinen Fehler mehr bei der Navigation. In den kommenden Stunden habe ich noch einige Male über den Fauxpas gelacht. Es warteten aber noch weitere Herausforderungen.

100 Meilen in glühender Hitze ist kein Zuckerschlecken. Nach etwa der Hälfte der Strecke dann eine unfreiwillige Pause. Ein Militärposten stoppt mich und nimmt mich mit in die Kaserne. Indisches Militär. Wenigstens bin ich auf der korrekten Seite der Grenze.

Nach einigen Erläuterungen, dass zurzeit ein Wettlauf stattfindet und noch weitere Läufer kommen werden, lässt man mich gehen. Die Startnummer, die Strecke auf dem GPS und meine klare Vorstellung, was ich hier mache, haben den Kommandanten wohl zur Milde gestimmt. Lasst ihn laufen, den Tor, kann ich von seinem Gesicht ablesen. Weitere Läufer nach mir wurden nicht mehr kontrolliert. Einer muss die Vorreiterrolle übernehmen. Unentwegt zog mich die lila Linie auf dem kleinen grauen Gerät in meiner Hand weiter magisch an.

Warum? Warum macht man so etwas? Ganz ehrlich: Diese Frage habe ich mir beim Sport noch nie gestellt. Es spielt keine Rolle, bei welcher Art von Wettkampf oder Training. Ich finde die Frage überflüssig. Und die Antwort wäre zu einfach: Weil ich mich dazu entschieden habe. Weil ich Spaß daran habe. Weil es Salz und Pfeffer in mein Leben bringt. Weil ich mich höchstpersönlich hierfür angemeldet habe.

Aber warum diese langen Distanzen? Ist das denn noch gesund? Bei den langen Stunden der Anstrengung kommt mir oft in den Sinn, dass ich lieber unendliche Zufriedenheit spüre als schnelle, kurzfristige. Die Basis für extreme Belastung schlummert in jedem von uns. Losgelöst vom Laufen. Wir sind zu viel mehr in der Lage, als unsere Vorstellungskraft hergibt. Es stellen sich einzig die folgenden Fragen:

Was will ich mit meinem Leben machen? Was macht mich happy? Welche Gedanken lasse ich zu und welche unterdrücke ich oder wie passe ich sie meinem Weg an?

Es geht in die Nacht. Wo bleiben sie? Bei dieser Frage erwarte ich weniger meine Mitstreiter. Mit zunehmender Renndauer und Erschöpfung gibt es ein Phänomen, dem ich mich gern hingebe. Irgendwann können die Sinne Realität und Fiktion nicht mehr auseinanderhalten. Selbst bei Totenstille hört man Stimmen. Und sieht Dinge, die inexistent sind. Zeit für Halluzinationen.

Das Erstaunliche dabei ist, dass diese Sinnestäuschungen so echt erscheinen, dass ihr Vorkommen bis lange nach dem Auftauchen nachvollziehbar ist. In Indien sah ich Lamas, worauf mich im Zielraum alle auslachten. Es gibt keine Lamas in der Gegend. Und ich hörte die Schafhirten in den Bäumen reden. Bis heute bin ich überzeugt, sie schlafen in diesen vertrockneten Baumstämmen. Und haben sich über mich den Mund zerrissen. Wahrscheinlich habe ich sie mit meinem Fußstapfen aufgeweckt. Denn außer ihren Stimmen war es mucksmäuschenstill.

Je länger die Nacht, desto verrückter die Gedanken. Mittlerweile ist es weit nach Mitternacht. Ich bin wieder auf diesen unendlichen Salzflächen. Man könnte kilometerweit blicken. Wenn es nicht so stockdunkel wäre. Nicht ein Fünkchen Licht mit Ausnahme eines dunkelblauen Sternenhimmels. Ich war mir sicher. Die nachfolgenden Läufer haben ihre Lampen ausgeschaltet, damit ich sie nicht erkenne. Sie müssen mir auf der Fährte sein. Um sie zu irritieren, habe ich meine Funsel ebenso abgelöscht.

So, jetzt kann keiner mehr meinem Weg folgen. Das Navi war nur noch mit Mühe zu erkennen. Im Ziel wusste ich anhand der Abstände, dass niemand in Sichtdistanz hinter mir war. Auf Nachfragen bei den anderen Läufern, warum sie ihre Leuchten abgestellt haben, bekam ich nur ein unverständliches Kopfschütteln zur Antwort.

Und kurz vor dem Morgengrauen war ich dann ganz sicher, dass die Organisatoren sich einen Spaß daraus machen und uns hinaus über die Salzkruste in Richtung Pakistan schicken. Ein Himmelfahrtskommando, wie Stephen King es in *The long walk*, in Deutsch erschienen als *Todesmarsch*, nicht besser hätte beschreiben können.

Ich folgte immer noch dem Signal auf der digitalen Landkarte. Und das driftet weiter und weiter nach links ab. Weder ein Licht noch ein Checkposten waren irgendwo zu erspähen. Bei allem Erlebten. Es war zu Ende. Der Wettlauf hatte bereits Vorzeichen gesendet. Und jetzt wird es uns alle erwischen. Sieger ist der letzte Überlebende.

Da wurde ich jäh aus den Träumen gerissen. Ein blinkendes Leuchten tauchte wenige hundert Meter vor mir auf. Sind das die Pakistanis? Weglaufen oder kämpfen? Jemand kam auf mich zu. Wie gelähmt bewegte ich mich in seine Richtung. Er sprach englisch. Indisches Englisch. Und er kannte meinen Namen. Es war gruselig. Aber auch beruhigend, dass überhaupt irgendjemand da war. Ich bin nicht mehr verloren in dieser unwirtlichen Gegend. Es wendet sich zum Guten, als er mir Wasser anbietet. Der nächste Verpflegungsposten. Ich werde überleben!

Kann man solche Situationen vorbereiten? Ganz sicher. Ich kann hier nur so entspannt darüber berichten, weil ich mich damit bereits lange vor solch einer herausfordernden Beanspruchung auseinandersetze. An Schwierigkeiten denken, ohne ihnen zu viel Gewichtung zu schenken.

Im Englischen würde man das mit „don't overthink it" beschreiben. Sich über Kälte, Regen, Schmerz, Schlafmangel, Verletzungen und all die ungewollten Einflüsse Gedanken machen. Agieren können, wenn sie auftauchen. Darauf vorbereitet sein, wenn es so weit ist. Aber auch nur so viel, wie nötig.

Die restliche Strecke bis ins Ziel stand im Zeichen des Genusses. Wie so oft wartete ich vergeblich auf den Mann mit dem Hammer. Bei einem Marathon soll dieses Phantom bei Kilometer 30 bis 35 kommen. Wie oft schlägt er dann bei einer Ultradistanz zu?

Als gegen die Wand laufen oder auch als Hungerast bezeichnet man den Moment des Leistungseinbruchs, wenn der Körper bei der Energiezufuhr von schnellen Kohlenhydraten auf Fettverbrennung umstellt. Auf den Organismus wirkt sich dieser Prozess unter anderem durch erhöhten Sauerstoffbedarf aus. Der Körper sendet Signale wie Müdigkeit, Schwindel oder Anstieg der Körpertemperatur.

Da sitzt nun also ein ominöser Mann in uns und wartet 30 Kilometer, bis er zuschlägt. Klingt märchenhaft. Ist es auch. Männer wären niemals so geduldig. Einzig unzureichendes Training begünstigt diesen Umstand. Ist unser System an die langen Distanzen gewöhnt, steckt es die Belastungen weg. Auch bei einem Marathon. Lasst euch also nicht von den Schauergeschichten blenden.

Ich stelle mal eine These auf. Trainingsweltmeister haben ihren Kopf nicht unter Kontrolle. Ihr kennt sie bestimmt auch. Bestens aufgelegt, wenn es um Kilometer in der Vorbereitung geht. Rekorde bei Strava-Segmenten dienen als Motivation für die heimische Laufrunde. Übermotiviert, wenn die Trainingsgruppe nur eine lockere Runde plant. Und sobald dann ein Wettkampf ansteht, ist die Luft raus. Dabei sollte doch der Wettstreit ein Beweis von Stärke sein. Das Messen seiner eigenen Leistung mit den Gegnern.

Wettkampforientiertes Training sollte zielorientiert sein. Nicht der Weg dahin zählt. Der Ausgang ist entscheidend. Eine Metapher aus dem Tierreich beschreibt das sehr treffend. Der hungrige Löwe wird sich immer die schwache Gazelle aussuchen. Er muss auf dem Weg zur Befriedigung seines Grundbedürfnisses Hunger nichts beweisen. Auch das ist eine wichtige Aufgabe unseres Kopfs. Prioritäten setzen und richtig einstufen.

Den letzten Kilometer des „Run the Rann", so heißt das Rennen auf dem ausgetrockneten indischen Salzsee, geht es durch eine Ortschaft. Ich schwebe. 160 Kilometer in den Beinen, seit über 24 Stunden nicht geschlafen und davon 21 Stunden allein durch die verlassene Gegend gestolpert. Mein Gefühl sagt mir, ich kann noch ewig weiterlaufen. Kurzer Körperscan. Alles noch im grünen Bereich. Die Gelenke schmerzen. Dürfen sie auch. Die Schritte sind nicht mehr ganz so elegant wie am Start. Das waren sie aber auch dort schon nicht.

Ich bin längst im Melancholiemodus. Was mich bedrückt? Jetzt ist der Lauf bald zu Ende. Ein Abenteuer, für das ich um die halbe Welt geflogen bin. Höhen und Tiefen habe ich hier erlebt. Und das soll jetzt in ein paar Minuten sein Finale finden. Kann man die Zeit nicht zurückdrehen? Noch einmal am Anfang starten. Ich würde einiges anders machen, aber nicht weniger zufriedener sein.

Unglaublich, wie man seinen Geist, sein Gehirn, austricksen kann. Bevor es mir Erschöpfung und Müdigkeit vorgaukelt, konfrontiere ich es mit Überlegungen, die es in der Form jetzt überhaupt nicht gebrauchen kann. Antizyklisch denken.

Die letzte Rechtskurve von der Hauptstraße auf die Zielgerade. Diesen Moment habe ich während des Laufs oft in Gedanken durchgespielt. Wenn es schwer ging. Nach Motivation suchend. Den Moment des Triumphs zelebrierend, wusste ich bereits vor Stunden, wie es sich anfühlt. Lange visualisiert und doch ist es in Realität stets anders. Das Ziel vor Augen haben.

Bekannte Gesichter jubeln mir entgegen. Die Anspannung ist spürbar. Eine unglaubliche Befriedigung durchströmt den Körper.

Ein Gefühl, das sich so schlecht beschreiben lässt. Das man erleben muss.

Ich hatte mir in mühevoller Kleinarbeit eine Basis im Sport erschaffen. Ein Fundament eines Hauses gegossen. Später Mauern daraufgesetzt. Erst als diese tragfähig waren, das Dach errichtet. Und mit dem Innenausbau begonnen. Mir ist bewusst geworden, dass Tapete und Dekoration erst an die Wände können, wenn die Räumlichkeiten trocken sind. Die solide Grundlage geschaffen ist. Als Architekt meiner Konstruktion Leben habe ich heute ein weiteres Bild im Wohnzimmer aufgehängt. Hochzufrieden und erstaunt über die handwerklichen Fähigkeiten gleichermaßen.

Was mir von meinem ersten Hundertmeiler bleibt? Manchmal muss man einfach loslassen. Und machen. Nach 50 Kilometern war ich gefühlt aus dem Rennen. Es war ein befreiendes Gefühl, die Gedanken nicht an dem Navigationsfehler festmachend, sondern neu fokussiert und den Rest der Strecke auf Genuss eingestimmt zu sein.

Trotz Wettkampfmodus konnte ich unbeschwert durch den Tag und die Nacht rennen. Inklusive aller Höhen und Tiefen. Aber niemals zweifelnd. Das Erlebte wird noch lange in mir arbeiten. Und das war mit Überquerung der Ziellinie ja noch nicht vorbei.

Eine Neubewertung des Ziels im Kopf ist wichtig, wenn es mal nicht so läuft. Oder in Zeiten, in denen keine Wettkämpfe stattfinden können. Es ist nicht immer leicht, sich zu motivieren, wenn der Anreiz wegfällt.

Die Pandemie ist ein gutes Beispiel. Zeitweise sind wir in kleinen Radien um den Wohnort gefangen. Dann gilt es, neue Wege zu gehen. Das Training um des Lebens willen zu gestalten. Und selbst da gibt es viele Möglichkeiten, Abwechslung zu schaffen.

Anstatt immer die identische, vertraute 10-Kilometer-Runde im Stadtwald mit den gleichen Eindrücken abzuspulen, auch mal 20, 30 oder 50 Kilometer laufen. Über den Tellerrand hinausschauen. Neues erlaufen. Denn in der näheren Umgebung gibt es ebenfalls Erstaunliches zu entdecken. Da werden in den Gedanken viele neue Impressionen abgespeichert. Das Kopfkino mit unerwartetem Filmmaterial bedient.

In Indien folgte nach Ankunft im Zielbereich eine Bewertung meiner ungenügenden Navigationseigenschaften. Fernsehsender wollten Interviews, im Ziel eingetroffene Laufkollegen der kürzeren Distanzen beglückwünschten mich. Ich hatte die Ziellinie als Erster überquert. Jeweils abwiegelnd und auf meine Streckenabweichung hinweisend, wollte ich mich nicht mit fremdem Ruhm bekleckern. Der Sieg gehört demjenigen, der alles richtig macht.

Kurze Zeit später, ich stehe bereits unter der Dusche, kommt der Veranstalter zu mir. Also bis in den Vorraum. Durch die verschlossene Tür teilt er mir mit, dass nach Prüfung meines GPS-Geräts die Differenz zur korrekten Streckenlänge von 161 Kilometern gerade einmal 500 Meter beträgt. Ich bin also einen halben Kilometer kürzer gerannt als verlangt.

Die Verantwortlichen beschlossen, mir dafür eine Zeitstrafe von einer Stunde zu geben. Er fragte mich, ob ich damit leben könne. Indische Höflichkeit. Es wäre also noch verhandelbar gewesen. Ich war zu diesem Zeitpunkt aber so zufrieden und hatte diese innere Ruhe, dass mich selbst eine Disqualifikation nicht erschüttert hätte. Die vergangenen 24 Stunden da draußen haben wieder etwas in mir verändert.

Dieses Puzzleteil „Run the Rann“ passt wunderbar in das bestehende Bild. Bei der Siegerehrung am darauf folgenden Tag bekam ich einen Sonderpreis als schnellster Läufer, der nicht gewann. Auch das indische Herangehensweise und wahrer Sportsgeist. Ich mag diese pragmatische Lebensweise. Indien hat schon so manche Denkweise der westlichen Besucher beeinflusst. Und Träume Realität werden lassen. Auch bei mir.

Station 3/7

„EVEREST TRAIL RACE“, NEPAL, ASIEN

Lukla, Nepal, auf 2.850 Metern über Meereshöhe. Es ist sechs Uhr morgens, kalt. Die Wolkendecke reißt langsam auf. Wird ein Flug vom gefährlichsten Airport der Welt heute möglich sein? Die Piloten fliegen manuell. Die Piste ist nur 500 Meter lang und endet an einer Steilwand. Der Abflug scheint sicherer zu sein als eine Landung. Gestern ging aufgrund der unbeständigen Wettersituation nichts. Uns bleibt nur warten. Ein guter Moment, die vergangene Woche Revue passieren zu lassen.

Die Teilnehmer des „Everest Trail Race" treffen sich in Kathmandu. Für die einen Kulturschock, für die anderen ist der Wirrwarr der lauten, staubigen Stadt ein Vergnügen. Seit dem Erdbeben sind gut drei Jahre vergangen, die Folgen weiterhin überall sichtbar. Der Aufbau ist in vollem Gange, wird aber noch Jahre dauern.

Wir treffen uns mit der Hilfsorganisation, die unser Schulprojekt in Mainapokhari leitet. Fazit: Alles läuft nach Plan. In sechs Monaten wollen wir die Bibliothek den 6.000 Kindern des abgelegenen Tales übergeben. Bis dahin gilt es, auf weiteren 1.200 Laufkilometern Spenden zu sammeln.

In Nepal stehen dazu nur 160 Kilometer in einer Woche auf dem Programm. Hier spielen jedoch die Höhenmeter und die Höhe selbst eine Rolle. Insgesamt 15.000 Meter positive Differenz gilt es, ab dem Ort Jiri bis nach Tengboche zu bewältigen.

Fast anstrengender ist allerdings die achtstündige Busfahrt zu diesem Startort, die letzte Anbindung an die Hauptstraße in der Everestregion. Diwali, das Lichterfest, ist in vollem Gange. Keine gute Voraussetzung für eine ruhige Nacht im Zelt.

Nicht wichtig, die kommenden Tage wird der Rhythmus durch Laufen bestimmt. Auf Single Trails durch märchenhafte Wälder, erntereife Hirse- und Gerstenfelder sowie kleine Bauerndörfer mit winkenden Fans am Straßenrand. Steil bergauf und bergab ist Programm, nie flach. An einem Tag nehmen wir auf einer Halbmarathondistanz 3.500 Höhenmeter mit.

Noch sind wir in einsamem Terrain unterwegs. Bei 40 Läufern zieht sich das Feld sehr schnell auseinander. Das macht es noch einsamer. Allein in der Natur. Und in was für einer! Ausblicke auf schneebedeckte Gipfel und in tiefe grüne Täler - atemberaubend. Mit steigender Höhe kommt echte Atemnot dazu. Bereits am zweiten Tag geht es auf 4.200 Meter.

Akklimatisierung wird überbewertet. Dazu kommt Kälte. Das stresst den Körper. Er reagiert mit geringerer Geschwindigkeit. Geht in den Schutzmechanismus über. Mit jedem Meter abwärts wird es dann wieder merklich besser. Ein Auf und Ab der Leistungsfähigkeit.

Nepal ist das Land der hohen Berge. Allein acht der 14 Achttausender liegen auf seinem Staatsgebiet an der Himalajahauptkette. Was immer wieder für Erstaunen sorgt: Nepal ist auch das Binnenland mit dem größten Höhenunterschied. Im Süden liegt bei Kencha Kalan der tiefste Punkt auf gerade einmal 70 Metern über dem Meer. Dem gegenüber ragt der höchste Berg der Welt, der Mount Everest, auf 8.848 Meter empor.

Diese Unterschiede zu bewältigen, bringt nicht nur die Touristen an ihre Grenzen. Die Höhe ist für alle limitierend. Selbst Guides und Porter, die mehrheitlich im Kathmandutal leben, müssen ihren Organismus bei jeder Bergtour wieder den Höhenverhältnissen anpassen. Das ist auch kaum vergleichbar mit unseren europäischen Hochgebirgen. Jenseits der Höhen von 3.000 Meter ist mit Anpassungsschwierigkeiten zu rechnen. Dahin kommen wir in den Alpen nur selten.

Der Körper reagiert mit Symptomen wie Kopfschmerzen, Übelkeit, Schlaflosigkeit, einem sich verstärkenden Schmerzempfinden. Wichtig ist, in größeren Höhen Ruhe zu bewahren. Anfangs strömt Euphorie durch den Körper. Die Anstiege sind moderat und für trainierte Menschen meist keine besondere Herausforderung. Die Schwierigkeiten treten dann erst verzögert auf. Und sehr langsam.

Eine Höhenkrankheit bildet sich oft über Tage aus. Vorbeugend hilft es, viel zu trinken, wenig Bewegung und Entspannung, um dem System Zeit für die Anpassung zu geben. Ich nehme immer gern eine Aussage eines Freundes im Himalaja, um die realen Gefahren der Höhenkrankheit zu erläutern: „Nach Ankunft auf 3.500 Meter ruhig mal zwei Tage sitzen, Tee trinken und ein Buch lesen. Dann kommt das gut."

Das fällt uns Getriebenen schwer. Ist aber das einzig Wirkungsvolle. In seinen fast 20 Jahren als Bergführer musste noch keiner seiner Touristen frühzeitig nach Hause fliegen, weil er sich nicht an die Höhe anpassen konnte. Die Anzahl derer, die sich nicht an große Höhen akklimatisieren, ist sehr gering. Für alle gilt, Finger weg von Medikamenten.

Im Himalaja werden Berggängern oft recht einfache Mittelchen zur Linderung der Symptome angeboten. Damit wird der Körper aber nur ausgetrickst. Die Anzeichen werden verschleiert oder ganz abgestellt. Das Pendel der Alarmglocke entfernt. Die Rezeptoren stillgelegt. Das ist keine Lösung der Ursache.

Wie geht das aber bei Laufveranstaltungen, die im Himalaja in den verschiedensten Gegenden über Distanzen hin bis zu 480 Kilometer nonstop stattfinden? Ja, richtig gelesen. Es gibt einen Lauf über 480 Kilometer über die Hauptkette am Dach der Welt (hier nur am Rande erwähnt).

Oder andersherum gefragt: Warum gewinnen meist Einheimische diese Wettkämpfe? Ich habe noch keinen ambitionierten Kenianer bei einem Lauf hier oben gesehen. Sicher spielt das Preisgeld eine Rolle. Außer einer Medaille und einer Urkunde gibt es unzählige fantastische Eindrücke von Kultur, Land und Leuten. Damit kommt man bei der Planung der Altersvorsorge aber nicht allzu weit. Und die Vorbereitung ist eher aufwendig, wenn der Laufwettkampf als tolles Erlebnis in Erinnerung bleiben soll.

Für einen Ultralauf über eine Distanz von 70 Kilometern inklusive Überquerung eines Passes auf 5.400 Metern Höhe habe ich in den vergangenen Jahren eine Strategie entwickelt, um nicht die gesamte Distanz unter Schnappatmung zu leiden. Zu Hause vor der Abreise gestaltet sich das Training in den gewohnten Strukturen. Bergläufe stehen zunehmend im Fokus, um die Muskelstrukturen, Sehnen, Bänder und Gelenke für die Steigungen sowohl bergan als auch bergab vermehrt anzusprechen.

Bereits vor dem Abflug wird die Flüssigkeitszufuhr erhöht. Wasser und Tee. Kein Alkohol. Gefeiert wird erst am Ende der Reise vor dem Rückflug. Im Flugzeug beginnt dann schon die indirekte Vorbereitung auf die Höhe. Mit ausreichend Schlaf.

Angekommen auf 3.500 Metern, folgt dieses Langweilerprogramm, bestehend aus Abwarten und Teetrinken. Ein kleiner Spaziergang liegt schon drin. Wer es am ersten Tag aber übertreibt, wird es in der Nacht zu spüren bekommen. Ruhe bewahren. Fällt schwer, ist aber mehr als entspannend. Weg vom Mobiltelefon und eintauchen in die Entschleunigung.

Während dieser Zeit ist das Augenmerk auf den Puls und die Sauerstoffsättigung gelenkt. Tag eins gestaltet sich meist noch wie zu Hause. Die träge Veränderung äußert sich in steigenden Herzfrequenzwerten und geringerer Sauerstoffsättigung. Der Hausarzt würde uns in europäischen Gefilden bei den angezeigten Werten vermutlich direkt stationär einweisen. Hier oben geben mittlere 80er-Werte zur Sauerstoffsättigung an den ersten Tagen keinen Grund zur Besorgnis.

Sobald diese Werte auf akzeptablem Niveau sind, kann mit leichter Bewegung begonnen werden. Mir geht es bei einer Ruheherzfrequenz von 55 und einer Sauerstoffsättigung von 86/88 Prozent bereits so gut, dass ausgiebige Spaziergänge am zweiten oder dritten Tag möglich sind. Die Höhe gesteigert wird dann aber erst am vierten oder fünften Tag in guter Verfassung.

Ein kurzer Lauf im Trabtempo vor dem Frühstück aktiviert den Organismus. Und kurz sind dann wirklich nur 30 Minuten. Für die Tage der Höhenanpassung dienen mehrtägige Trekkingtouren. Auch hier immer wieder mal ein Läufchen zwischendurch. Die Touren gehen dann in Höhen zwischen 4.500 und 5.000 Meter.

In der zweiten Woche des Aufenthalts folgt eine Steigerung in Form von längeren Läufen rauf auf bis zu 5.000 Meter oder eine Bergtour auf über 6.000 Meter. Der Körper ist nun bereits gut angepasst. Zumindest gefühlt. Eine wahre Anpassung findet erst nach Wochen statt. So viel Zeit bleibt kaum jemand, der an einem Laufanlass fernab der Heimat teilnimmt.

Einzig die hier oben lebenden Läufer genießen den Vorteil, diese Adaptionsprozesse verinnerlicht zu haben. Die Konzentration der roten Blutkörperchen ist für die Umgebung bestens ausgebildet. Da sind wir Lauftouristen auch nach zweiwöchiger Vorbereitung noch weit entfernt von. Und so werden von Jahr zu Jahr auch weiterhin die einheimischen Läufer das Podest unter sich ausmachen. Die Natur lässt sich nicht überlisten.

Das Programm hat sich bei mir bewährt. Daraus ist nicht zu schließen, dass es allgemeintauglich ist. Wie bereits in den Kapiteln „Training“ und „Kopfkino“ erwähnt, sind wir alle viel zu individuell, als dass sich da ein allgemein gültiger Ablaufplan erstellen lässt. Wichtig ist wie immer im Leben, die Signale deines Körpers wahrzunehmen und zu respektieren.

Vom Höhentraining in speziellen Kammern oder Unterdruckkabinen im Flachland halte ich wenig. Die Höhe wird darin einzig durch reduzierten Sauerstoffpartialdruck vorgetäuscht. Das ersetzt nicht die natürlichen Anpassungsprozesse. Kein Gerät kann die Akklimatisierung unter Laborbedingungen derjenigen an Ort und Stelle simulieren. Um von positiven Effekten profitieren zu können, müsste dieses Training und das gesamte Leben in solchen abgeschlossenen Räumen über Wochen stattfinden.

Profibergsteiger verbringen in den Kammern gut vier bis fünf Wochen. Tag und Nacht. Das geht für uns Hobbysportler dann doch zu weit. In der Vergangenheit habe ich mir vor dem Abflug in den Himalaja auch schon einige Tage auf einer Höhe von 2.000 Metern gegönnt. Ebenfalls Tag und Nacht. Die Trainingsläufe gingen dann rauf auf 3.000 Meter.

Im Nachhinein, verglichen mit Reisen, bei denen ich von der Wohnorthöhe auf 400 Metern gestartet bin, kann ich keine Unterschiede feststellen. Der kurze Zeitraum von wenigen Tagen ist einfach nicht ausreichend.

Nach zwei Lauftagen treffen wir beim Rennen in Nepal auf den namensgebenden Everest Trail. Von nun an sind wir nicht mehr allein unterwegs. Neben Touristen stehen Yaks, Maultiere und Pferde immer häufiger im Weg. Die Trails weichen breiten Wegen. Himalajaautobahnen. Die Dörfer sind nicht mehr einsam, sondern auf Trekkingtouristen eingestellt. Bunte Wollmützen, Postkarten, Daunenjacken und Outdoorequipment bestimmen das Bild der bis weit auf die Gassen aufgebauten Verkaufsdisplays.

Autos fahren hier oben keine mehr. Gästehäuser, Restaurants und Bäckereien laden mit bunten Schildern zum Verweilen ein. Die Preise steigen mit jedem Höhenmeter. Die Läufer wirken gestresst im Vergleich zum Tempo der Wanderer. Unverständnis schlägt uns entgegen. Wie kann man in der Höhe auch noch rennen? Irgendwie passen wir nicht in den Massentourismus. Wir sind froh, die geschäftigen Orte wie Namche Bazaar oder Tengboche schnell hinter uns zu lassen.

Und dann DER Moment. Der Trail schlängelt sich sanft stetig ansteigend durch das Hochtal. Hinter einer Wegbiegung taucht er auf. Nein, nicht der Yeti. Der Everest! Gemeinsam mit Lhotse und Ama Dablam hat er sich bei strahlendem Sonnenschein herausgeputzt. Unglaublich nah. Zum Greifen. Und doch liegen noch 5.000 Meter an Höhe dazwischen.

Deshalb sind wir hier. Um genau diesen Anblick zu erhaschen. Das treibt selbst gestandenen Männern Freudentränen in die Augen. Vier Tage voller Anstrengung, Kälte, Nässe, die Höhe bei jedem Schritt spürbar, sind wir weitab von Verkehr und moderner Zivilisation heraufgehetzt. Und stehen dem welthöchsten Gesteinsbrocken gegenüber wie einem Alpengipfel. Aber voller Ehrfurcht.

Ein guter Augenblick, auch wenn nur ein kurzer, der einen Gedanken in mir aufwirft. Dieser Berg, diese Dimension, ist nicht für den gewöhnlichen Homo sapiens gemacht. Von Jahr zu Jahr steigt die Zahl derer, die das anders sehen. Vielleicht nicht einschätzen können, aber zumindest bereit sind, ein übergroßes Risiko einzugehen. Ich fühle mich gerade klein. Sehr klein.

Was macht den Unterschied der Trails im Himalaja im Vergleich zu den mitteleuropäischen Alpenpfaden aus? Die Fußwege im asiatischen Hochgebirge sind nicht rot-weiß oder blau-weiß markiert. Kartenmaterial ist nur von den Mainstreamwegen vorhanden.

Es bedarf Ortskenntnis, um die kleinen Versorgungsrouten, die sich kreuz und quer durch die Landschaft ziehen, zu erkunden. Die Everestautobahn oder Gegenden wie die Annapurnarunde und Upper Mustang sind touristisch gut erschlossen. Reizvoll sind aber die unbekannten Gebiete. So wie hier beim „Everest Trail Race" die ersten Etappen von Jiri bis nach Lukla.

Trekkingtouristen sucht man hier vergeblich. Stattdessen hallt dem Läufer auf der Strecke bei jedem Kontakt ein wohlklingendes Namasté entgegen. Die Trails werden rege von den Einheimischen genutzt. Nepal ist das Land der Fußgänger. Distanzen in den Bergen abseits von Straßen sind nicht anders zu überbrücken.

Und darin liegt ein weiterer Unterschied zu unseren Freizeittrails hier in Europa. Anstelle eines farbenfrohen Rucksacks aus der aktuellen Kollektion eines Outdoorstores tragen sie eine klassische geflochtene Kiepe auf dem Rücken. Gefüllt mit Produkten vom Markt als Versorgung für die kommenden Wochen. Oder einen Stapel Bretter für den Hausbau. Auch wenn die Baumgrenze im Himalaja wesentlich höher liegt als in anderen Gebirgen, muss das Baumaterial über weite Strecken transportiert werden. Zu Fuß.

Unterwegs sind Menschen jeden Alters. Mehrheitlich aber ältere Menschen. Da kann dann auch gut schon mal eine 80-jährige Frau mit prall gefülltem Tragekorb fröhlich lächelnd den Weg kreuzen. Den Begriff Pensionsalter gibt es hier nicht. Das ist eine Erfindung der westlichen Welt. Hier sind die Alten froh, mit anpacken zu können. Es ist Teil des Alltags und der Lebensweise. Sie sind gesund und rüstig. Zivilisationskrankheiten wie Depression oder Übergewicht sind bei diesen aktiven Bergbewohnern nur wenig verbreitet.

Auf die Nachfrage, warum sie in ihrem hohen Alter noch so schwer arbeitet und dabei heiter lacht, kommt ein Satz über ihre Lippen, der noch lange in mir wirkt: „Wem nichts zu schwer ist, dem gelingt vieles." Nicht alles hinterfragen und mit Werten behaften. Einfach machen. Verdruss und schlechte Laune ausstrahlen, lohnt sich nicht in unserem kurzen Leben. Recht hat sie. Ihr von der Sonne gegerbtes Gesicht wird mir ewig in Erinnerung bleiben.

Die einheimischen Läufer sind es auch, die uns zeigen, wie solch ein Wettkampf trotz brutaler Anforderungen an Körper und Geist zum Erlebnis werden kann. Ohne moderne Trailrunningausrüstung. Sie haben sich ein paar Wanderruten zurechtgeschnitzt. Ihr einziges Paar Laufschuhe tragen sie am Fuß - ein Straßenmodell. Läuft. Sie essen das, was der Veranstalter bietet. Ob sie eine Sportuhr mit Pulsmesser tragen? Fehlanzeige. Zudem sind sie keineswegs langsam unterwegs. Und vor allem eins sind sie: zufrieden.

Jetzt ist der richtige Zeitpunkt, um unsere verwöhnten Lebensumstände mal wieder zu reflektieren. Nepal bringt dich auf den Boden der Tatsachen zurück. Das „Everest Trail Race" ist eine gute Gelegenheit, den Kontrast zwischen ursprünglichem Leben und dem touristischen Teil der Gegend kennenzulernen. Und zufrieden zu sein.

Bislang sind die Strapazen bei solch einem Mehrtageslauf ein wenig untergegangen. Kameradschaft und Zusammenhalt strahlen im Nachhinein über beschwerliche Situationen hinweg. Beim „Everest Trail Race" kommen weitere Erinnerungen hinzu. Die Kälte und die frostige Nässe nachts benötigen zusätzliche Energie. Die wird in Form von Porridge beim Frühstück und Dal Bhat, Reis und Linsen, beim Abendessen wieder bereitgestellt.

Kälte ist dann auch eher eine Empfindung im Kopf. Versucht, euch an einem eiskalten Wintertag, nur bekleidet mit einem T-Shirt, eine wohlige Wärme vorzustellen. Ich versichere euch, ihr werdet kein Frösteln spüren. Und so habe ich mich jeden Morgen „warmgedacht". Die Sonne weit entfernt aufgehen zu sehen, lässt die gefühlte Temperatur bereits um einige Grad steigen. Trotz Raureif auf den Zelten und dicker Daunenjacke durchströmt angenehme Wärme die Hohlgefäße unseres Blutkreislaufs und versorgt die Extremitäten mit Wohlwollen.

Motorenlärm reißt uns aus der Erinnerung. Eine Pilatus PC-6 nähert sich. Der Pilot stoppt die einmotorige Maschine souverän vor dem Ende der Landebahn. Und dann geht es schnell. Ausladen, einladen, wieder los. Weitere Flugzeuge landen, es geht zu wie im Taubenschlag. Die gute Wettersituation muss schließlich genutzt werden.

Beim Abflug ein letzter Blick auf Lukla und den „Everest Trail“. Das war nicht der letzte Besuch. Bei einem im wahrsten Sinne des Wortes atemberaubenden Erlebnis.

DER LÄUFER ALS ALLESFRESSER

„Gott, was für ein Glück! Eine Grießsuppe, eine Schlafstelle und keine körperlichen Schmerzen - das ist schon viel."

Theodor Fontane

Du bist, was du isst! Ja, es ist mir bewusst. Eine abgedroschene Phrase. Kaum etwas anderes ist in unserem Leben so bestimmend wie unsere Ernährung. Ohne Nahrungsaufnahme kann die Menschheit nicht existieren. Sie ist so in unseren Alltag integriert, dass wir bereits zu wenig Wert auf sie legen.

Essen ist aber weit mehr als pure Verpflegung zum Lebenserhalt. Ganze Kulturen werden über ihre Speisen definiert.

Woran denkst du bei einer Paella? Wer steht hinter der Pizza? Wohin gehören Hamburger?

Jedes Land hat diese typischen Verlockungen, die sich dank globaler, immer schneller werdender Lebensart um den gesamten Erdball verbreitet haben. Unsere Ernährung ist weit mehr als reine Zweckverpflegung. Und doch gehen wir fast schon respektlos mit ihr um.

Wir investieren immer weniger Zeit in gute Verpflegung. Die Verantwortung delegieren wir dabei gern an Nahrungsmittelkonzerne, Fast-Food-Ketten und Hersteller von Nahrungsergänzungsmitteln. Als Sportler bilden wir hier natürlich die Ausnahme. Oder doch nicht?

Es wird in der Zeit der verarbeiteten, behandelten und haltbar gemachten Lebensmittel immer aufwendiger, sich anständig zu ernähren. Ein Paradoxon trotz Fortschritt und Gesundheitswahn. Die Produkte sind auf lange Lebensdauer ausgelegt. Gewinnorientiert, nicht auf unseren Magen ausgerichtet. Es muss uns zu denken geben, wenn ein Brot nach einer Woche in der luftigen Box nicht schimmelt. Wenn Fertiggerichte auch nach mehreren Jahren Haltbarkeit immer noch die gleichen Nährwerte liefern sollen. Das gab es vor 50 Jahren nur bei Militärnahrung und Astronautenfutter.

Jährlich kommen neue Verfahren und Produkte, vermeintlich gesunde, hinzu. Unserem Organismus geben wir zu wenig Anpassungszeit. Eine steigende Anzahl Allergien und Unverträglichkeiten sind die Folge.

Voraussetzung für sportliche Leistung ist ausgewogener und gesunder Brennstoff. Und da kommen wir zum Guten. Es ist auch heute möglich, seinem Körper die benötigte Energie in bekömmlicher und leistungsfähiger Form zuzuführen. Das wäre für die gesamte Menschheit erstrebenswert. Sport zu treiben, bedeutet, sich mit seinem Körper auseinanderzusetzen. Und das macht den Unterschied zum Otto Normalverbraucher. Bewusstseinserweiternd essen sollte für uns Hobbysportler genauso wie für Profiathleten Teil des Lebens sein. Keine strengen Verzichte. Gelassenheit auch hier. Wie bei allem, kommt es auf das richtige Maß an.

Dieses haben Ultraläufer bei ihren zurückzulegenden Distanzen längst verloren. Wie steht es aber um deren Nahrungsaufnahme? Vielleicht können wir von den Langläufern beim Essverhalten etwas lernen. Und von deren Wettkampfverpflegung. Unter den Ultras gibt es die unterschiedlichsten Lebensweisheiten und Ernährungsformen.

Veganer, Vegetarier, Low Carber, Puddingvegetarier, Flexitarier, Allesfresser, Paleo-/Steinzeitdiätarier, religiös motivierte Ernährungsformen und Allergiker - so ziemlich jede Art der Nahrungszufuhr trifft sich an den Startlinien der Welt. Mit jedem erfolgreich absolvierten Kilometer steigt auch die Erfahrung, was der Körper in der Vorbereitung benötigt und während der Events verarbeiten kann. Ein natürlicher Prozess wie die Weiterentwicklung der physischen Leistungsbereitschaft und der mentalen Stärke.

Werfen wir mal einen Blick auf Sinn und Unsinn, Gedanken zum Essen und wie die Nahrungsmittel unser Sein als Läufer und Mensch beeinflussen. Kalorienzähler bitte weiterblättern, es darf auch gesündigt werden.

GESUNDE ERNÄHRUNG ALS BASIS FÜR LEISTUNGSFÄHIGKEIT

Ohne Ernährung kein Leben. So weit sind wir uns wohl alle einig. Über die Nahrung nehmen wir die Inhaltsstoffe auf, die unser System benötigt, um die verschiedensten lebenserhaltenden Prozesse ablaufen zu lassen.

Der menschliche Körper besteht aus Zellen, die auf Energie von außen angewiesen sind. Die Hauptenergielieferanten sind Kohlenhydrate, Fette und Eiweiße. In komplexen biochemischen Prozessen werden diese in mechanische Energie, z. B. für die Muskeltätigkeit, umgewandelt. Aber nicht nur unsere Muskeln benötigen Treibstoff. Andere Körperfunktionen, wie Atmung, Erhalt der Körpertemperatur, Wachstum und Denken, sind ebenso darauf angewiesen.

Für erhöhte Aktivität, wie wir sie beim Laufen ausüben, benötigen wir entsprechend mehr und die geeigneten Brennstoffe. Wenn man das Internet durchforstet oder Ernährungsberater zurate zieht, bekommt man die unterschiedlichsten Ansätze für eine gesunde Sportlerernährung. Die Wissenschaft entwickelt sich ebenso wie die Nahrungsmittel ständig weiter.

Sogenanntes *Superfood* und die verschiedensten Ernährungsformen sollen uns leistungsfähiger machen. Immer wieder werden Nahrungsmittel verteufelt, um sie Jahrzehnte später als Wunderwaffe wiederzubeleben. Dabei sind es die unscheinbaren, weniger kommerziell zu vermarktenden Lebensmittel, die unserem Körper guttun. Ob als Sportler oder Nichtsportler, Ernährung sollte für alle der Dreh- und Angelpunkt unseres Lebens sein.

Es ist keine Frage des Geldes, des Bildungsstandes, der Kultur, des sozialen Umfelds und des Alters - jeder in seinem Rahmen kann sich mit seiner Verpflegung Gutes tun.

Bleiben wir aber beim Sport. Zu Beginn, noch vor dem Eintauchen in die sportlich intensive Lebensphase, stand für mich zuerst einmal die Gewichtsreduktion im Vordergrund. 99 Kilogramm war mein Maximalgewicht. Ich wollte partout nicht die nächste magische Zahl auf der Waage stehen sehen. Bei einer Körpergröße von 1,84 Meter geht das ja noch gerade so, habe ich mir immer eingeredet.

Nein, es geht nicht. Die Gefahr, in ein Krankheitsbild abzurutschen, ist zu groß. Und das wollte ich mir und meinem Umfeld nicht antun. Mein Essverhalten war alles andere als gesund. Die Hauptmahlzeit stand nach getaner Arbeit gegen Mitternacht auf dem Tisch. Der Körper verlangte überdimensionierte Portionen nach einem langen Tag. Zwischendurch wurde mit Snacks der Blutzuckerspiegel hochgehalten. Gern auch mit Süßigkeiten. Und Fast Food. Und zuckerhaltigen Getränken. Und ein Schlückchen Wein und Bier.

Kombiniert mit der fehlenden Bewegung, eine toxische Mischung. Wenn man mich damals gefragt hätte, ob ich mich zu wenig bewege, hätte ich das natürlich verneint. Ich war ja den ganzen Tag bei der Arbeit auf den Beinen. Anscheinend nicht genug. Denn nach wie vor gilt die alte Formel: Wer mehr Energie zuführt, als er verbraucht, nimmt zu. Und das gilt für jedes Level. Auch ein Sportler baut in Saisonpausen Pölsterchen auf. Oder das Muskel-Fett-Verhältnis verschiebt sich. Nicht zwingend als Bauchansatz sichtbar.

Die Gewohnheiten mussten also verändert werden. Das fällt uns besonders schwer. Strukturen aufbrechen. Ich mochte dieses ausgiebige Schlemmen in die Nacht hinein. Die Käseplatte mit einem Glas Rotwein bei einer späten Talkshow. Das sollte ich jetzt aufgeben? Nein, nicht aufgeben, sondern umstellen. Die Käseplatte blieb. Auch der Rotwein. Aber vor 20.00 Uhr.

Und da kam etwas hinzu, was meine Kilos fast wie von Geisterhand purzeln ließ. Früheres Essen am Abend bedeutet auch eher Ruhe bei den beginnenden Verdauungsprozessen. Beginnende Prozesse, da die gesamte Dauer, bis wann wir aus der Nahrung alle essenziellen Inhaltsstoffe für uns herausgefiltert und den Rest ausgeschieden haben, je nach Inhaltsstoffen bis zu 120 Stunden dauern kann.

Für unser Wohlbefinden wird die letzte Nahrungsaufnahme zwei bis drei Stunden vor dem Zubettgehen empfohlen. Denn hier greift ein wichtiger Faktor beim Abnehmen. Ausreichend Schlaf. Ungläubige Blicke treffen mich jeweils, wenn ich auf die Frage, wie jemand sein Gewicht reduzieren kann, nur kurz und knapp antworte: Mehr schlafen! Der Körper muss zur Ruhe kommen. Er braucht die Erholung.

Die Hormone Leptin (verantwortlich für das Gefühl der Sättigung) und Ghrelin (kontrolliert das Appetitsmanagement) kommen in kurzen Nächten aus dem Gleichgewicht. Während die Ausschüttung von Leptin abnimmt, steigt die Produktion von Ghrelin. Wir nehmen mehr Nahrung auf, als benötigt wird. Und als Folge zeigt uns die Waage ungeliebte Werte an. Wir können laufen, so viel wir wollen. Ohne ausreichenden und qualitativ guten Schlaf werden wir stets gegen überflüssige Pfunde zu kämpfen haben.

Der Zeitpunkt der Nahrungsaufnahme ist auch ein wichtiger Parameter für Sportler. Immer wieder kreisen die unterschiedlichsten Theorien, was die optimalen Esszeitpunkte verteilt über den Tag angeht. Strikte drei Mahlzeiten, fünf inklusive Zwischenmahlzeiten oder längere Ruhepausen wie beim Intervallfasten?

Unsere klassischen Mahlzeiten sind eine Erfindung der Neuzeit. Sie haben mehr kulturellen und sozialen Charakter als ernährungstechnischen Sinn. Der elementare Urtrieb Essen sah keinen festen Zeitraum in der Tagesstruktur des Menschen vor. Gegessen wurde, wenn der Magen knurrt oder wenn etwas Verdauliches verfügbar war. In Dürrezeiten kam dann auch schon mal eine unfreiwillige Fastenkur hinzu.

Mit dem Übergang zur Feldwirtschaft und der Lagerhaltung von Lebensmitteln begann das Übel. Wir konnten schlechte Zeiten mit angelegten Reserven gut überstehen. Ob in der Speisekammer oder am eigenen Leib. Leider haben wir diese Bevorratung nicht abgelegt.

In den vergangenen 50 Jahren hat die Tendenz zu Adipositas progressiv zugenommen. Hier in der westlichen Welt gibt es keine Unterversorgung. Und so werden bei mindestens drei Hauptmahlzeiten meist mehr Kalorien aufgenommen, als verbrannt werden können. Auch für uns Sportler gibt es da keine Ausnahme.

Die Mahlzeiten einfach mal zu ignorieren und das Gefühl Hunger sprechen zu lassen, fällt uns schwer. Die soziale Komponente überwiegt. Mit der Familie gemeinsam beim Abendessen die Ereignisse des Tages Revue passieren lassen, mit Freunden den Geburtstag bei einem üppigen Nachtessen feiern, auf das Brautpaar beim Mittagessen anstoßen und in der Firma um 9.30 Uhr die Brotbüchse rausholen, sind zu wichtigen Strukturen in Tagesablauf geworden.

Eine Parallele dazu finden wir im Sport. Bei Ausdauerwettkämpfen steht in geregelten Abständen Verpflegung bereit, um die Speicher zu füllen und den Blutzuckerspiegel bei Laune zu halten. Notwendig ist es nicht zwingend. Aber wenn es schon mal dasteht. Tatsächlich hat unser Körper genügend Möglichkeiten, Energie zu speichern und im entscheidenden Moment zur Verfügung zu stellen. Aber auch das will trainiert werden.

Im Kapitel „Training" habe ich bereits von den langen Läufen ohne Nahrungszufuhr gesprochen. Sie sind effizient. Wir müssen manchmal an die Reserven gehen. Unser Lager braucht einen Grundumschlag. Der Körper muss angehalten werden, die Regale in der hintersten Ecke auch mal wieder abzustauben. Dafür sollten die Zugangsstraßen frei zugänglich sein. Anders ausgedrückt: Vor und während einer Aktivität bedarf es nicht zwingend Nährstoffzufuhr. Mit unbelastetem Magen läuft es sich einfach besser.

Irgendwann ist es dann aber mal Zeit für etwas Festes zwischen den Zähnen. Als Sportler möglichst gesund. Der Genussfaktor darf dabei nicht außer Acht gelassen werden. Eine reine Zweckverpflegung ist zwar vollkommen ausreichend, unsere Sinne und das Wohlbefinden freuen sich aber über mehr als nur reine Nährstoffe.

Du steigerst deine Leistung durch die bestmögliche Ernährung. Wenn der Spaß beim Essen aber auf der Strecke bleibt, reißt du hinten wieder ein, was du vorne aufbaust. Das vermeintlich Gesunde kehrt sich ins Ungesunde. Das Allgemeinbefinden leidet.

Also was jetzt, gesund ernähren oder auch mal sündigen? Wie bei vielem gilt, alles in richtigen Maßen. Auf das Verhältnis kommt es an. Und auf die Nahrungsmittel, die du deinem Körper zuführst. Gesunde Produkte machen uns leistungsfähiger. Gesund im Sinne von qualitativ wertvoll mit einem geeigneten Nährstoffverhältnis und nachhaltig für unseren Körper.

Es kann doch nicht sein, dass wir unserem Auto Motorenöl für 20 Euro pro Liter gönnen und in uns schütten wir billigstes Sonnenblumenöl für 1,19 Euro. Wir verlangen von uns täglich Leistungen, die wir unserem System extrinsisch mittels guter Nahrung honorieren müssen. Es gibt da eigentlich gar nicht allzu viel zu beachten. Geiz ist geil hat beim Lebensmitteleinkauf nichts zu suchen. Das ist mal Punkt eins.

Während ein Schwein in herkömmlicher Aufzucht mindestens ein Jahr braucht, mit viel Bewegung, und gedämpfte Kartoffeln, frisches Getreide und allerlei Grünzeug und was sonst so auf dem Bauernhof abfällt, in den Trog bekommt, hat ein Mastschwein unserer modernen Lebensmittelindustrie nach sechs Monaten im Gitter mit Hochleistungskraftfutter die Schlachtreife erlangt. Diese Produktionsmethode, anders kann man es nicht nennen, ist nur möglich, da die entsprechende Nachfrage da ist. Billig muss es sein, dann ist es schon mal gut. Willst du Leistung, musst du etwas tiefer in die Tasche greifen.

Regionale Produkte zu bevorzugen, ist ein weiterer Baustein für eine gesunde Sporternährung. Ein wesentlich günstigerer ökologischer Fußabdruck ist dabei nur eines der Motive. Der Hauptgrund unserer Verpflegung ist die Nährstoffaufnahme. Bei frischen Lebensmitteln mit kurzem Reiseweg sind Vitamine und andere Inhaltsstoffe vollumfänglich enthalten. Sie sind in der Natur ausgereift und bestens bekömmlich. Und schmecken um Längen frischer und intensiver.

Ich habe jahrelang keine grünen Gurken mehr gegessen, weil die Supermarktvariante geschmacklich nicht im entferntesten Sinne etwas mit dem ursprünglichen Aroma zu tun hat. Erst nach einem Einkauf auf einem Wochenmarkt war ich überrascht, dass es sie noch gibt, die klassische Salatgurke.

Es gibt aber auch Produkte, die gedeihen in unseren Breitengraden unter den vorherrschenden Bedingungen nicht. Als Vertreter nehmen wir mal die Banane. Auch bei Läufern als kalorienreicher Energielieferant sehr beliebt. Sollen wir jetzt darauf verzichten, weil sie nicht in Nachbars Garten wächst? Nein, natürlich nicht. Moderater Verzehr unter Beachtung der Herkunft und Herstellungsweise kann mit gutem Gewissen beibehalten werden.

Die Nachverfolgung der Produktionsbedingungen ist einfach schwieriger als bei uns beim Bauern um die Ecke. Wer einmal in den riesigen Bananenplantagen in Costa Rica war und die in blaue Folie verhüllten Stauden gesehen hat, ändert seine Einstellung zum Produkt. Die Folie ist nicht etwa eine Abdeckung gegen die Sonne, sondern beinhaltet Pestizide zum Schutz gegen Schädlinge und Krankheitserreger.

Zusätzlich werden die Pflanzen bis zu 40-mal pro Jahr mit Flugzeugen und von Hand mit Pflanzenschutzmitteln besprüht. Die Monokulturen würden den Raubbau sonst nicht überstehen. Und leider ist die alternativ erhältliche Biovariante nicht so bio, wie wir es uns vorstellen. Die Pflanzenschutzmittel werden auch auf die Bioplantagen verweht und das Grundwasser ist auch dort bereits verseucht. Ich möchte niemanden die Banane madig machen, aber darüber nachzudenken, lohnt sich. Regional macht Sinn für gesunde Ernährung.

Wie ist es mit Erdbeeren zu Weihnachten? Oder Spargel im Februar? Ganzjährige Zugänglichkeit zu allen erdenklichen Lebensmitteln ist zur Normalität geworden. Dabei lohnt es sich, saisonal zu essen. Eine sonnengereifte Erdbeere hat ein intensiveres Aroma als die Gewächshausvariante. Selbst schon probiert, oder? Ein solcher Geschmacksorgasmus löst Glückshormone aus und steigert die Lebensfreude. Und als Resultat auch die Leistungsfähigkeit.

Den Kühlschrank mit jahreszeitlich Verfügbarem auszustatten, bringt nebenbei noch Abwechslung in den Menüplan. Unser Körper ist außerdem an unterschiedliche Erntezeiten gewöhnt. Wenn es im Herbst kälter wird, stärken deftige Gemüse wie Kartoffeln, Karotten, Kohl und Früchte wie Äpfel, Birnen und Nüsse unser Immunsystem. In ihnen steckt die ganze Kraft des Sommers.

Im Winter wärmen uns deftige Gerichte wie Käsefondue oder Mehlspeisen mit Obst und Gemüse in konservierter Form. Passend zu den milden Temperaturen im Frühling sind leichte Gemüse wie Spargel, Radieschen, Brokkoli und Salate erntereif.

Und für die heißen Sommertage liefern uns köstliche Beeren, Aprikosen, Auberginen, Fenchel oder sonnengereifte Tomaten die notwendige Energie. Schon beim Gedanken an die einzelnen Jahreszeiten fallen mir die leckersten Speisen ein. Aber eben, alles zu seiner Zeit.

Aus den Lebensmitteln holt man das meiste heraus, wenn sie frisch verarbeitet werden. Unsere Kochgewohnheiten haben sich dabei zum Positiven verändert. Lange Garprozesse mit hohem Energieverlust wurden durch kurze, schnelle Zubereitungsarten abgelöst. Die asiatische Küche dient als Vorbild. In mundgerechte Stücke zerkleinerte Rohstoffe werden schnell im Wok angeschwenkt. Eine schmackhafte Sauce dazugeben und fertig.

Das zeitraubende, altbackene Prozedere des Gemüsedämpfens und anschließend mithilfe einer Mehlschwitze eine Rahmsauce herstellen, entfällt. Die asiatische Variante geht schnell. Und ist zudem noch nahrhafter und bekömmlicher. Essen mit Löffel und Gabel ist im Trend. Generell habe ich für mich herausgefunden, dass alles, wofür ein Messer benötigt wird, gut vernachlässigt werden kann.

Noch besser ist der rohe Verzehr. Da, wo es Sinn macht. Salate und die meisten Gemüse können ungekocht genossen werden. Die Ausbeute an Inhaltsstoffen ist so besonders ergiebig. Und unsere Unterkiefermuskulatur bekommt auch wieder richtig Arbeit. Über rohe Nahrungsmittel wird zusätzlich unser Geschmackssinn geschärft.

Am Beispiel vom schnellen Energieverlust bei Spinat und Erbsen im Frischzustand macht es teilweise aber auch Sinn, auf die Tiefkühlversion zurückzugreifen. Abbauprozesse werden durch das Schockgefrieren direkt nach der Ernte verlangsamt. Vitamine bleiben somit erhalten. Manche Sachen machen auch weiterverarbeitet eine gute Figur. Solange sie im ursprünglichen Zustand bleiben.

Vorgefertigte Lebensmittel sind auf eine lange Haltbarkeit ausgelegt. Manchmal komme ich ins Staunen, wenn ich sehe, was es im Handel so alles fix und fertig zu kaufen gibt. Vieles davon ist ohne Kühlung haltbar. Über Konservierungsprozesse unverwüstlich gemacht. Oder eben Brot, das auch nach Wochen nicht schimmelt.

Ein Beispiel dafür ist ein Hamburger eines internationalen Burger Braters, der seit 2009 in Island im Hostel „Snotra House" im Süden der Vulkaninsel aufbewahrt wird. Und nach der langen Lagerzeit immer noch unverändert im Originalzustand dahindümpelt. Damals wurde die letzte Filiale der Fast-Food-Kette geschlossen und ein Kunde wollte sich den Geschmack aufbewahren.

Wie geht das? An natürlichen Lebensmitteln bilden sich in Abbauprozessen Schimmelpilze. Begünstigt in Temperaturbereichen von 0 bis 40 Grad Celsius und in feuchter Umgebung. Aufgehalten werden kann diese Entwicklung durch Konservierungsstoffe. Chemische Substanzen, deren Wirkung wir nur selten kennen. Steigende Unverträglichkeiten und Allergien der letzten Jahrzehnte könnten eine Reaktion auf solche ungewohnten Bestandteile sein.

Es lohnt sich also, seinen Horizont zu erweitern, Sinnhaftes und Sinnloses bei der Ernährung zu hinterfragen und den geeigneten Weg für sich zu finden. Essen ist auch gleichzeitig Bildung. Und Bildung bringt uns weiter im Leben. Auch auf unsere Leistungsfähigkeit bezogen. Nur wenn ich die Vorgänge meines Körpers verstehe, kann ich ihn für meine Bedürfnisse und zum Verwirklichen meiner Träume optimal einsetzen.

Bislang klang das alles fast schon zu gesund. Es muss doch aber auch Spielraum geben. Aber natürlich. Es gibt sie. Die kleinen oder großen Sünden. Ich kann Schokolade nicht widerstehen. Milchschokolade oder all die Pseudo-Haselnuss-Schnitten oder was auch immer habe ich mittlerweile durch dunkle Schokolade ersetzt. Mit mindestens 70 Prozent Kakaoanteil.

Seit einem Aufenthalt auf einer Kakaoplantage schwöre ich auf den Glücksbringer. Es gibt diese kleinen Bruchstücke der getrockneten Kakaobohne, 100 Prozent reine Schokolade, die wahrhaft süchtig machen. Aufgrund seiner Wirkung wird roher Kakao auch oft als Droge bezeichnet. Der Inhaltsstoff Theobromin wirkt ähnlich aufputschend wie Kaffee. Und die Aminosäure Tryptophan trägt ihr Übriges für eine Steigerung der Stimmung bei.

Im Körper zum Glückshormon Serotonin umgewandelt, ähnelt die Einnahme derjenigen von Rauschmitteln. Die typischen Nebenwirkungen wie Niedergeschlagenheit oder Entzugserscheinungen bleiben allerdings aus. Ein himmlisches Teufelszeug.

Und auch ein Gläschen Wein oder Bier muss nicht komplett verbannt werden. Alkohol schadet der Leber und wirkt sich nachteilig auf die Fettverbrennung aus. Krankheiten werden durch Alkohol begünstigt. Ohne Frage. Ich möchte hier auch niemanden zum Alkoholkonsum animieren. Wer aber ab und an mit Freunden oder dem Partner in geselliger Runde ein Gläschen Rotwein oder ein Bier trinkt, hellt seine Stimmung auf und entspannt. Die Dosis macht das Gift.

Auf den vergangenen Seiten habe ich gleichzeitig erläutert, wie es mir gelang, den Regenerationsprozess für die verschlissenen Knie voranzutreiben. Wenn ich in dem Zusammenhang jeweils von Ernährungsumstellung spreche, ist das nichts anderes, als die angesprochenen Punkte zu beherzigen.

Den Akzent bei den Gemüsen habe ich dabei auf grüne Blattgemüse gesetzt. Gewürze und Scharfmacher sorgen für zusätzliches Feuer. Entzündungshemmer wie Kurkuma, Ingwer, Zimt und Chili stehen mittlerweile täglich auf dem Speiseplan. Ein paar gute Öle und viel fetter Speisequark ergänzen die Liste.

Kohlenhydrate wurde auf einen Bruchteil reduziert. Wer braucht schon eine Pastaparty mehrmals wöchentlich? Unterstützend ergänzte ein Gelenk-Nährstoff-Paket eines renommierten deutschen Anbieters sechs Monate lang den Aufbau der Sehnen, Bänder und Gelenke. Ackerschachtelhalm, Chonsamin und Kollatin sind die wichtigsten Inhaltsstoffe, die den Aufbauprozess begünstigt haben. Die kleinen Sünden habe ich mir auch während der Aufbauphase gegönnt.

Sportlich aktiven Menschen kann ich diese ausgewogene Ernährung nur bestens empfehlen. Aus dem asiatischen Raum haben sich als Faustformel für eine ausgewogenen Mahlzeit die vier „S" durchgesetzt: süß, sauer, salzig, scharf. Dazu kommen aus dem Ayurveda noch zwei weitere: bitter und herb.

Als ursprünglich gelernter Koch habe ich mich 25 Jahre mit dem Thema Ernährung beschäftigt. Aber erst aus dem Blickwinkel eines Sportlers wurde ein funktionierendes Verpflegungssystem daraus.

Es soll beim Essen auf nichts verzichtet werden. Mit hellem Verstand und aufgewecktem Bewusstsein können wir uns ausgewogen ernähren und das System Mensch immer wieder zu Höchstleistungen treiben. Training als leistungssteigernder Faktor allein genügt nicht. Der Brenner der Lokomotive will Nachschub. Und du bist der Lokführer und Heizer in einer Person.

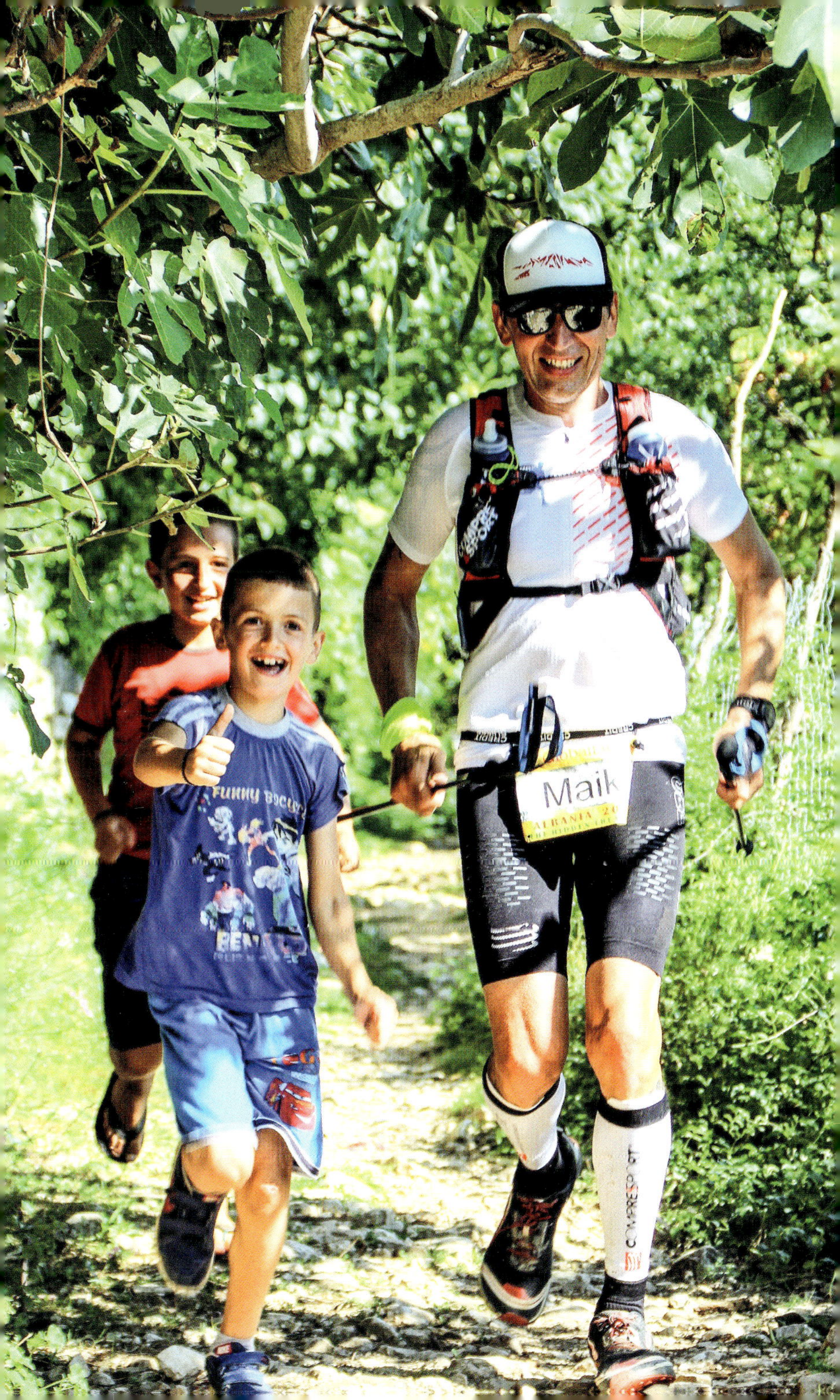
Maik

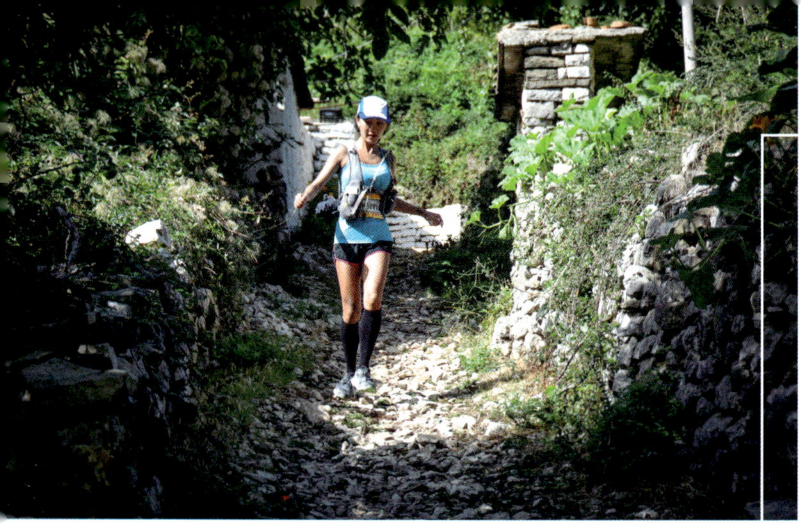

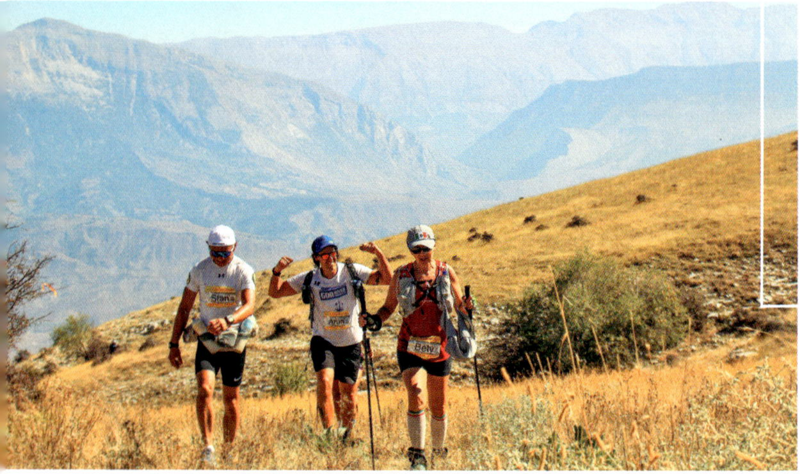

ALBANIEN

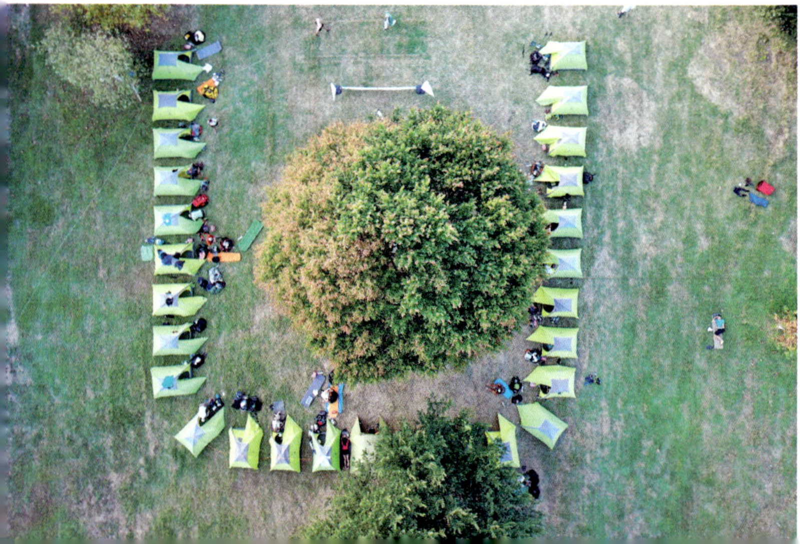

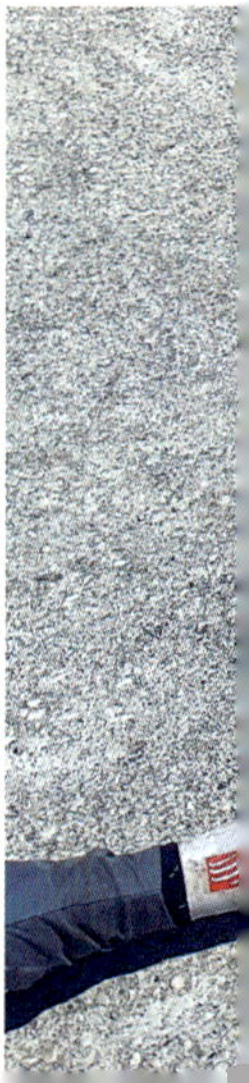

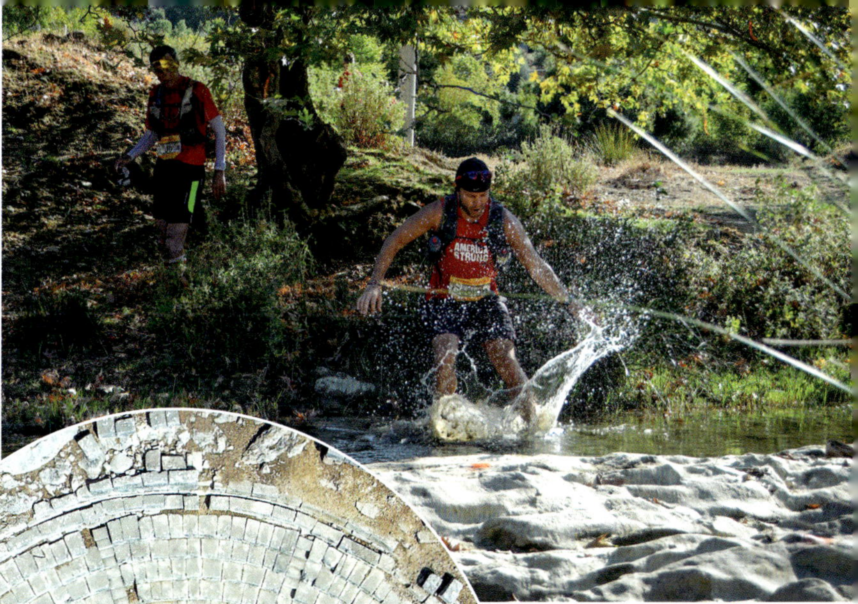
AMERICA STRONG

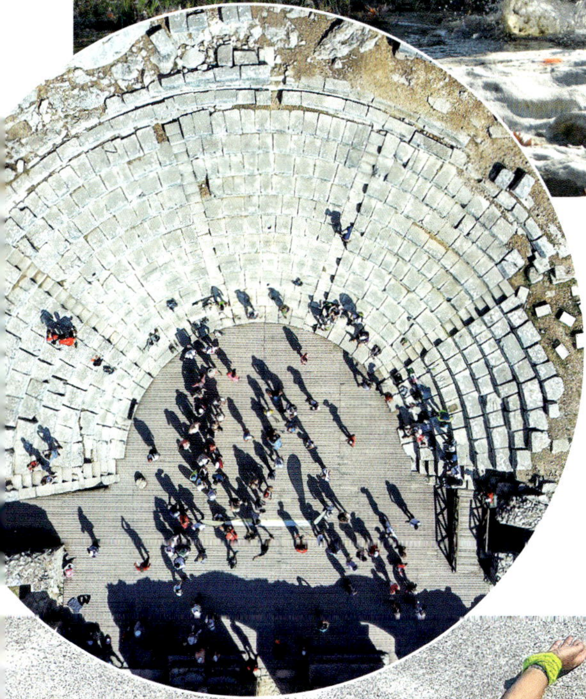

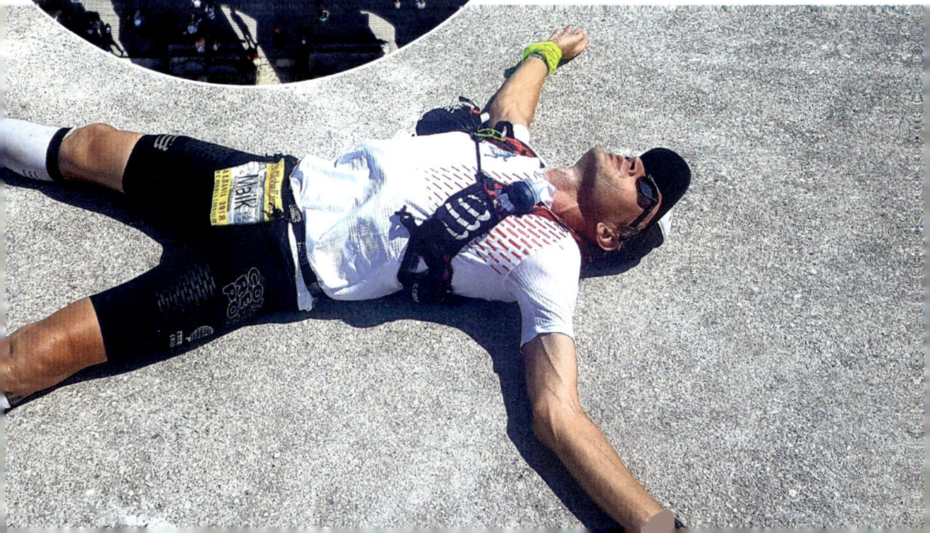

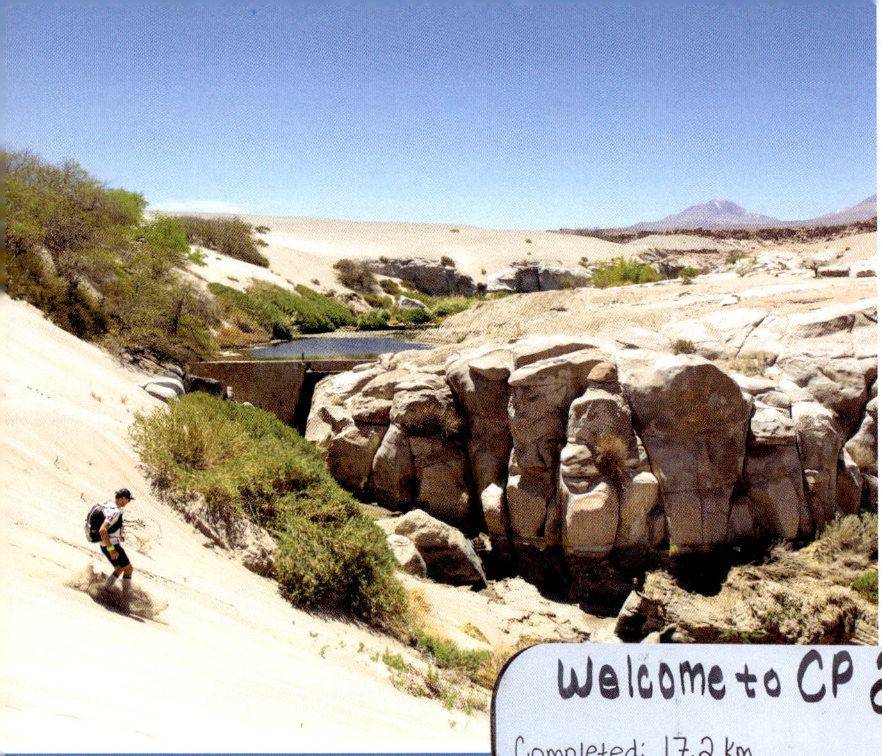

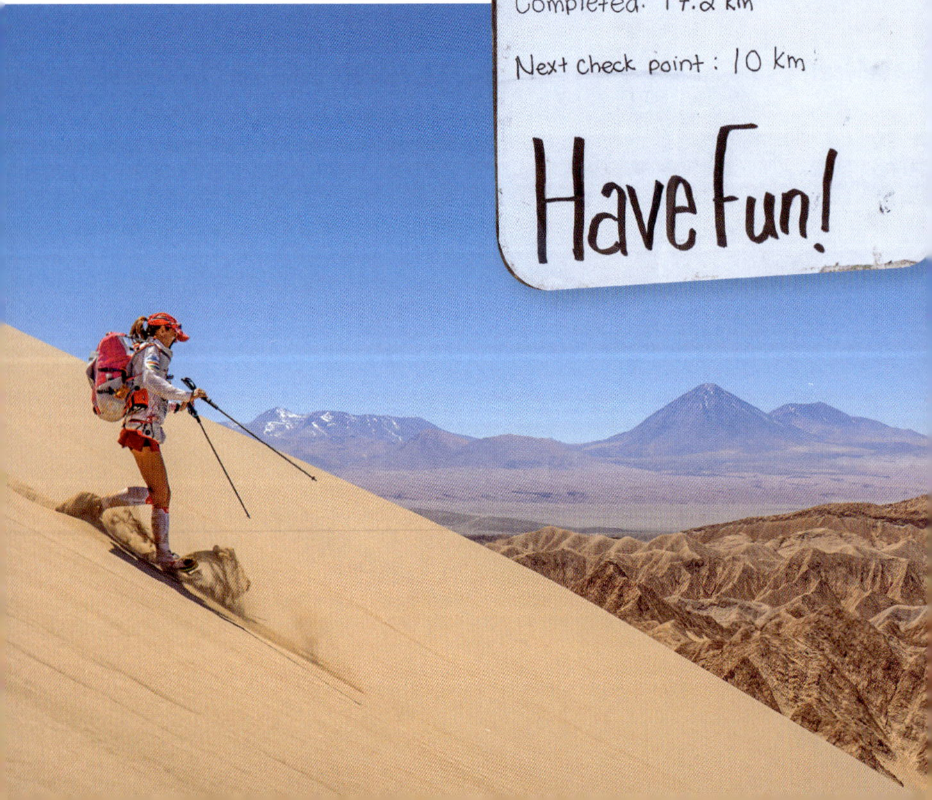
Welcome to CP 2
Completed: 17.2 km
Next check point: 10 km
Have Fun!

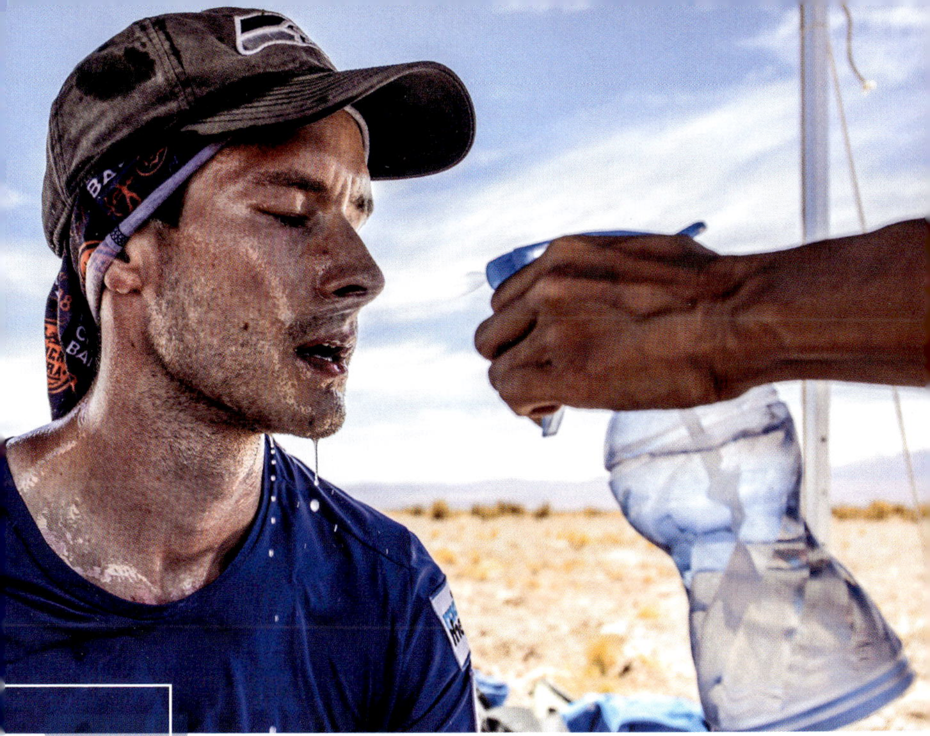

ATACAMA

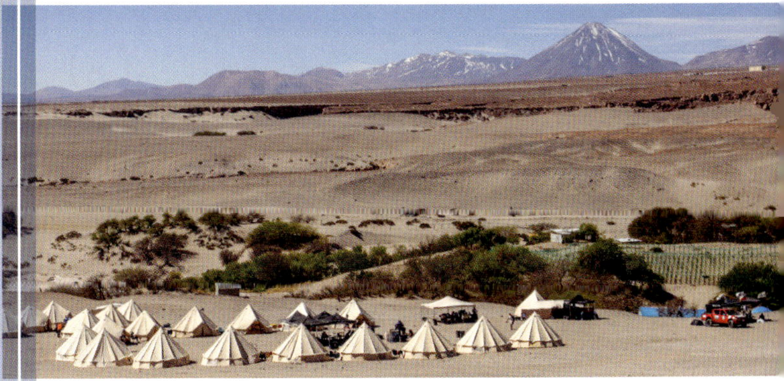

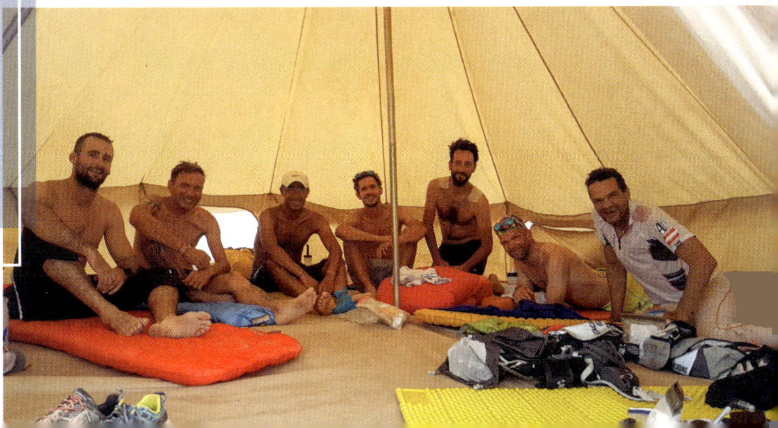

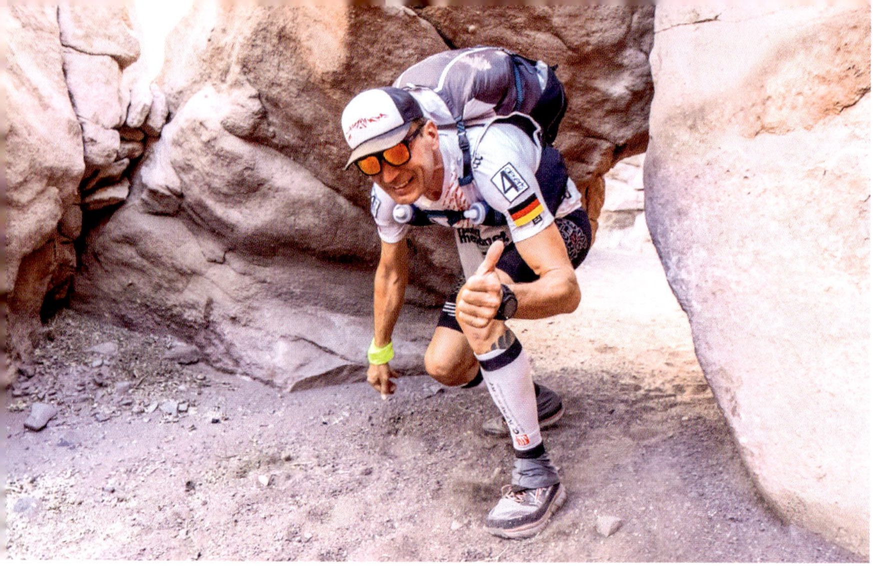

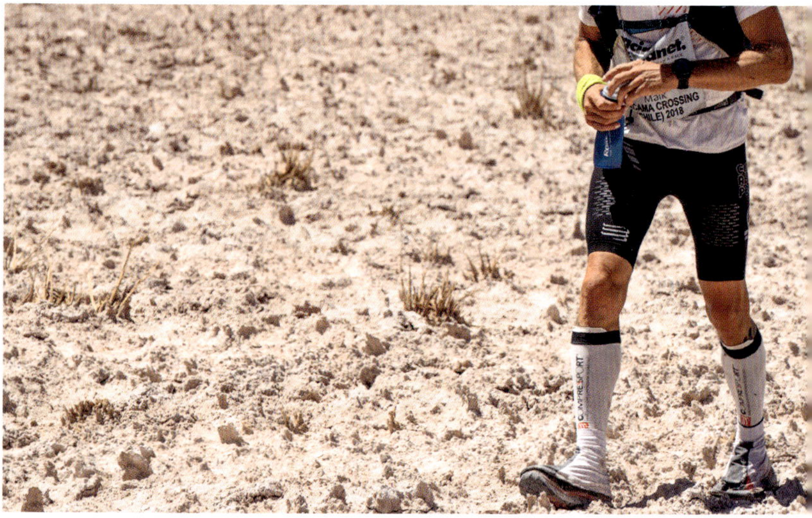

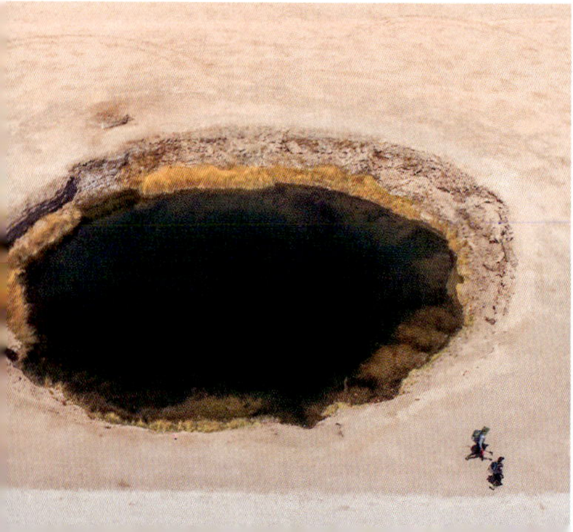

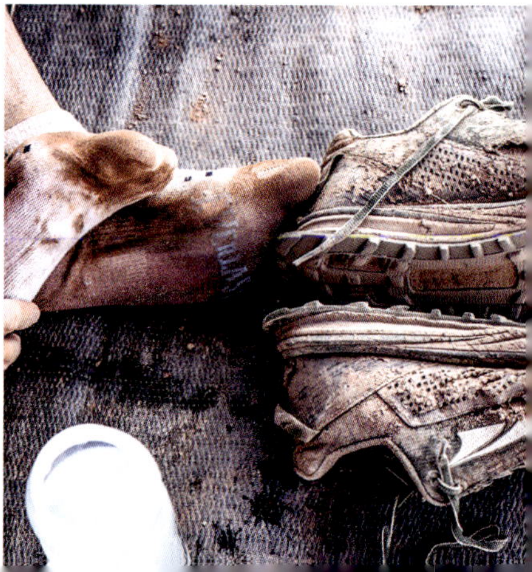

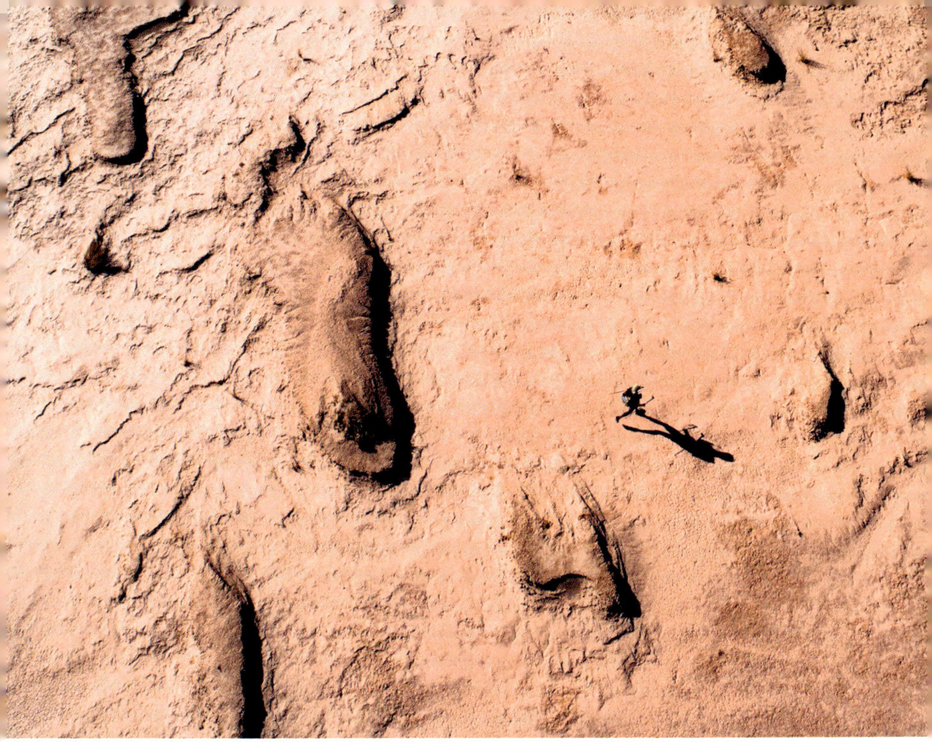

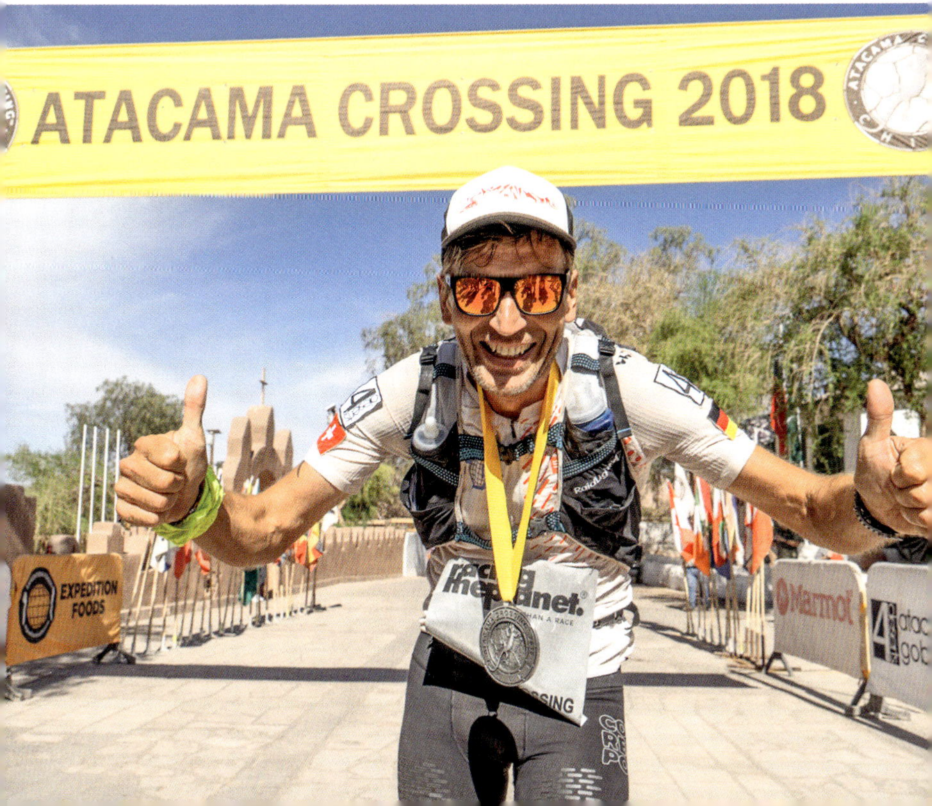
ATACAMA CROSSING 2018
EXPEDITION FOODS
Marmot

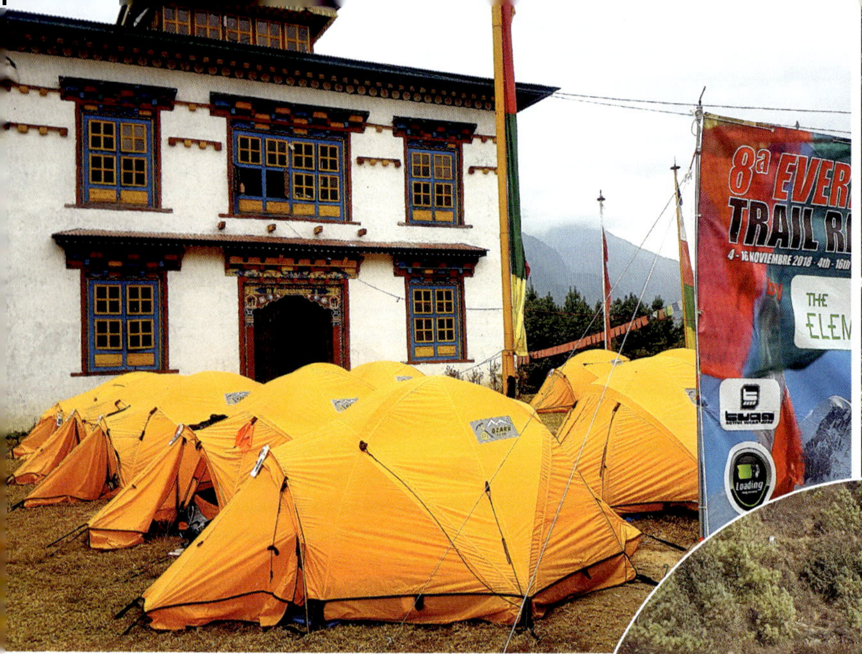

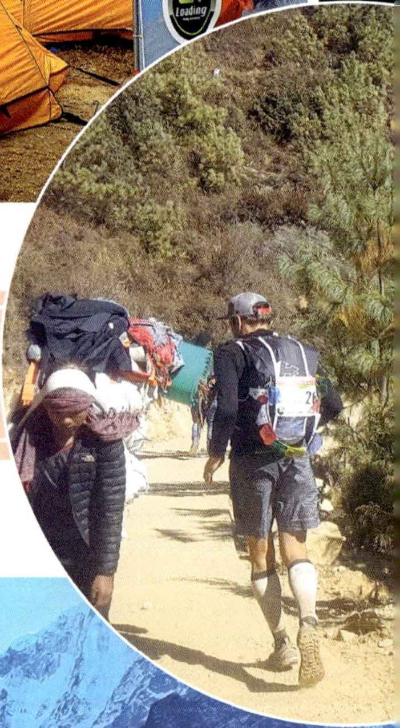

EVEREST

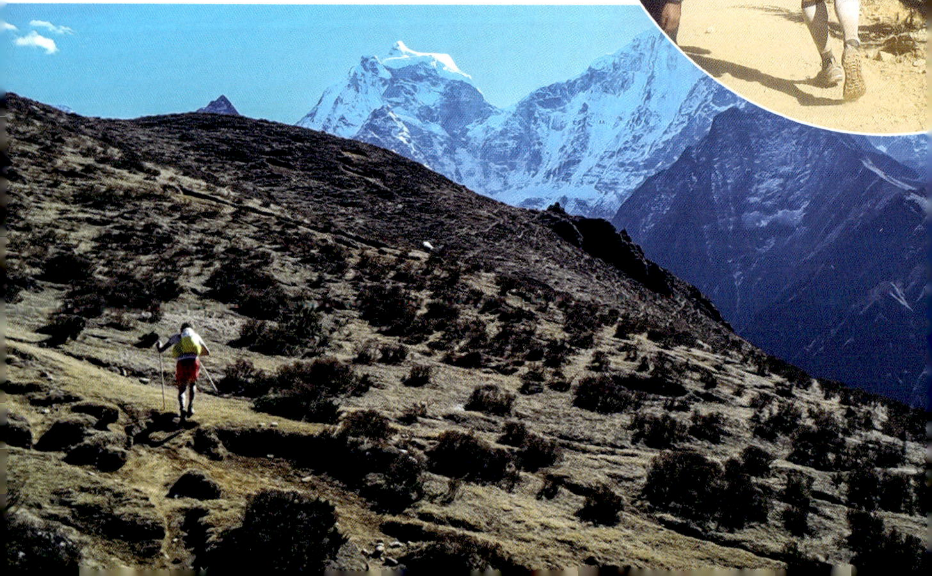

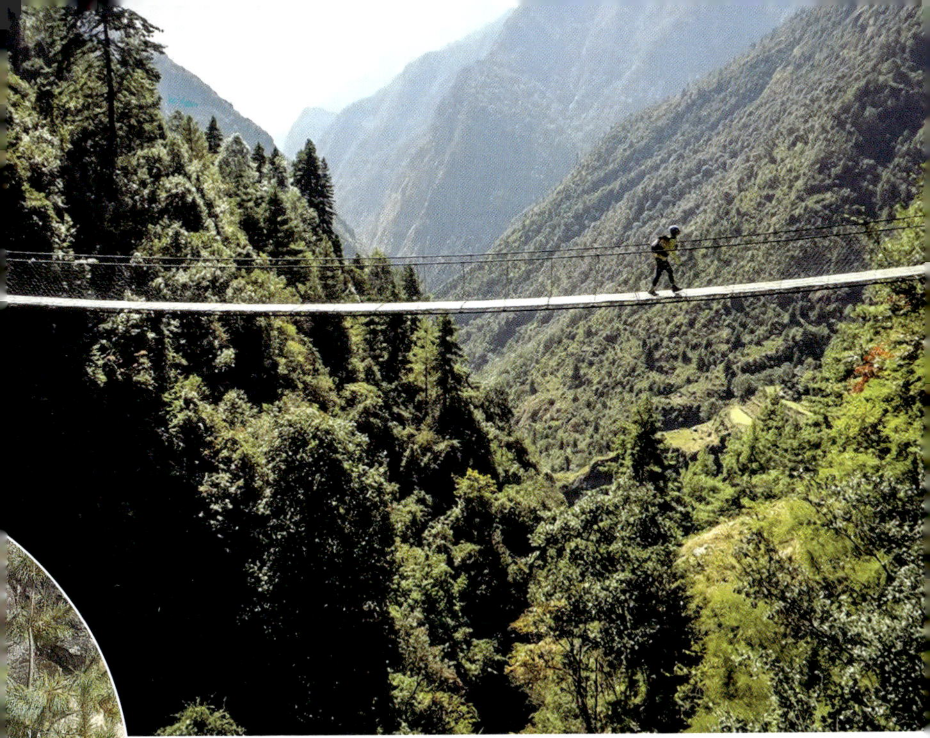
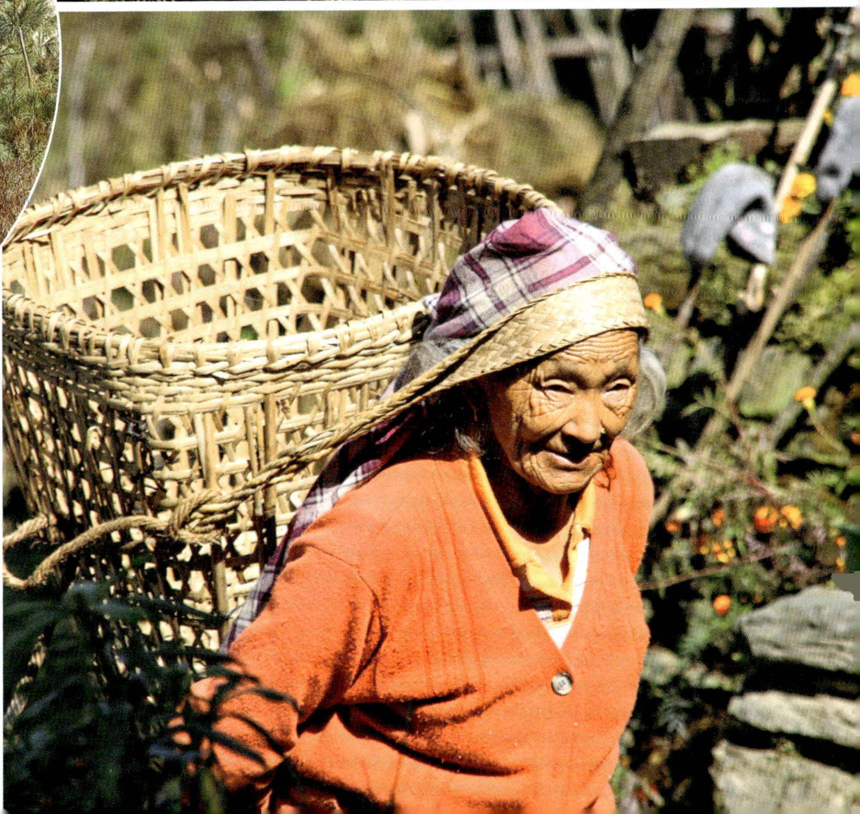
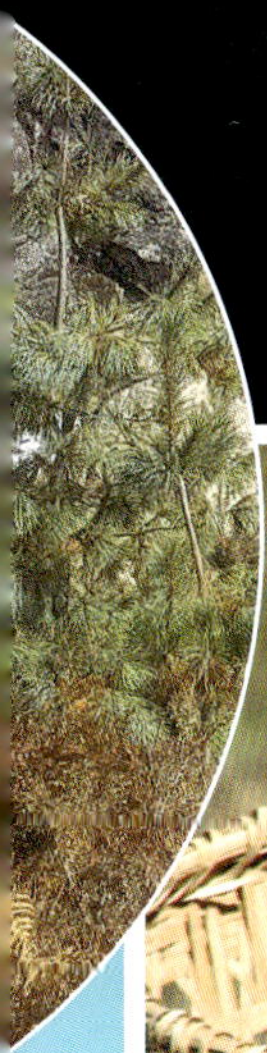
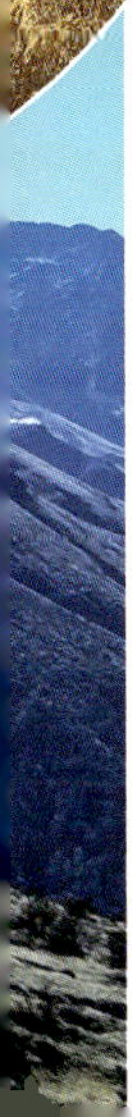

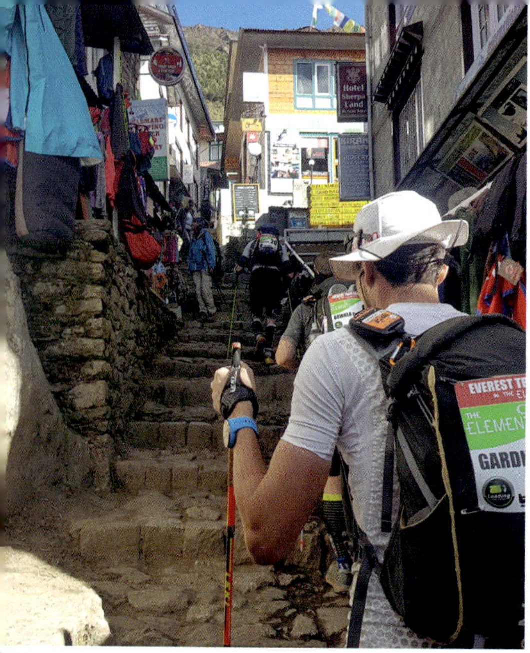
Hotel
Sherpa
Land
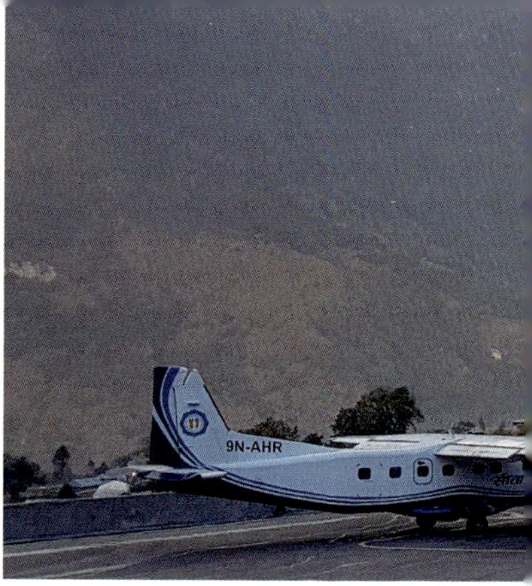
9N-AHR
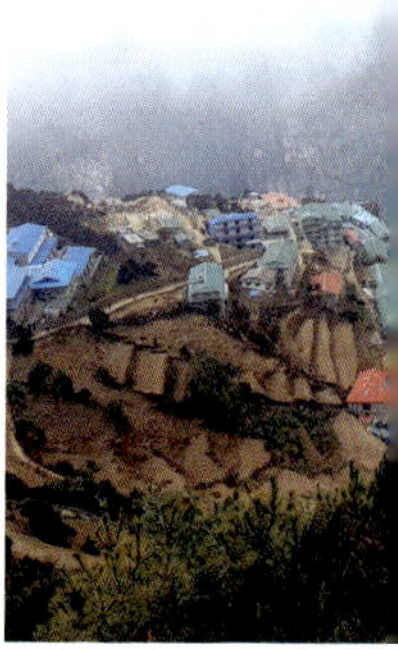
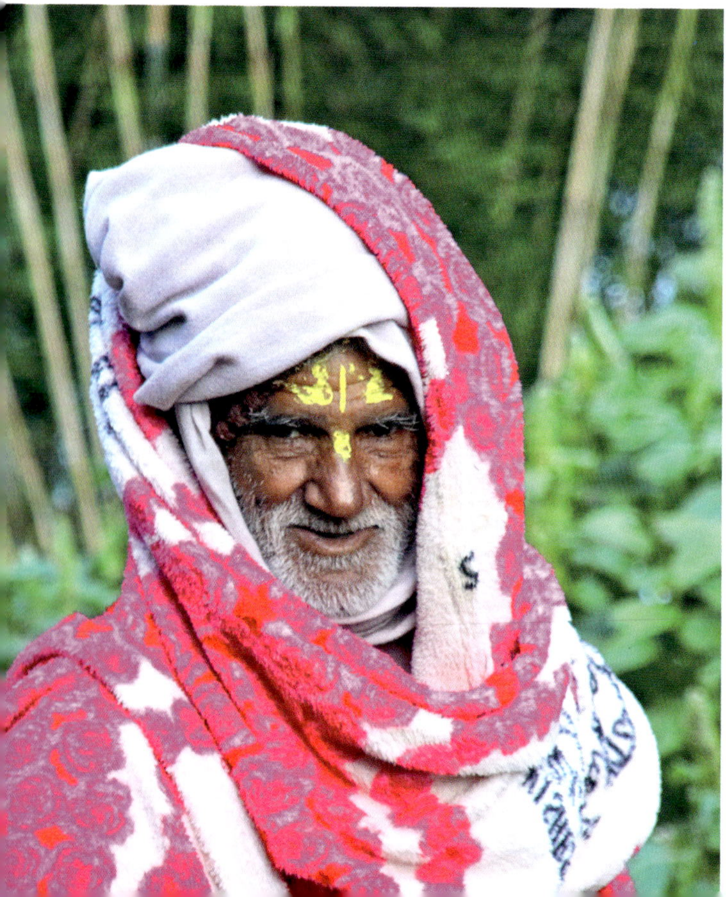
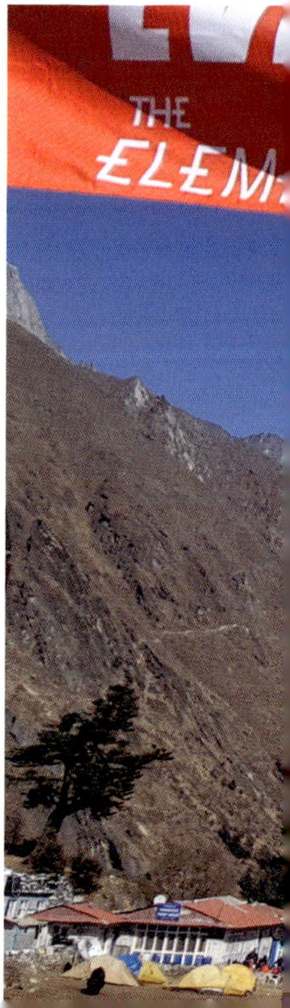

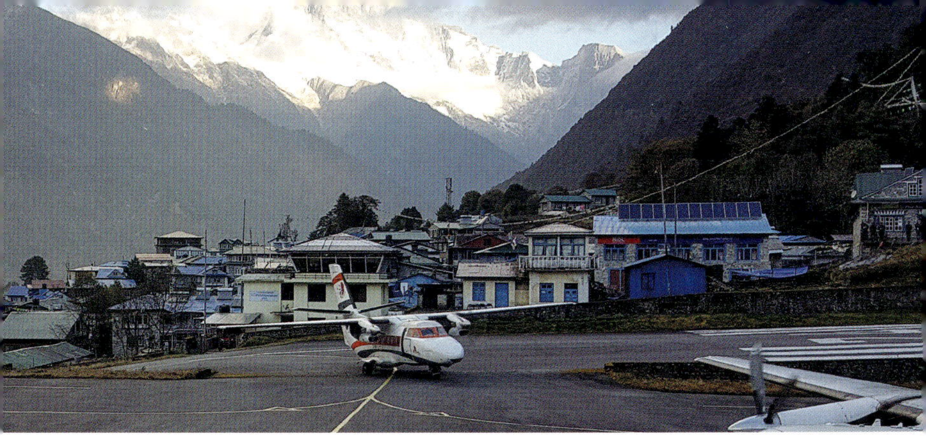

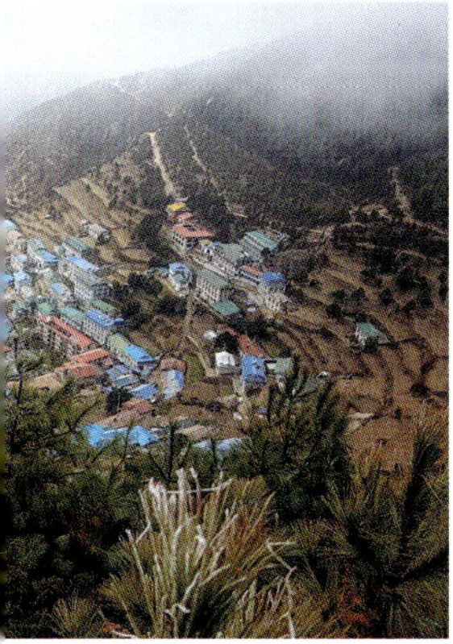

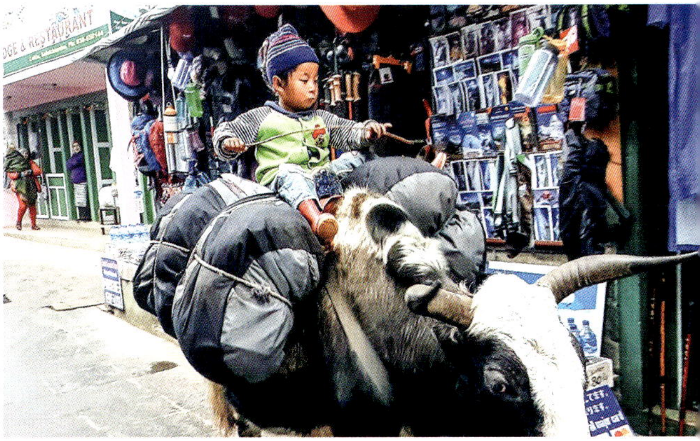
RESTAURANT

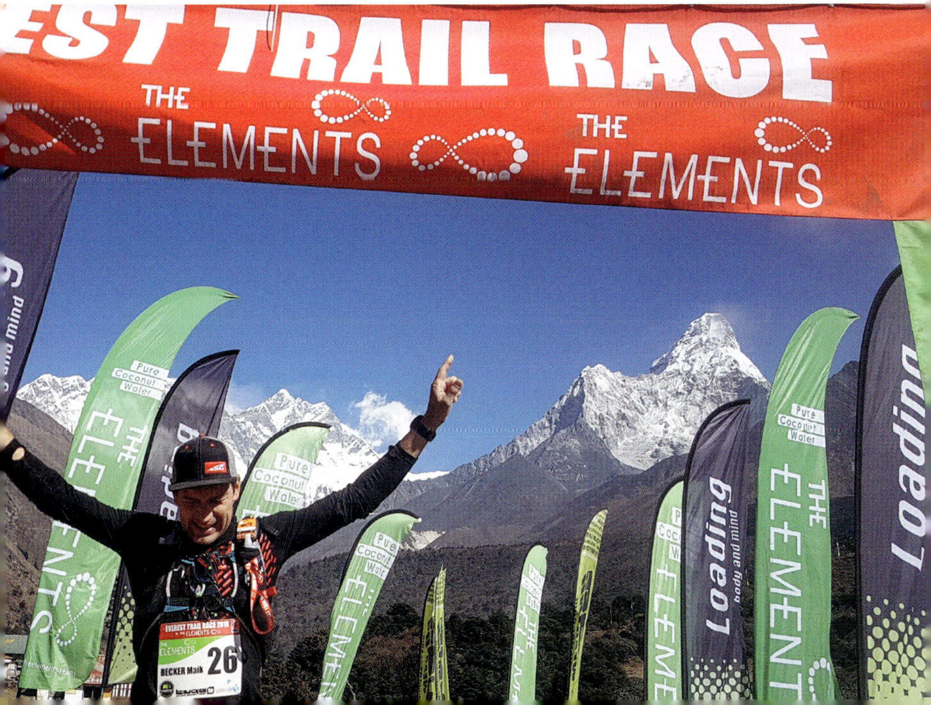
EST TRAIL RACE
THE ELEMENTS
THE ELEMENTS
Pure Coconut Water
Loading
EVEREST TRAIL RACE
BECKER Maik
26

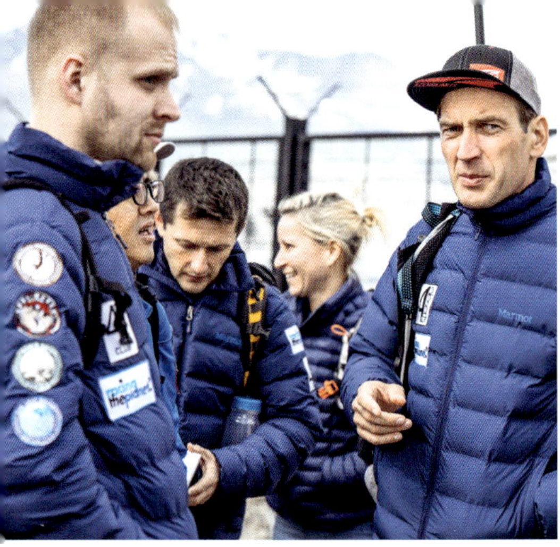

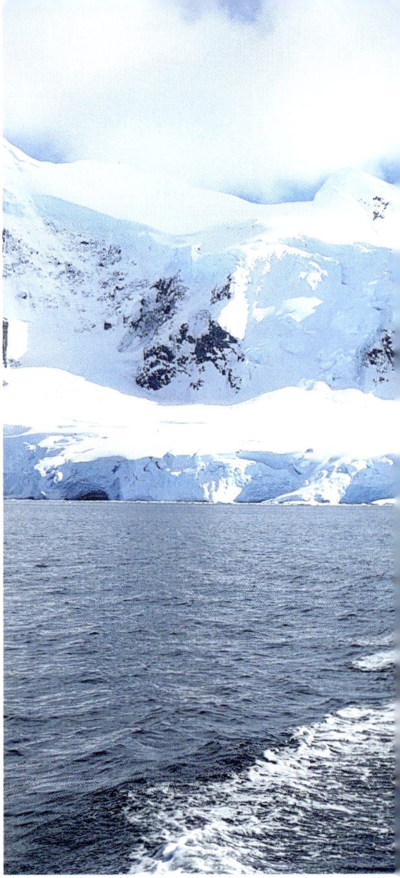

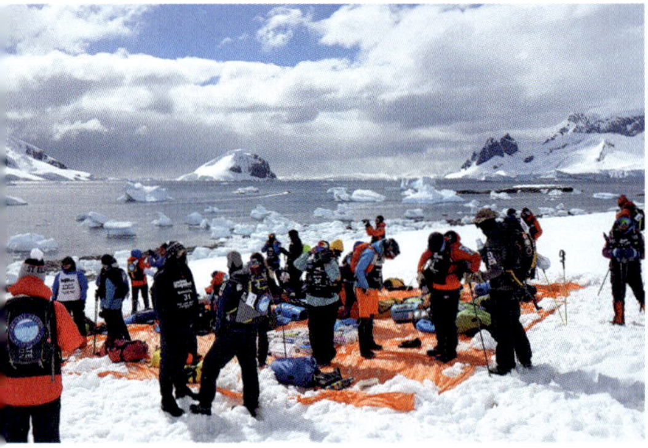

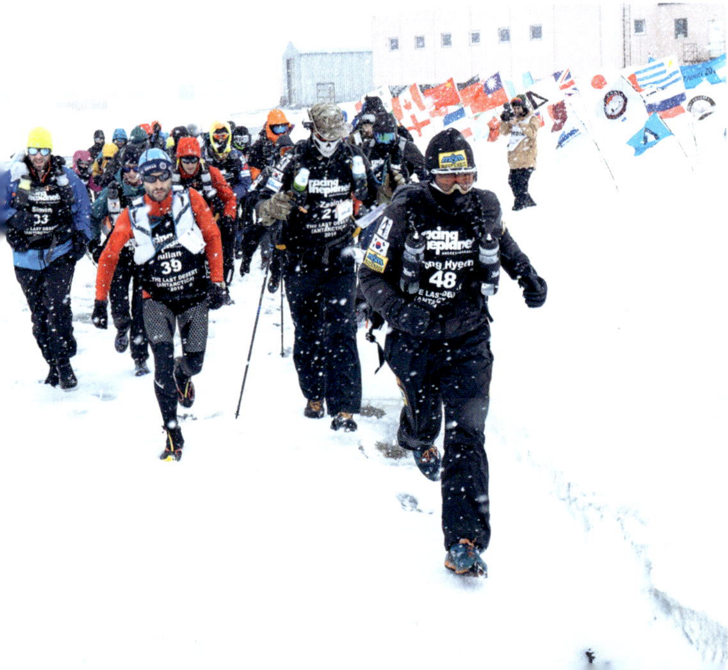
Simon
33
Julian
39
48

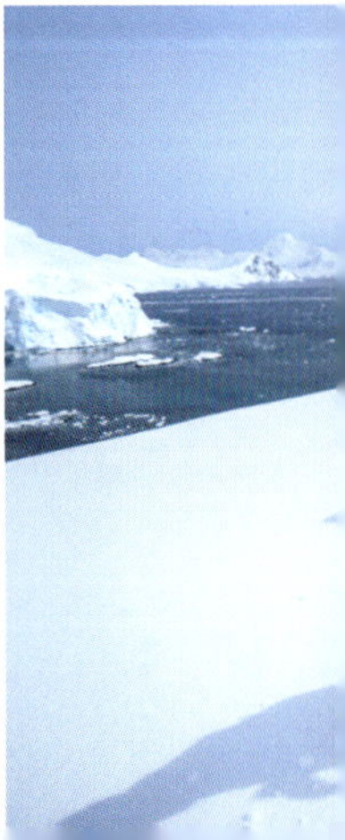

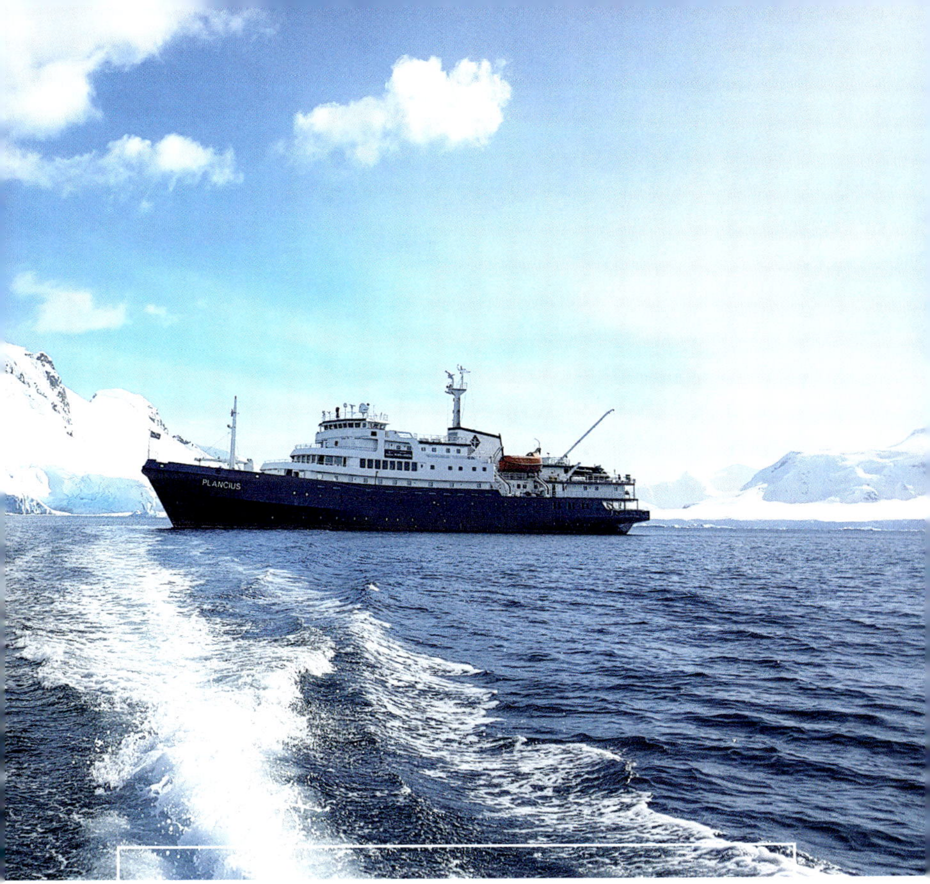

ANTARKTIS

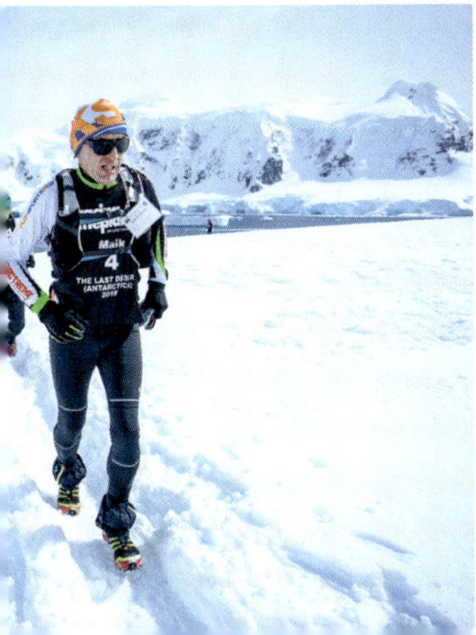

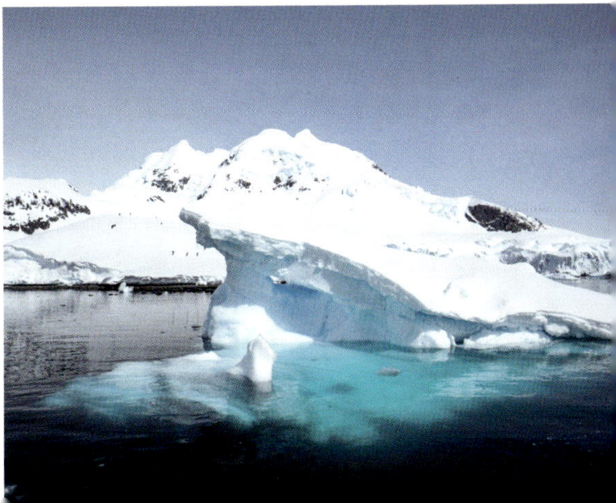

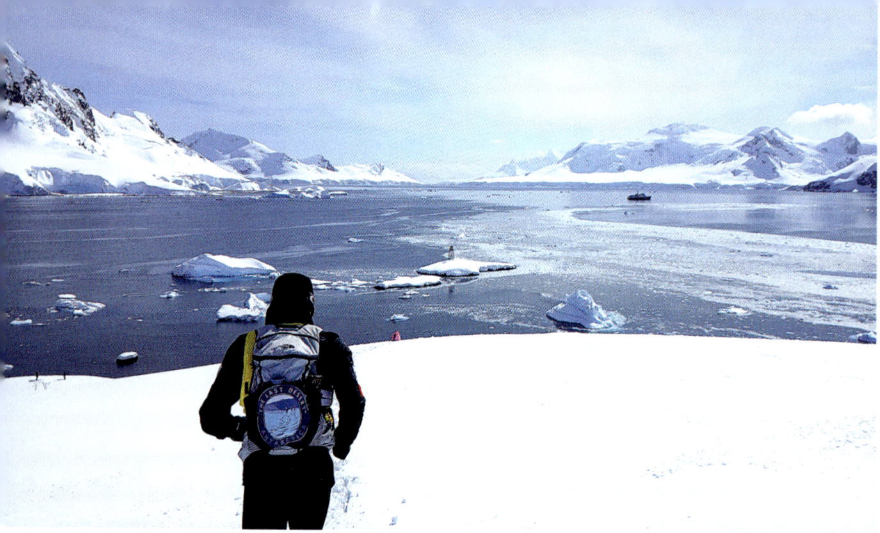

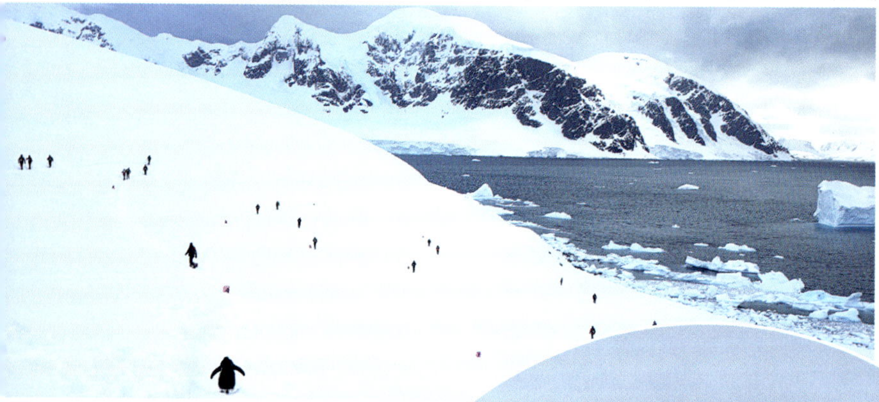

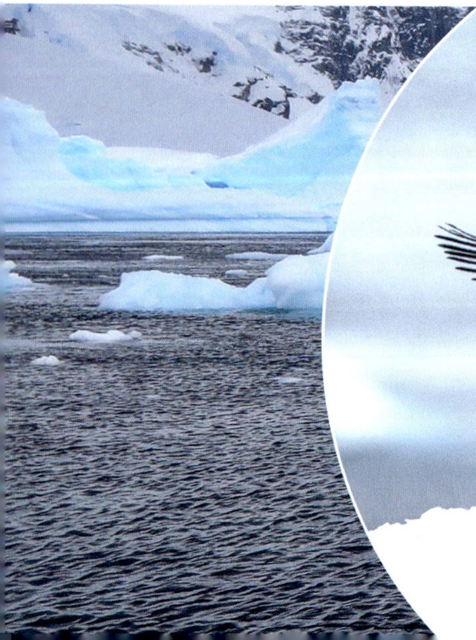

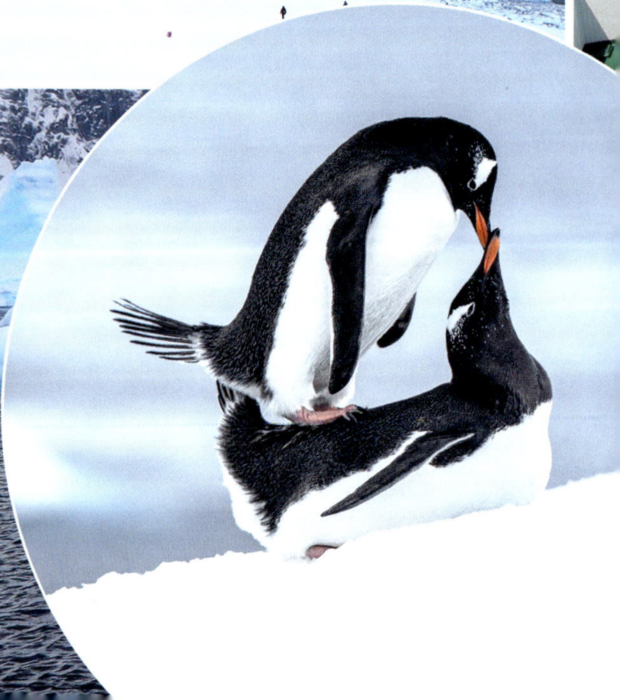

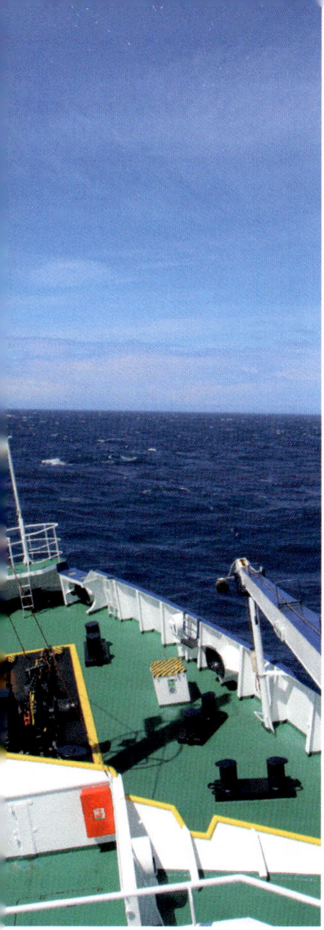
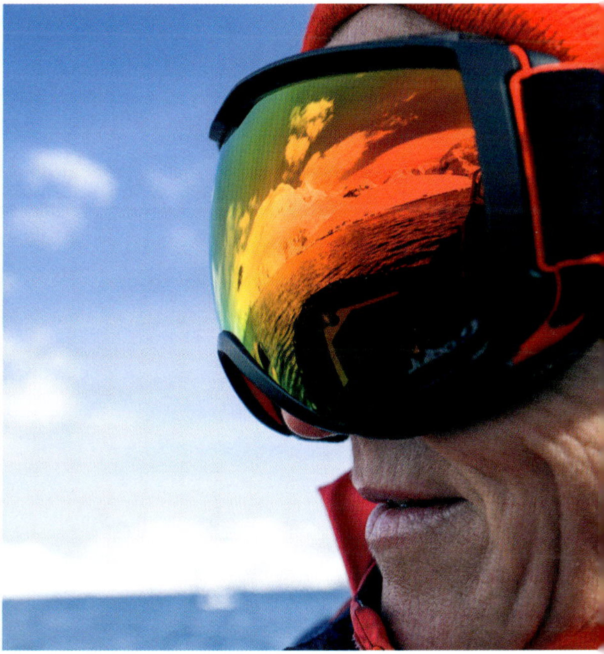
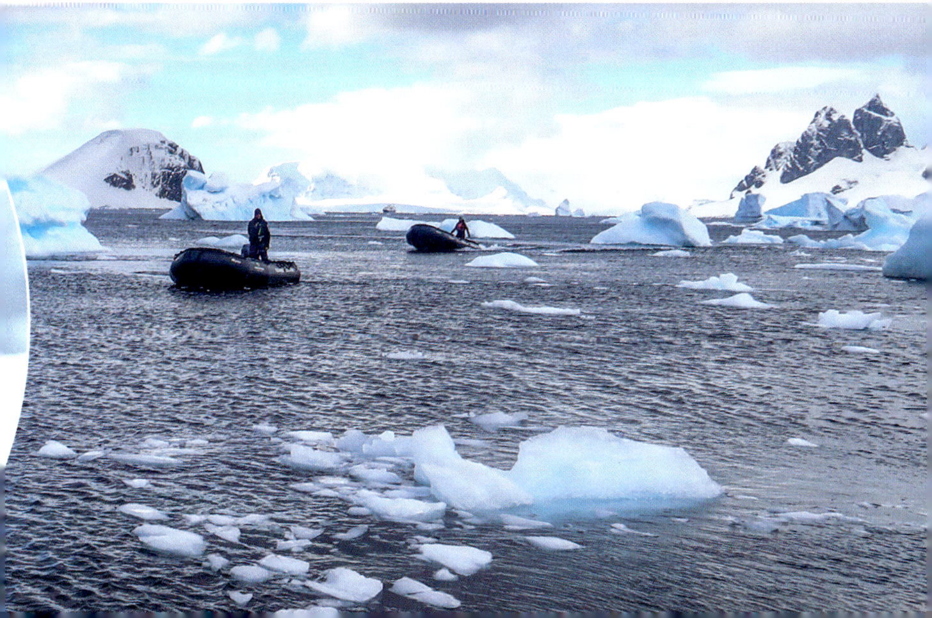

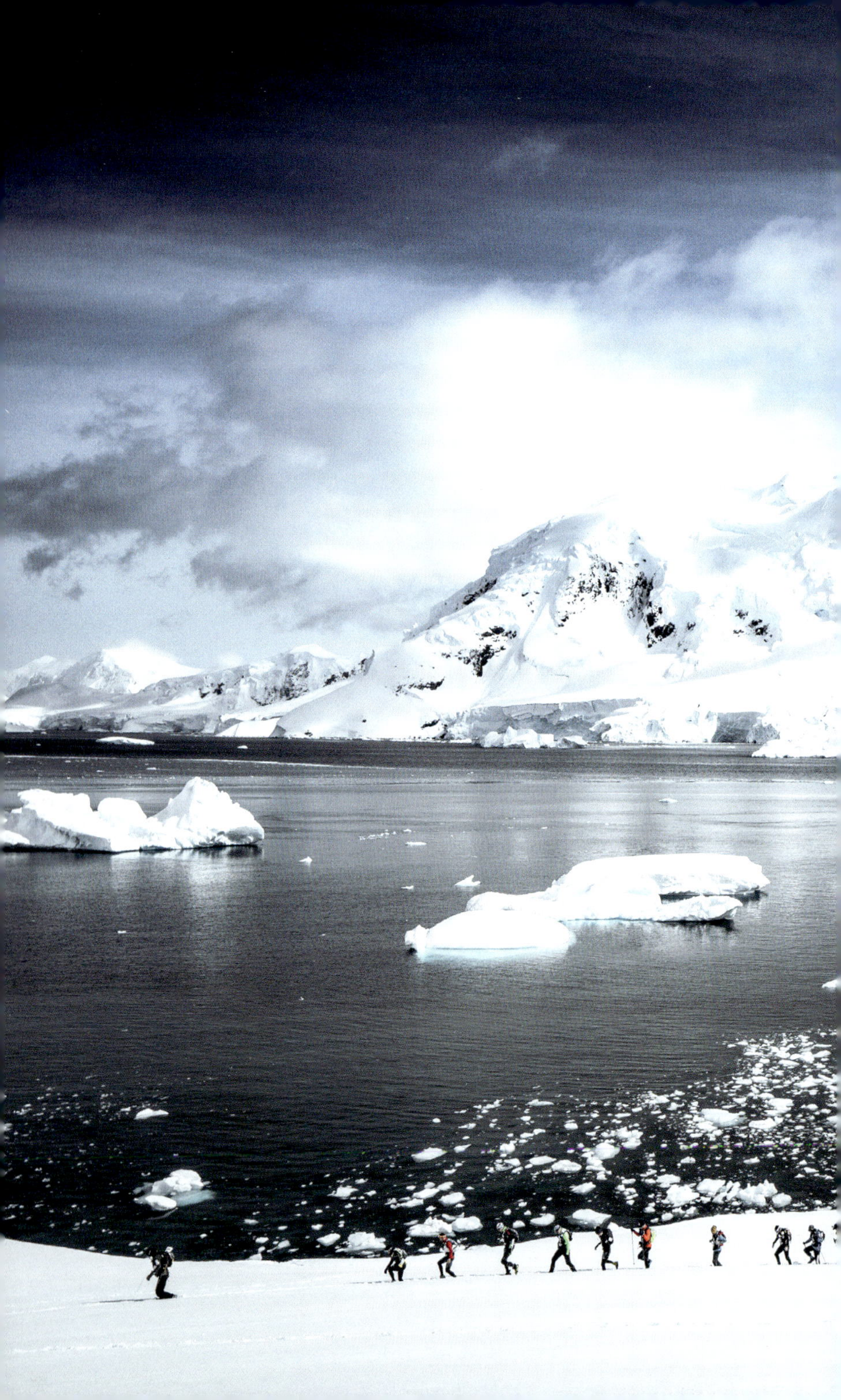

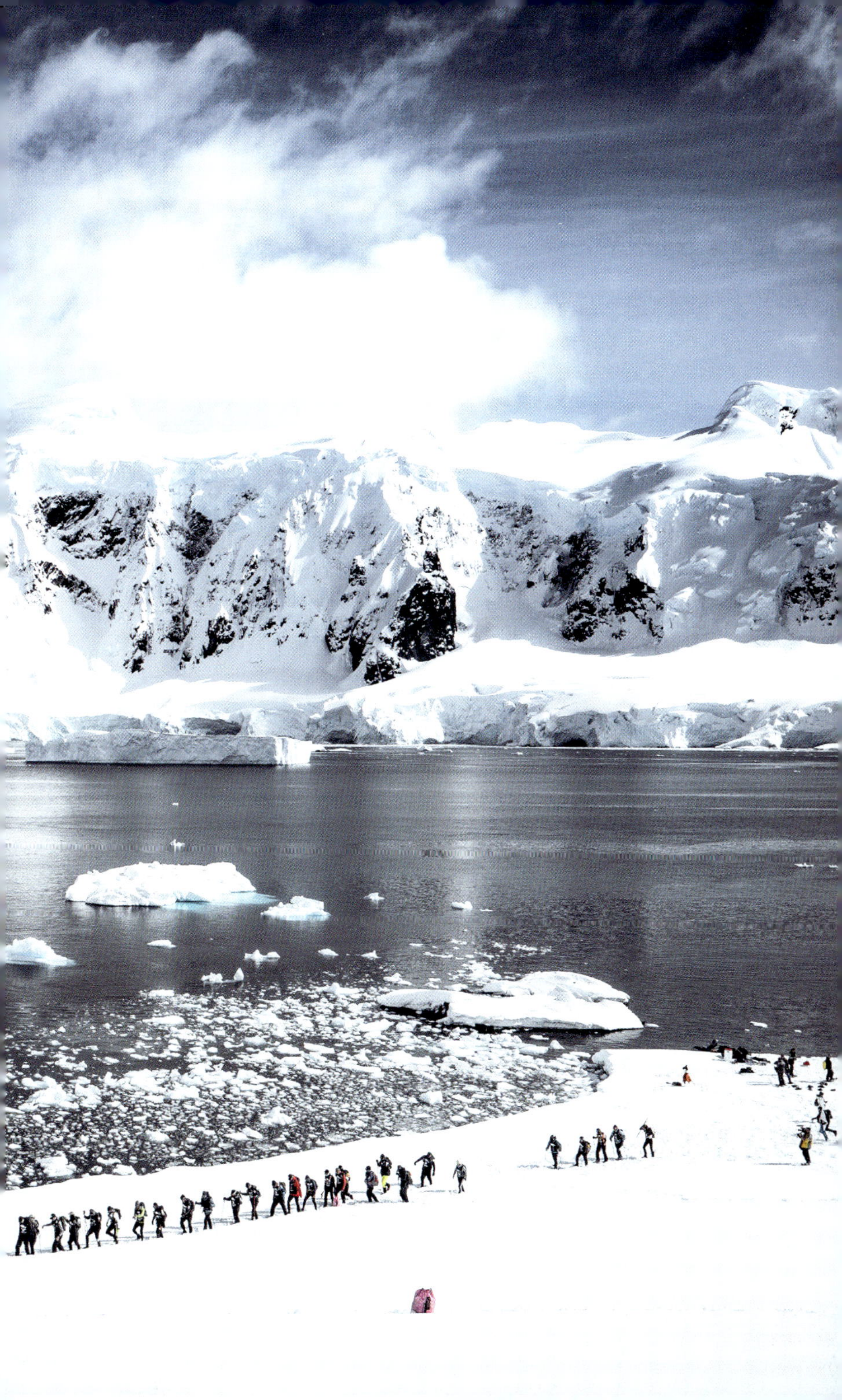

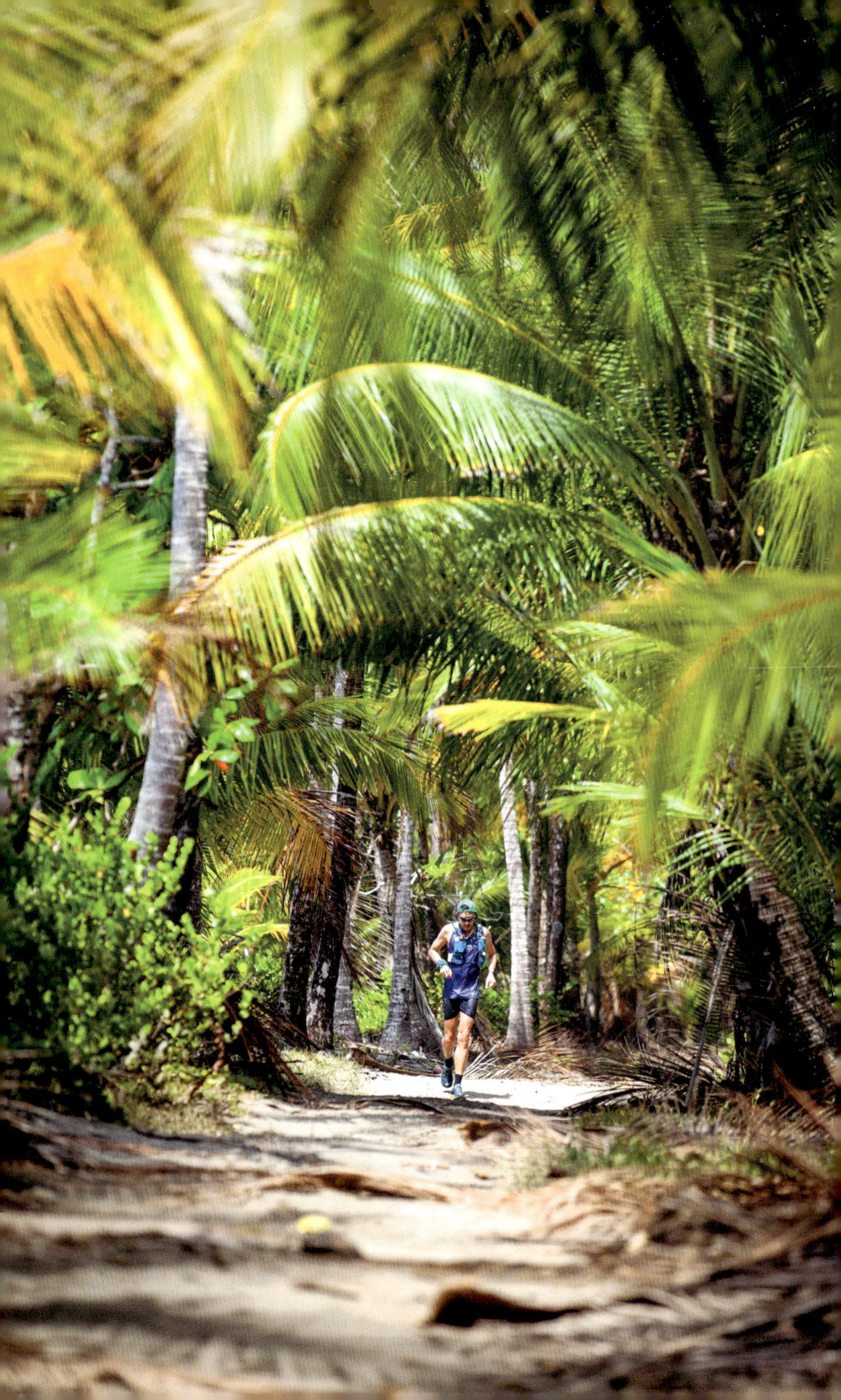

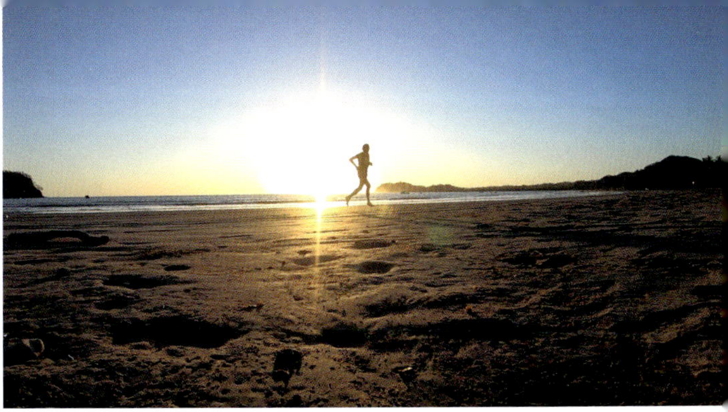

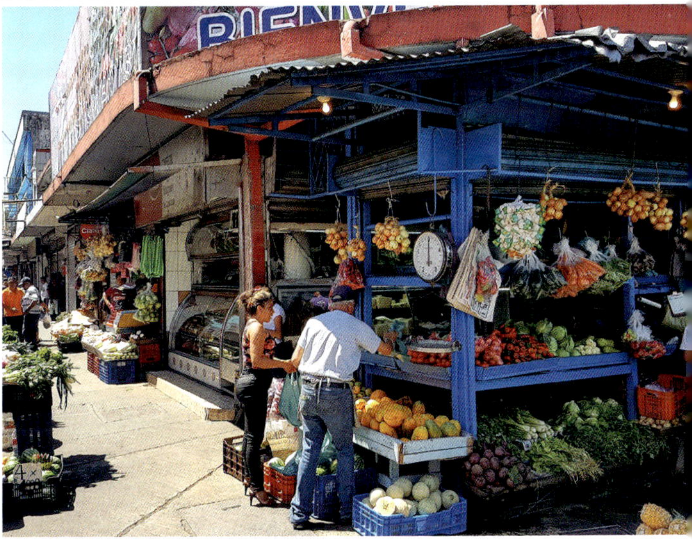

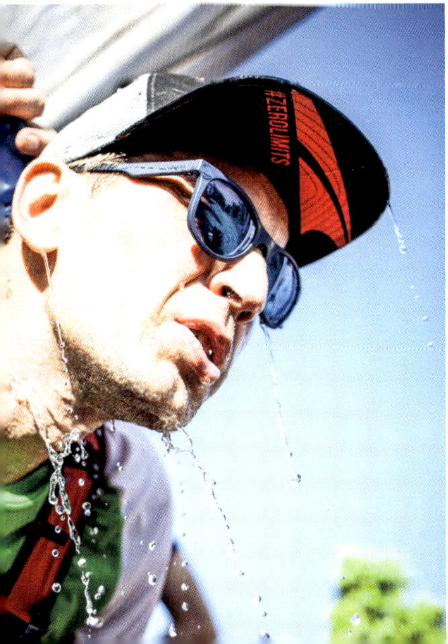
#ZEROLIMITS

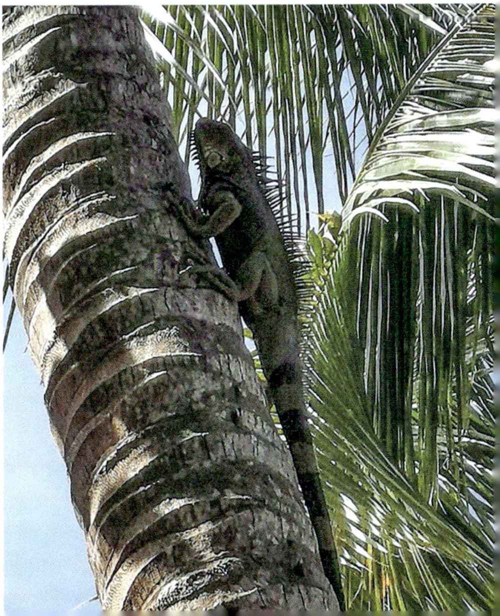

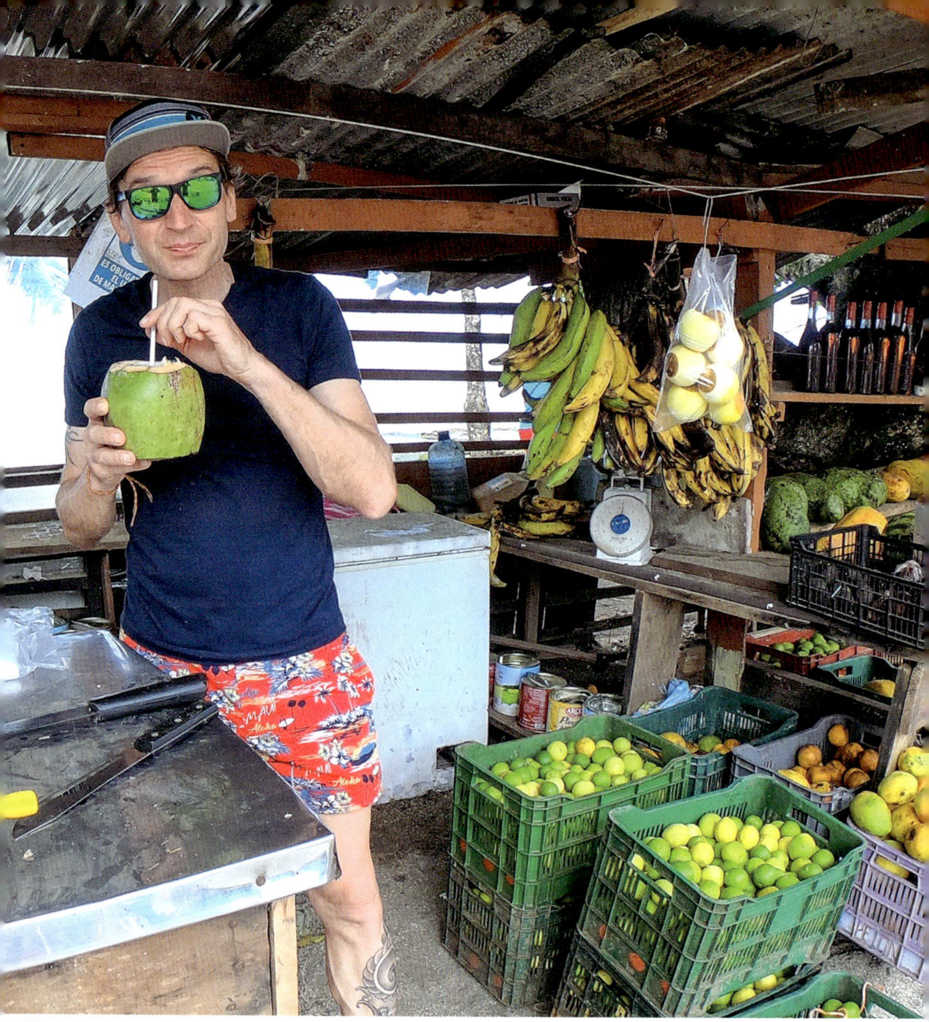
MAUI
Aloha

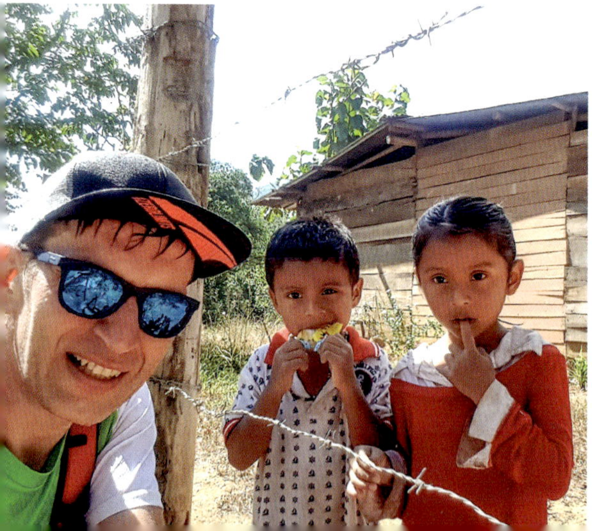

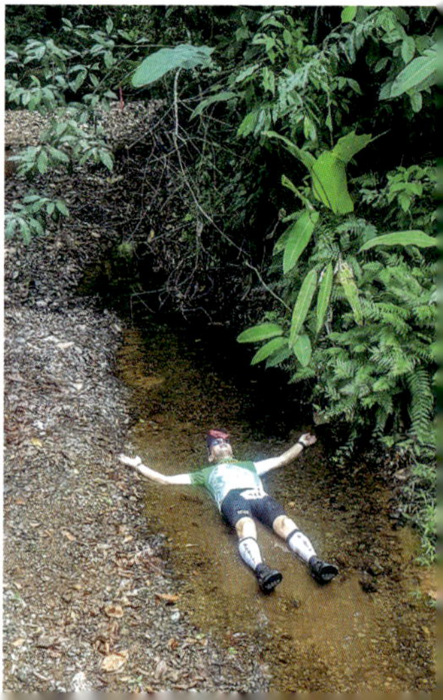

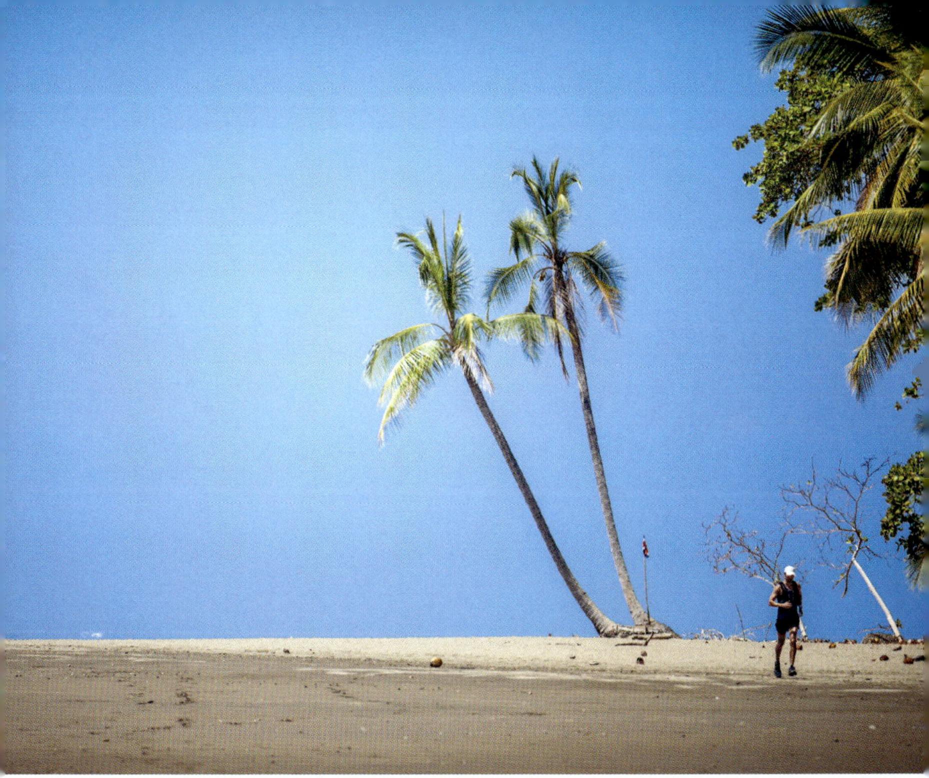

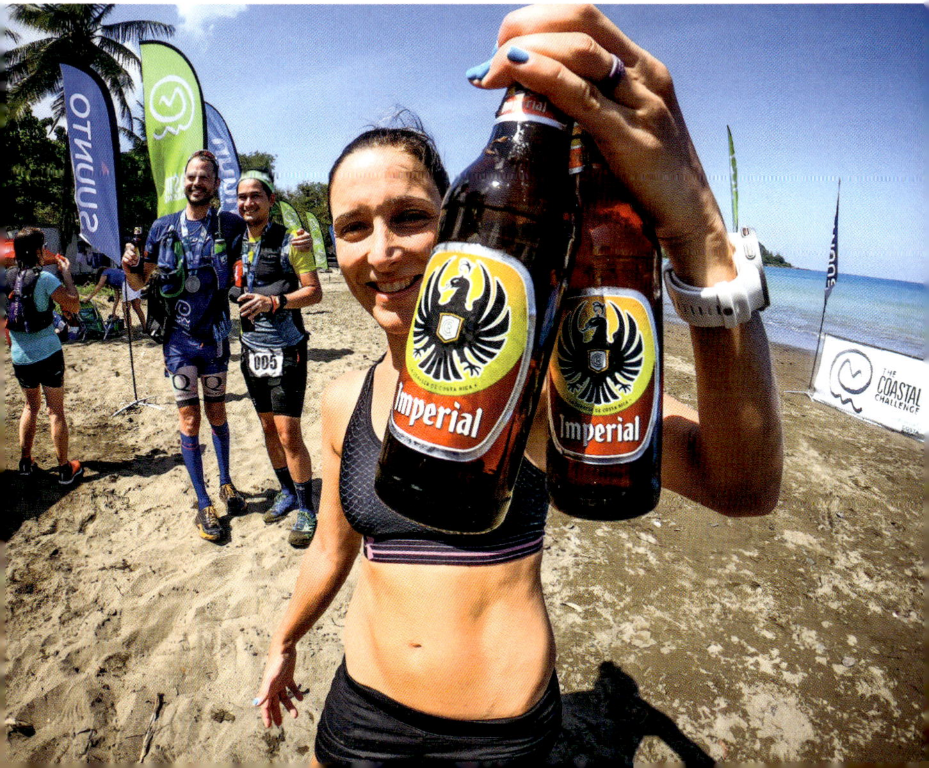
Imperial
Imperial
005
THE COASTAL CHALLENGE

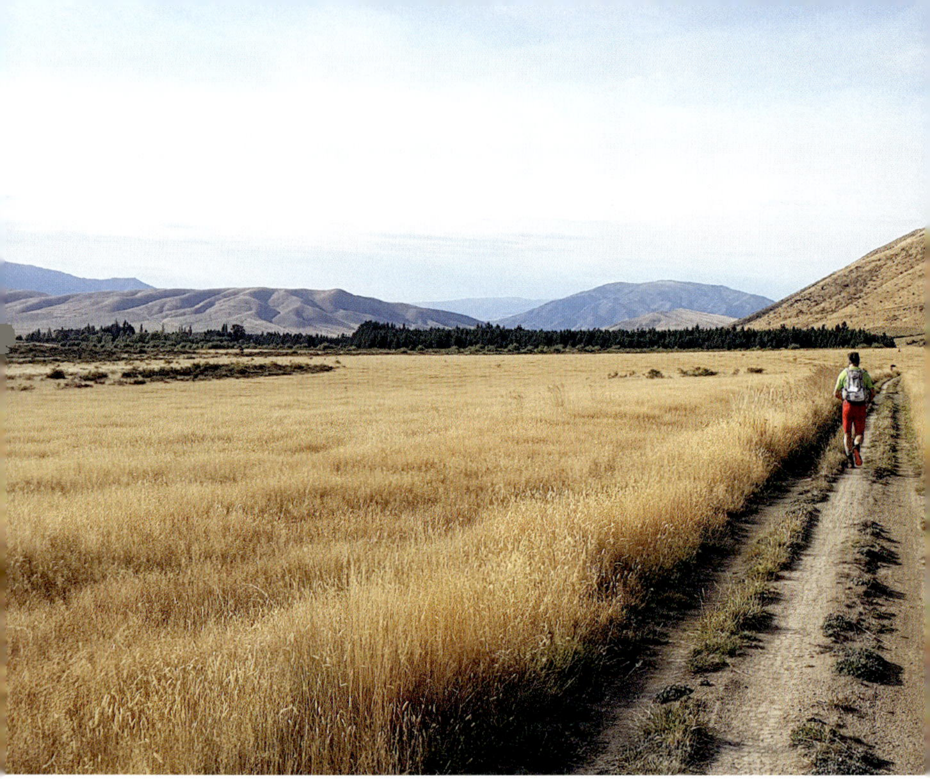

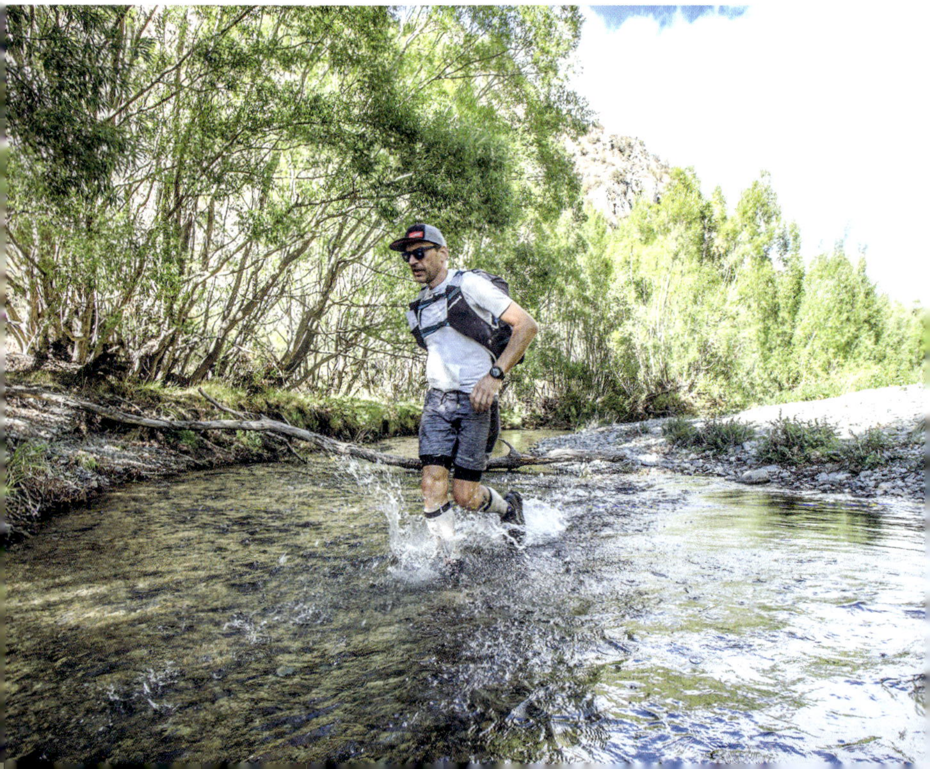

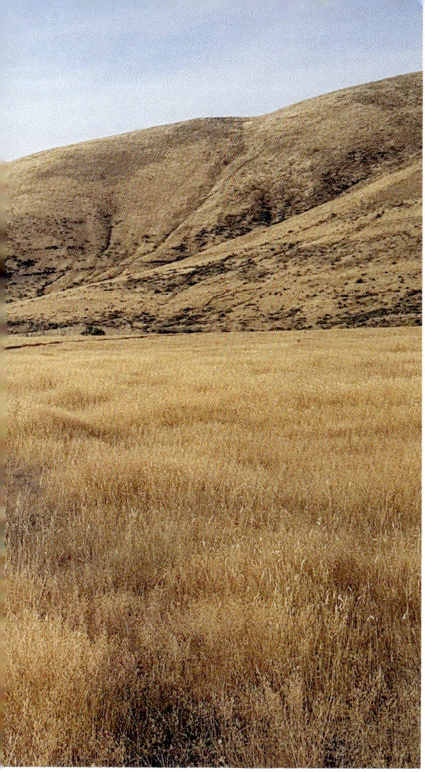

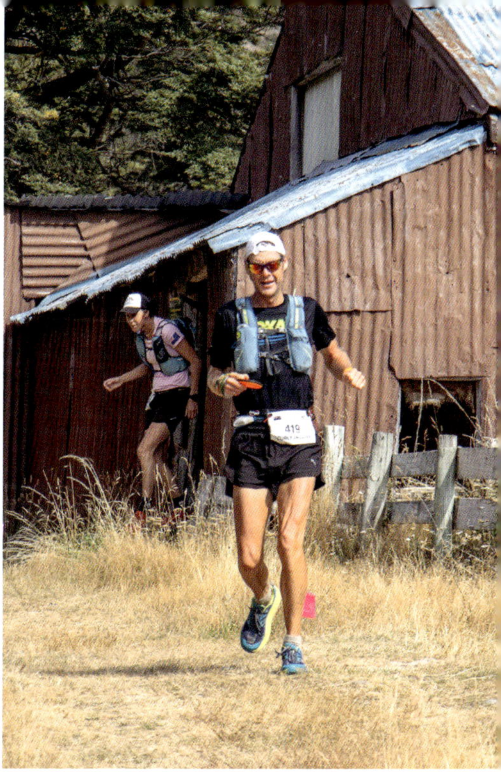

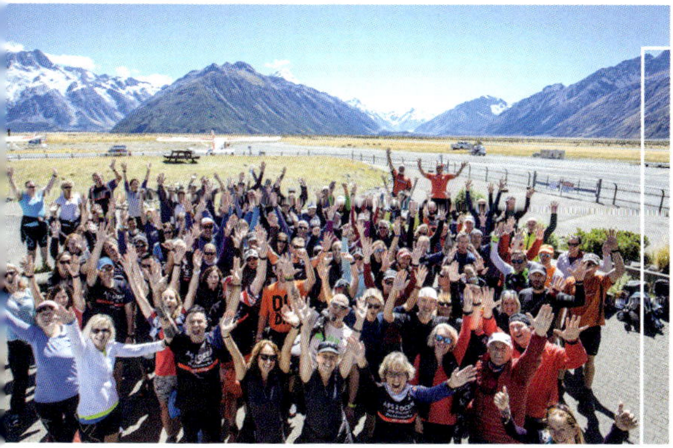

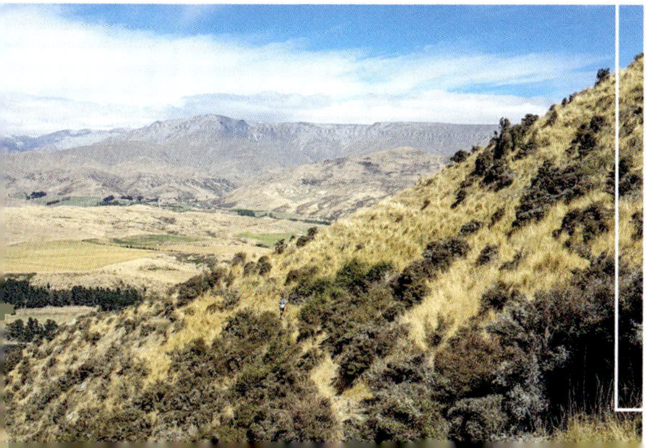

NEUSEELAND

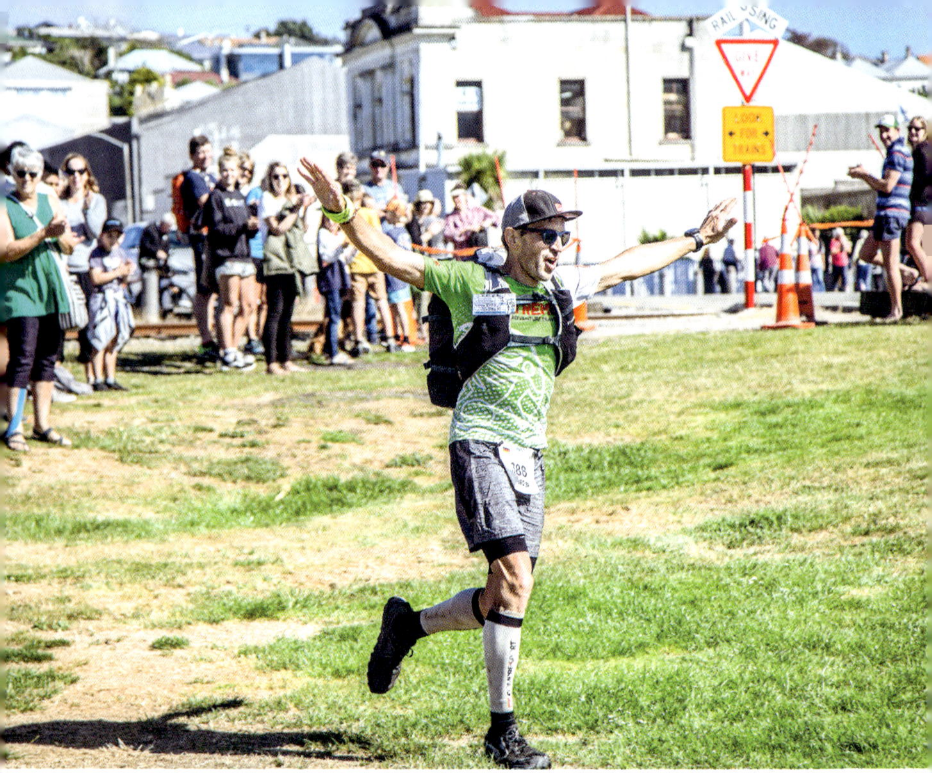

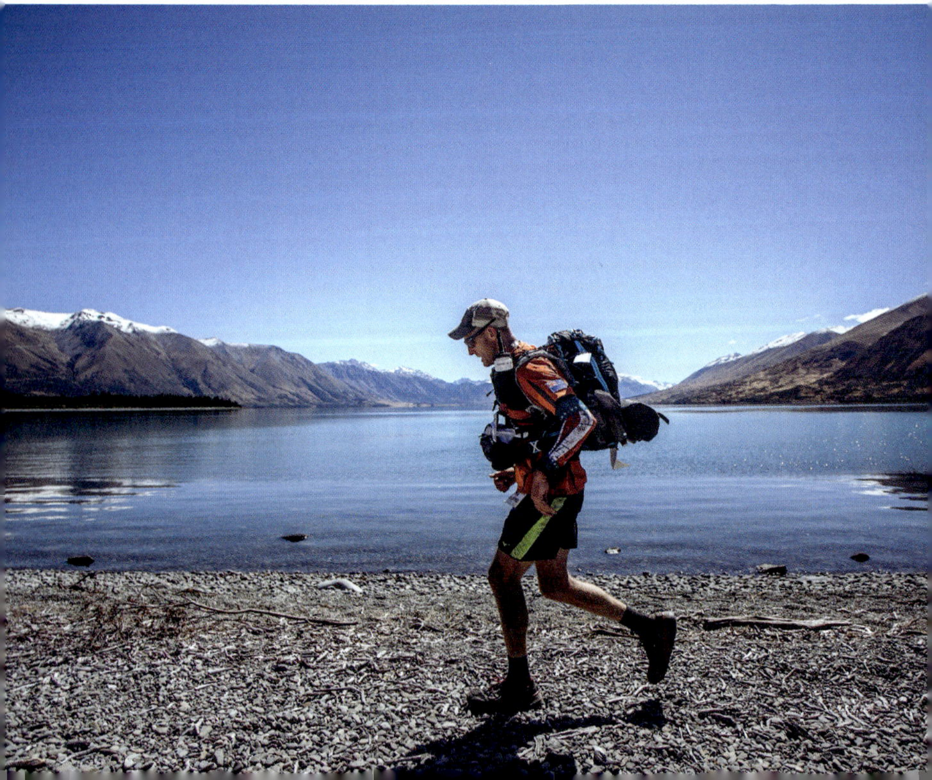

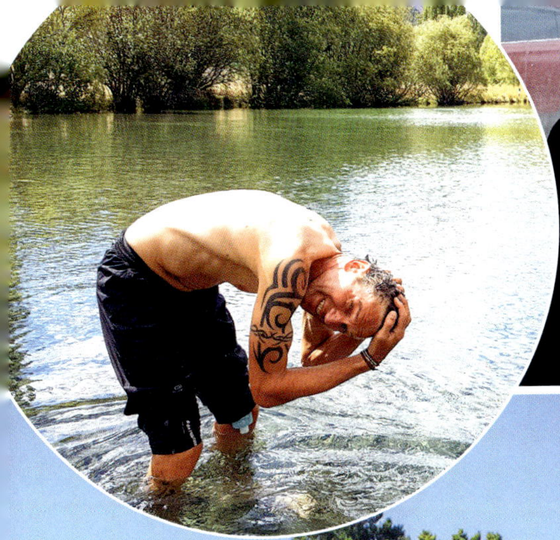

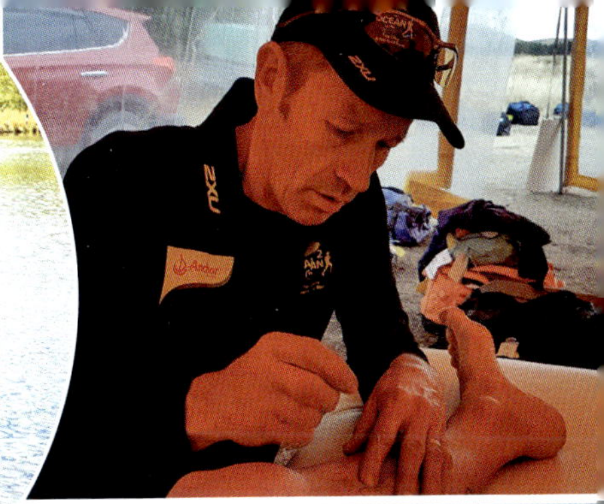

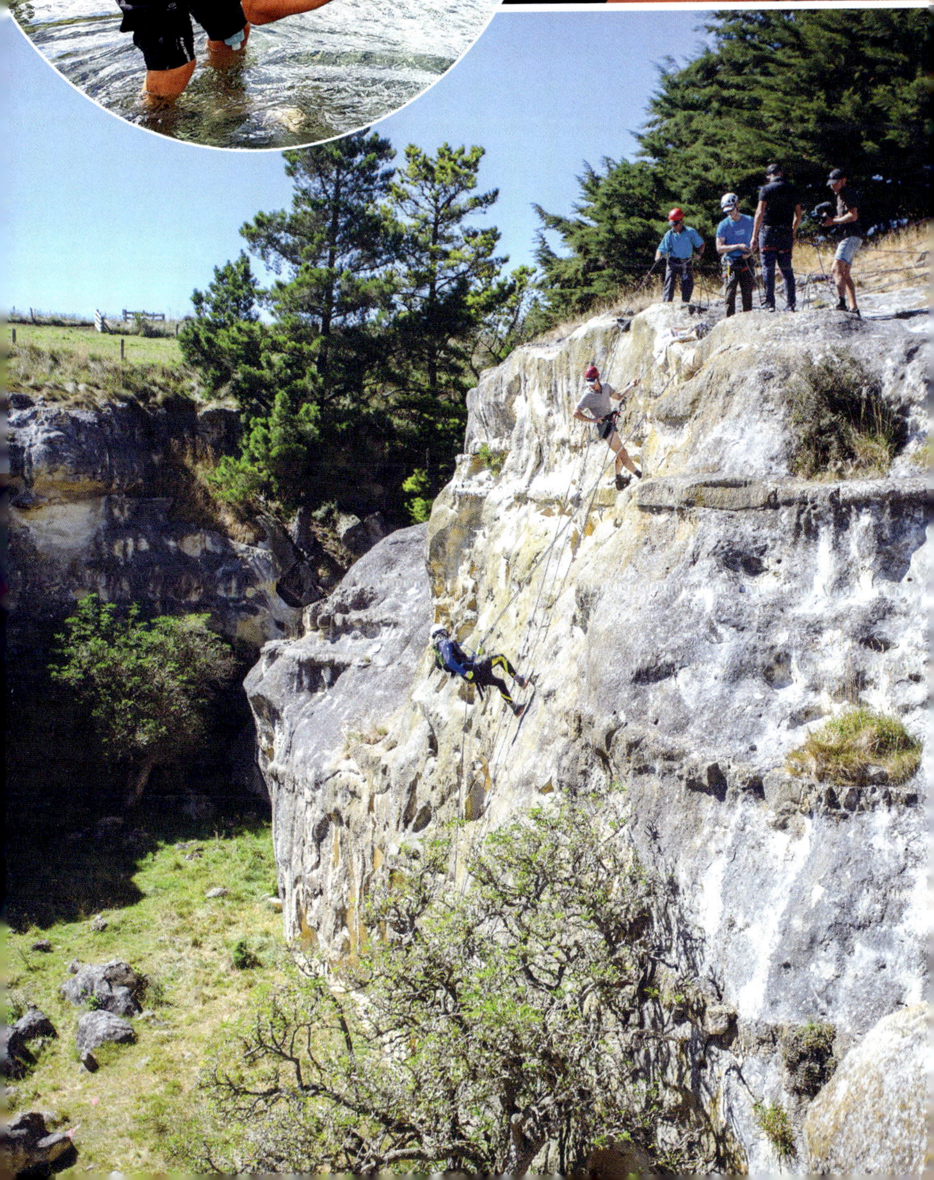

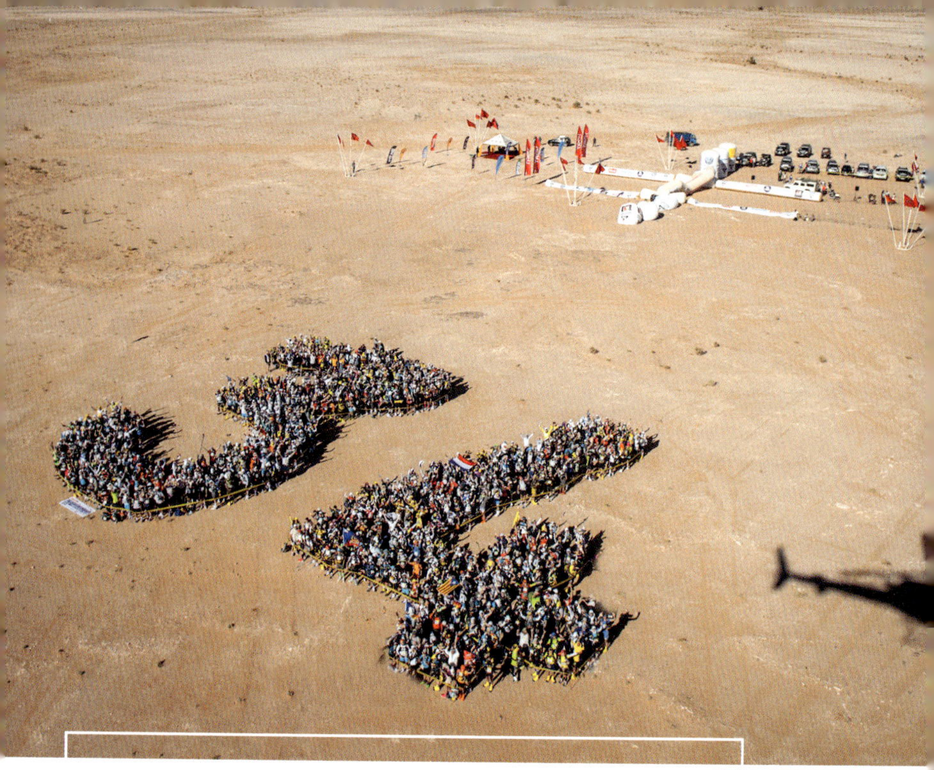

MAROKKO

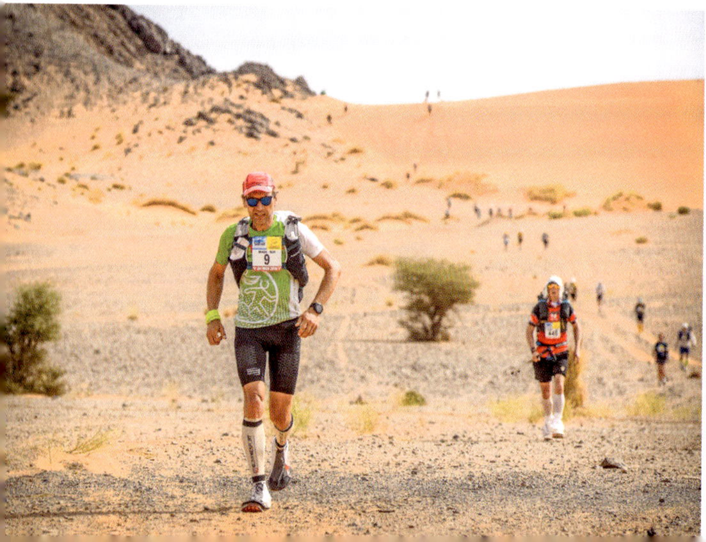

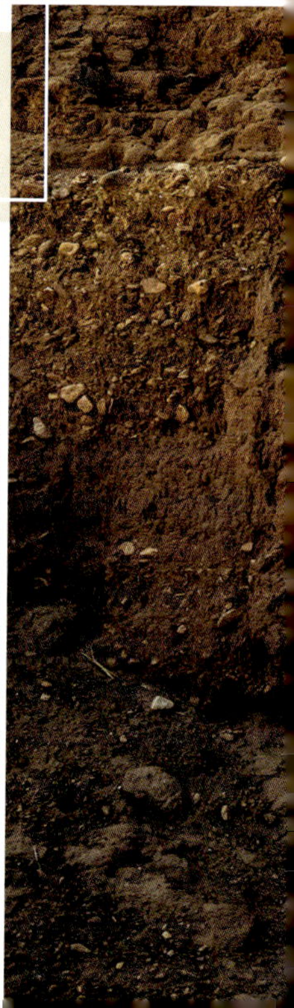

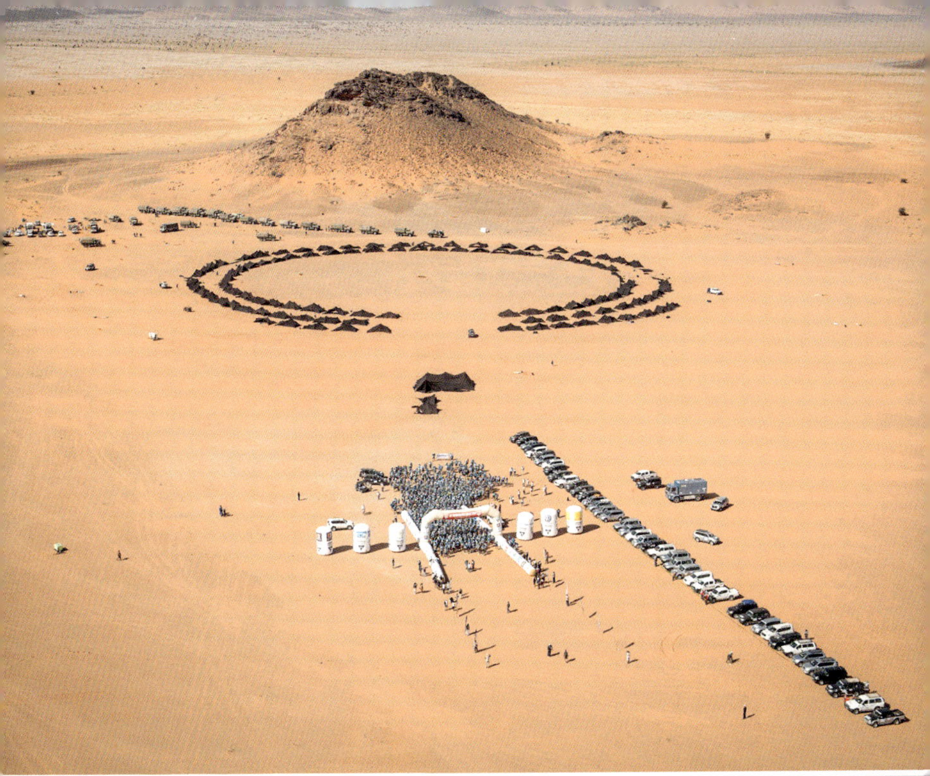

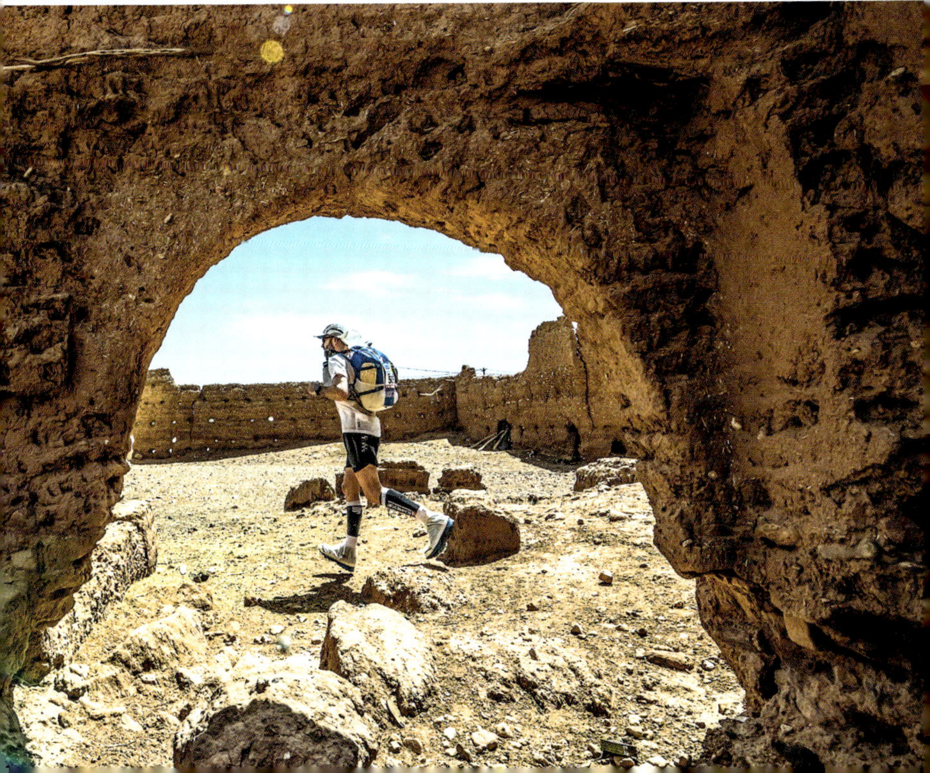

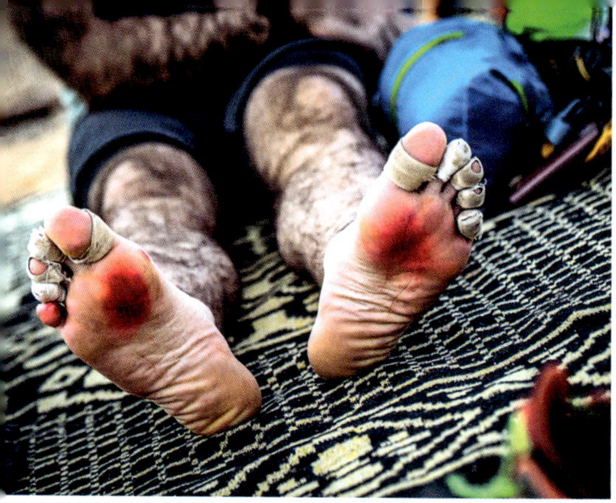

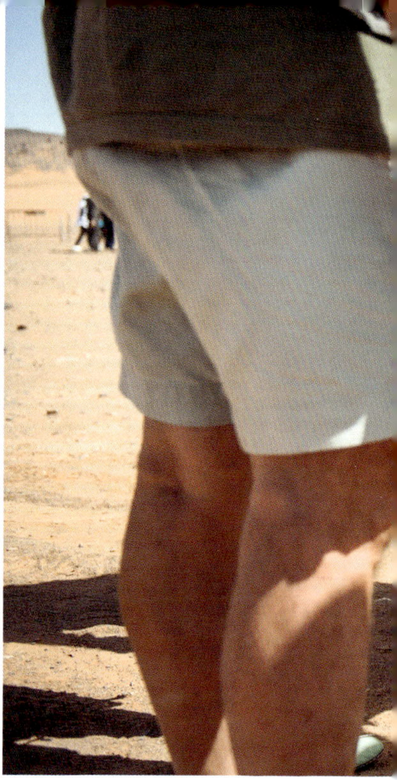

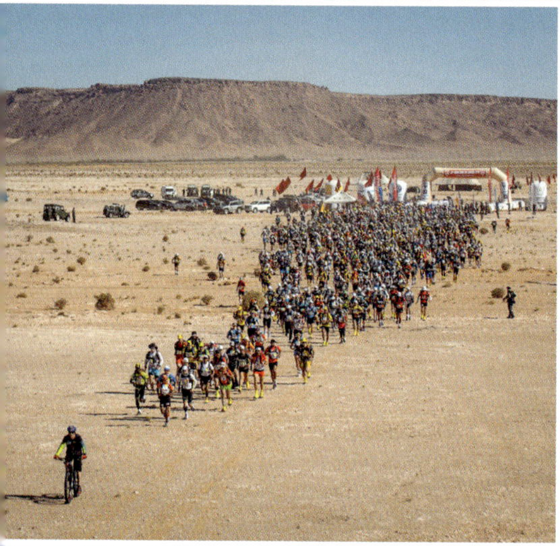

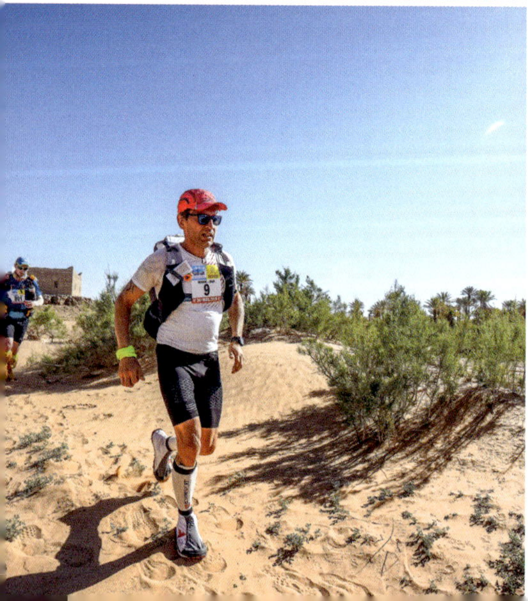
9

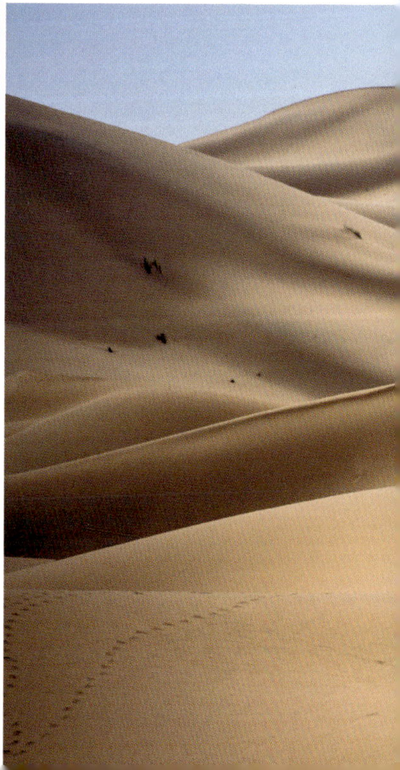

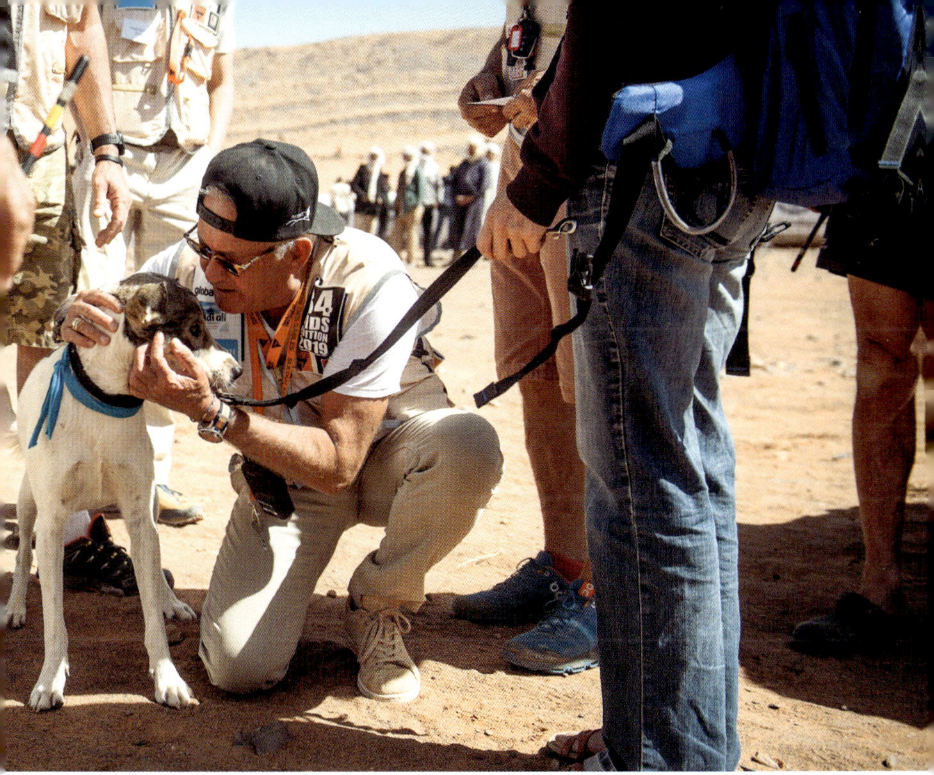

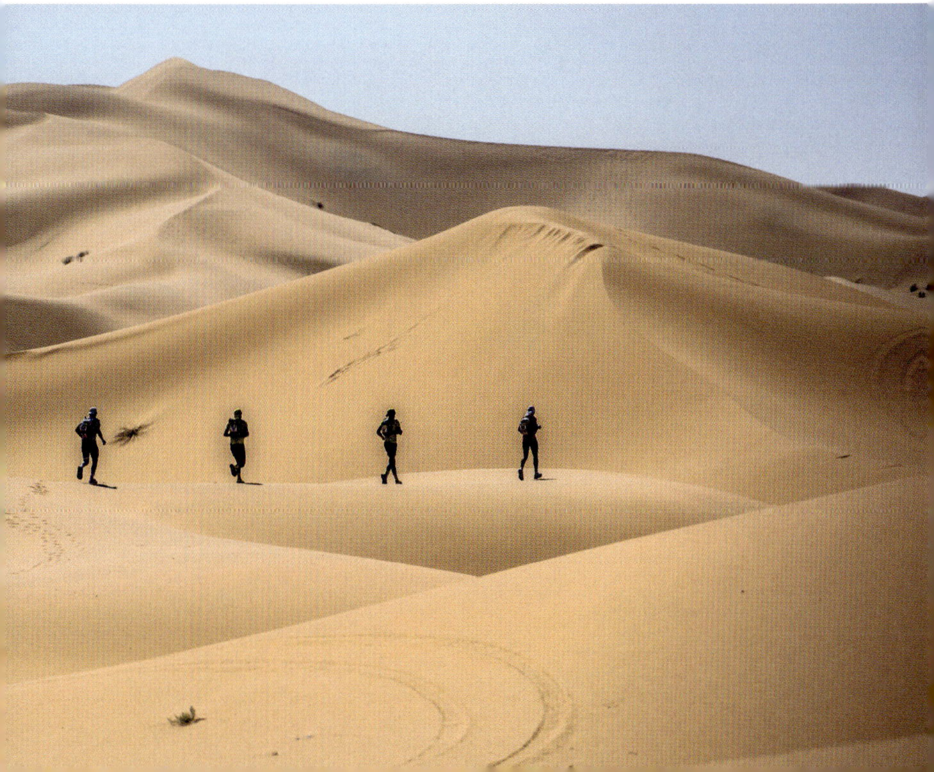

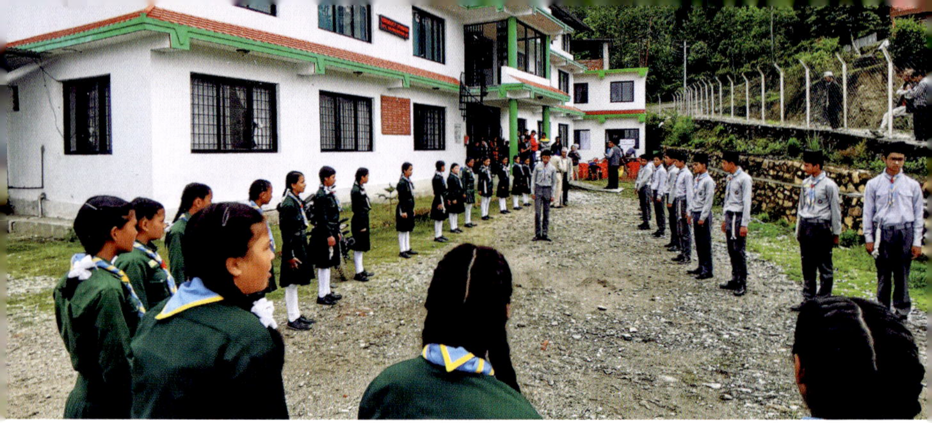

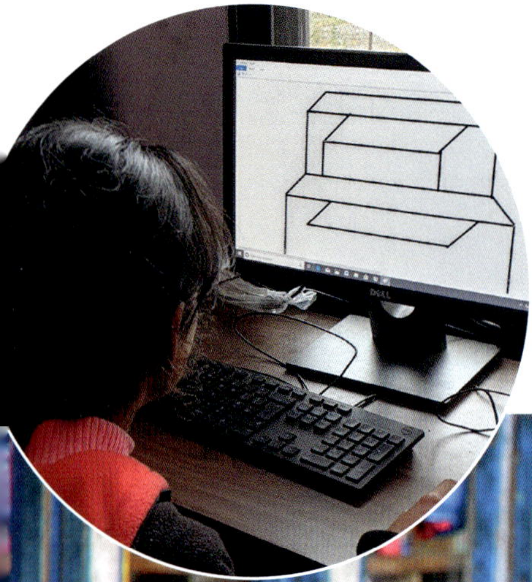

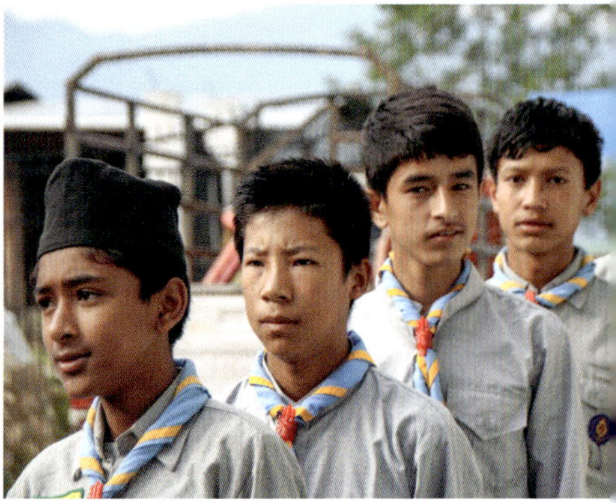

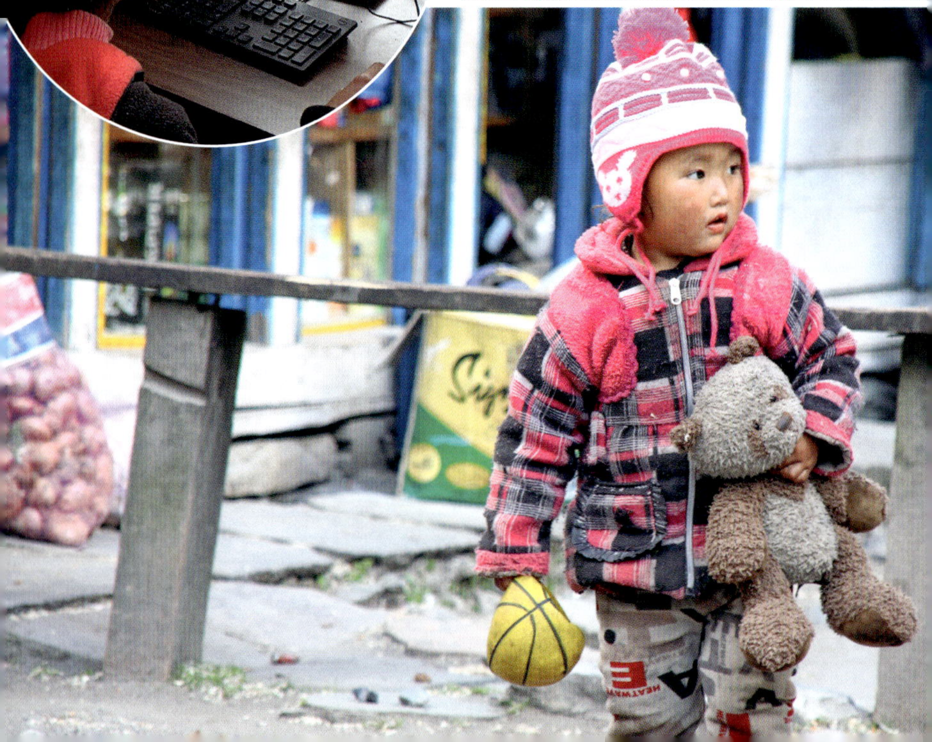

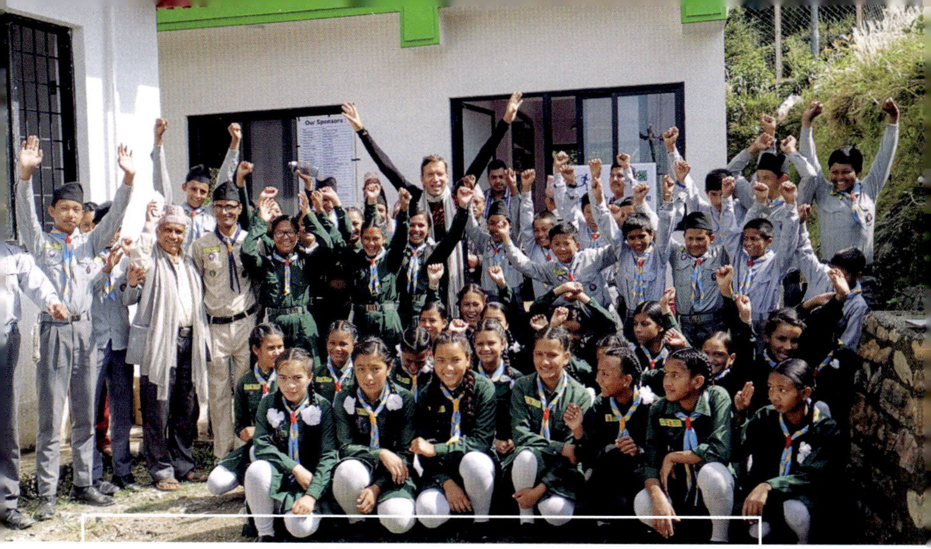

HILFSPROJEKT

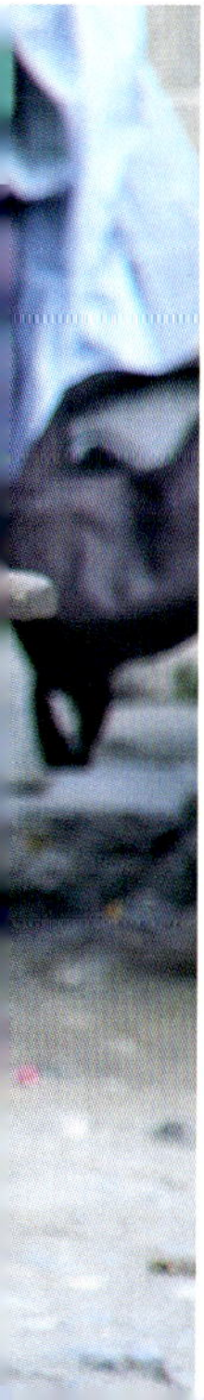

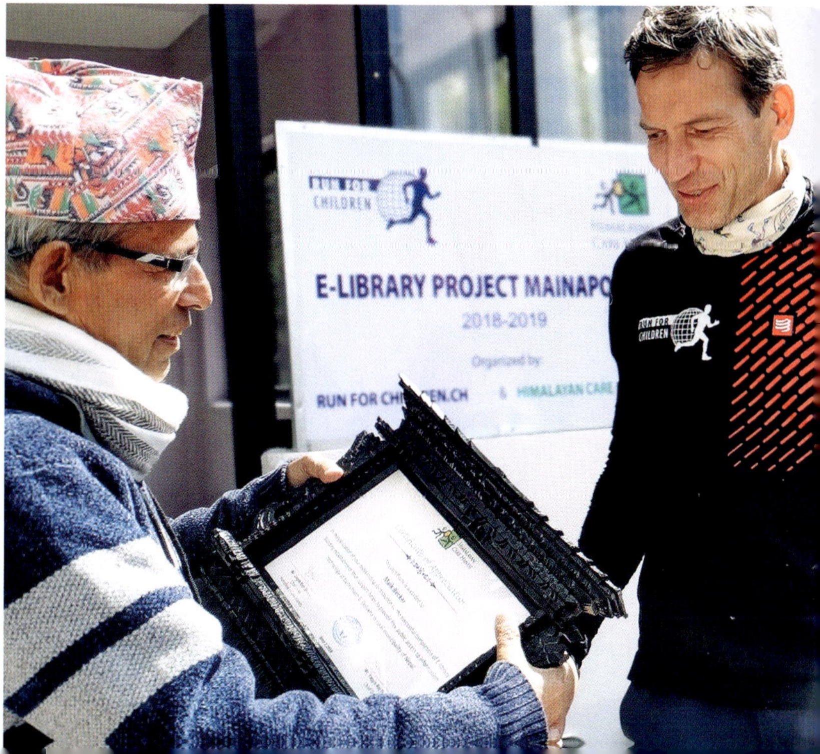

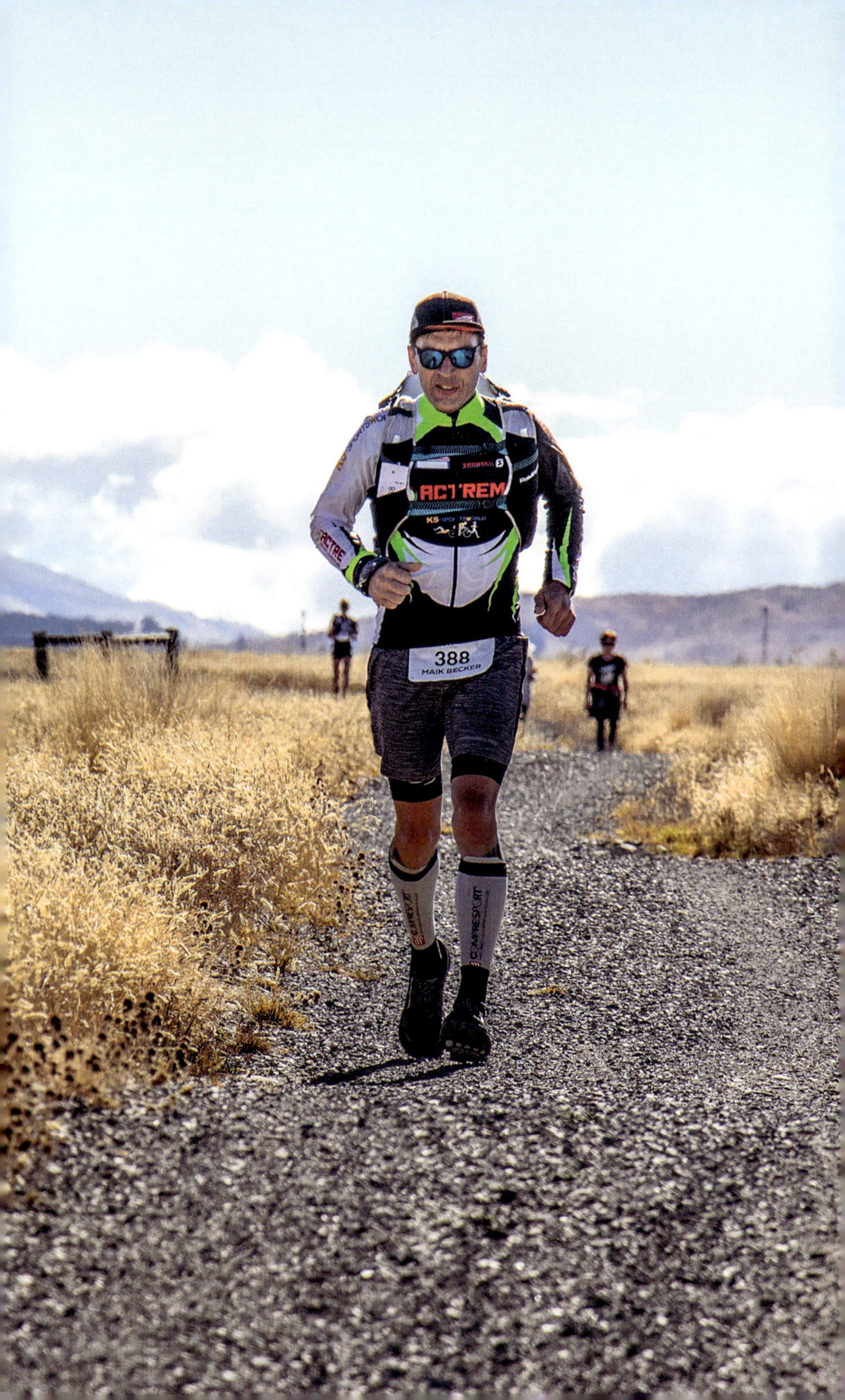
388
MAIK BECKER

KEEP IT SIMPLE – MODERNES ESSEN WIRD ÜBERBEWERTET

Bis jetzt war noch keine Rede von klebrigen Energieriegeln und powerhaltigen, kurzkettigen Kohlenhydratgels. Bewusst. Das hat nichts mit Ernährung zu tun. Als praktische Snacks für die Trikottasche oder den Laufgürtel eignen sie sich allemal. Schnelle Energielieferanten, effektiv und Retter in der Not. Wenn gerade einmal nichts verfügbar ist, greife ich mit mehr oder weniger Lust darauf zurück.

Es gibt mittlerweile gute, geschmacksneutrale Sportnahrung, die bei Verzehr nicht sofort die Rachenhöhle verätzt und ein erhöhtes Durstempfinden nach sich zieht. Die positiven Effekte der Kohlenhydratkonzentrate bei intensiver Belastung möchte ich gar nicht infrage stellen. Die Nährwertdichte ist um einiges höher als beim Salamibrötchen, das noch in den 1980er-Jahren als Zwischenverpflegung gute Dienste bei Sportevents leistete.

Veranstalter von Ausdauerevents arbeiten oft mit Sponsoren für Astronautennahrung zusammen. Und so versammeln sich an Verpflegungsposten bunte Kunststofftütchen als schnelle Energielieferanten. Ich betrachte sie als kleine Helfer in der Not. Praktisch zu transportieren und in kritischen Situationen schnell verfügbar.

Kurze Läufe von bis zu drei Stunden sind also gut ohne jede Verpflegung machbar. Für längere Laufdistanzen muss da allerdings eine andere Strategie her. Genuss spielt dabei eine Rolle. Unsere Sinne verlangen nach positiver Energie, um der ausdauernden Belastung standhalten zu können.

Die Intensitäten sind auf Langdistanzen jenseits der Marathonmarke weniger streng als bei kurzen, schnellen Läufen. Das Verdauungssystem ist somit geringer durch Stress belastet. Weniger als 99 Prozent aller Läufer wird einen Marathon unter zwei Stunden laufen. Ein sehr kleiner Teil der Community nicht mal unter drei Stunden. Aber auch alle Zeiten darüber sind purer Stress für unseren Leistungsapparat Körper.

Schnelles und gezieltes Bereitstellen der Wettkampfverpflegung ist notwendig. Beim Ultralauf streckt sich die Periode, in der Nachschub zugeführt werden muss. Die längere Bewegungsdauer ist für den Körper so oder so eine erhöhte Belastung. Dann sollten wir den Magen nicht zusätzlich mit undefinierbaren Zuckerketten beeinträchtigen. Es gibt aber zum Glück auch Alternativen, bei denen man sogar im Wettkampf von Ernährung sprechen kann. Später mehr dazu.

Wir denken zu viel. Eindeutig. Was sollen wir essen, um möglichst gesund zu sterben? Wie können wir viel Geld verdienen, um es sinnlos auszugeben? Welches Profilbild lässt uns in sozialen Medien smarter erscheinen, als wir im realen Leben sind?

Fragen nach Schuld und Unschuld. Diskussionen über den Sinn des Lebens. So auch bei der optimalen Nahrungsform für unsere sportliche Aktivität.

Wenn man sich die Trends der vergangenen Jahre anschaut, erkennt man viel Bewegung. Bewegung ist grundsätzlich gut. Von den Tendenzen bleibt immer etwas Brauchbares hängen. Was bringen Paleo, vegetarische und vegane Ernährung, Clean Eating, Superfood, Gluten- und Laktoseverzicht oder Low Fat wirklich? Es ist mit deutlich mehr Stress verbunden, ständig auf Einschränkungen bereits beim Einkauf achten zu müssen.

Allergiker sind von dieser Bewertung natürlich ausgenommen. Soll nicht heißen, sich durch die Supermarktregale treiben zu lassen und den Einkaufswagen von allen Sinnen befreit wahllos mit Nährstoffen zu füllen. Nicht die Frage, wie wir uns ernähren, ist entscheidend, sondern womit wir unseren Nährstoffbedarf decken.

Ernährung bedeutet auch Verantwortung. Als Sportler und Menschen. Wir verlangen unserem Körper viel ab. Wollen ihm stets nach bestem Wissen und Gewissen etwas zurückgeben. Für eine nachhaltige Ernährung müssen wir über den Tellerrand hinausschauen. Wir lieben die Natur und unseren Planeten. Globale Zusammenhänge spielen für acht Milliarden Menschen bei der Ernährung eine bedeutende Rolle.

Die meisten davon rechnen nicht in Kalorien oder kennen keine der oben erwähnten Ernährungsformen. Am Abend eine warme Mahlzeit. Das ist das Ziel stundenlanger Arbeit in Fabriken ohne gewerkschaftlichen Schutz oder auf Feldern moderner Großgrundbesitzer. Sport als Ausgleich ist für sie kein Thema. Es geht ums Überleben. Gesundheit und ein Dach über dem Kopf bedeuten Reichtum.

Wir sollten uns dessen bewusst sein. Und unsere Ernährung in die globale Denkweise einbeziehen. Wir haben den Wohlstand und können allein durch unsere Lebensweise die gemeinsame Zukunft wesentlich beeinflussen.

In der modernen Welt verschwimmen Luxus und Normalität. Als Kind habe ich noch gelernt, dass Kaffee und Schokolade Luxusgüter sind, die man sich ab und an mal gönnen kann. Noch im Mittelalter war Fleisch den obersten Schichten vorbehalten. Beim einfachen Volk kommt es nur an Festtagen auf den Tisch. Heute gilt es als normal, während dreier Mahlzeiten am Tag Fleischerzeugnisse zu konsumieren. Dabei wäre weniger mehr. Für uns und die Umwelt.

Wir müssen uns vermehrt die unbequemen Fragen stellen. Auch im Sinne einer gesunden Ernährung. Leistungsbereitschaft erfordert denken. Ob wir wollen oder nicht.

Aber wollen wir wirklich Antworten? Ist die Wahrheit nicht viel zu ehrlich? Vertragen wir das? Den Schlag ins Gesicht?

Als Sportler sind wir Höhen und Tiefen gewohnt. Verlassen gewohnte Wege und betreten unbequemes Neuland. Und sind Vorbild. Es würde mehr Sinn bringen, unsere Essens- und Lebensgewohnheiten weit umfassender als nur auf das Ich zu beziehen.

Und damit gehen wir einen Schritt weiter als der Großteil unserer Mitmenschen, die uns täglich nach der Jagd auf Nahrungsmittel mit den Einkaufstaschen aus den Super-Billig-Discountern begegnen. Mehr Aufklärung wäre hier wichtig. Im Sinne des Gesundheitswesens. Nicht der Lebensmittelindustrie. Hier liegt noch viel Potenzial bezüglich besserer Ernährung.

Entscheidend ist der Verbraucher. Du bestimmst, was in deinen Körper hinein soll. Und zwar in Magen und Gehirn, untrennbar verbunden. Wir können uns nicht auf träge Regularien lobbybeeinflusster Entscheidungsträger verlassen. Es kann doch nicht sein, dass zum Platzen korpulente Größen aus Politik und Wirtschaft in den Medien über Krankheiten und gesundere Lebensweise diskutieren? Wo bleibt denn da das gute Beispiel?

Essen hat also mit Denken zu tun. Für sportlich aktive Menschen bedeutet das, sich mehr Gedanken über die für den Organismus gesunden, nicht entzündungsfördernden Nahrungsmittel zu machen. Im Laufe des letzten Jahrhunderts hat sich unsere Ernährung gravierend verändert. Die Anforderungen stehen im Wandel. Die Nachfrage steigt aufgrund hyperexponentiellen Wachstums der Menschheit.

Weltweit steht mehr Kaufkraft zur Verfügung. Die Bedürfnisse nach etwas Besonderem, nach Luxus, steigen. Schwellenländer drängen in ähnliche Lebensbedingungen, wie wir sie in Europa und Nordamerika bereits seit Jahrzehnten kennen. Das bringt die Nahrungsmittelindustrie in Zugzwang. Lebensmittel müssen immer schneller an jedem Ort der Welt verfügbar sein. Natürliche Prozesse schränken dies jedoch ein.

Also werden die Grundprodukte so behandelt, dass sie eine für die Industrie und den Handel geeignete Haltbarkeit und ein einfaches Handling aufweisen. Nicht zum Vorteil der Konsumenten. Nehmen wir mal das Beispiel Weizenmehl. Eines der Grundnahrungsmittel der Menschen seit Einführung von Ackerbau und Viehzucht. Mehl, oder besser das Getreide dafür, hat sich seitdem zu einer Erfolgsgeschichte entwickelt. Kaum ein Gericht, in dem speziell der Weizen nicht enthalten ist.

Das heutige Korn hat aber nur noch im Entferntesten mit den Urkörnern Einkorn und Emmer zu tun. Die Nachfahren sind Mutationen, die industriell auf Gewinnmaximierung getrimmt wurden. Besonders in den 1960er- und 1970er-Jahren wurde Weizen gentechnisch verändert, um den Hektarertrag zu erhöhen, Produktionskosten zu senken und einen Anbau in großem Maßstab möglich zu machen. Der Wandel eines unserer Ernährungsgrundprodukte war also kein natürlicher Prozess über Jahrtausende, sondern ein von Menschenhand geschaffener zum Wohle der Industrie.

Das Brot, die Donauwelle oder der Christstollen mögen noch so aussehen wie bei Großmuttern. Inhaltsstoffe moderner Getreideprodukte sind biochemisch aber weit davon entfernt. Die Endverbraucher haben die Veränderung sekundär zu spüren bekommen. Das erklärt die vermehrten Lebensmittelunverträglichkeiten in den vergangenen Jahrzehnten. Die Ernährung fängt schon beim Einkauf an. Und noch viel früher. Also doch denken. Es geht nicht ohne.

Nimmt man das Rezept für einen Streuselkuchen aus Mathilde Ehrhardts *Großem Illustrierten Kochbuch*, dem Kochbuchklassiker von 1908, dann ist das Ergebnis optisch absolut mit dem Original vergleichbar. Inhaltlich und nährstofftechnisch sind beide Backwaren aber weit voneinander entfernt. Omas Hausrezepte sind also auch nicht mehr die alten.

Was soll man denn nun aber als gesundheitsbewusster Sportler essen? Ganz simpel. Bewusst und ausgeglichen mit guten Grundprodukten. Das ist mein persönlicher Ansatz. Keine Verbote. Die bringen nichts. Verbote sind nur Betrug an dir selbst. Sie stellen sich gegen ein Verlangen. Und das Verlangen wird uns als erstrebenswertes Ziel suggeriert. Es liegt an dir, ob du es zulässt oder nicht.

Wenn ich kein Verlangen nach Fleisch spüre, muss ich mir auch kein Verbot auferlegen und tierische Produkte um jeden Preis meiden. Der zusätzliche Stress, bei einer Einladung oder im Restaurant genau nachzuprüfen, was denn nun genau das Menü beinhaltet, ist es mir nicht wert.

Bewusst heißt für mich, zu Hause lecker zu kochen und das Essen zu genießen. Fleisch ist dafür nicht vonnöten. Kein Verbot, sondern Genuss nach eigenem Verlangen. Werbung greift bei mir nur sehr spärlich.

Aus Studien amerikanischer Wissenschaftler des U.S. Departments of Agriculture (USDA) geht hervor, dass sich die Inhaltsstoffe ausgewählter Gemüse, Früchte und Getreidesorten im Zeitraum von 1950 bis 1999 signifikant verändert haben. Mittlerweile sind weitere 20 Jahre vergangen. Es ist davon auszugehen, dass Vitamine, Mineralstoffe oder der Anteil schädlicher Substanzen sich bis heute nicht zum Besseren verändert haben.

Als Resultat ging aus den Studien unter anderem hervor, dass wir heute acht Orangen essen müssten, um die Nährwerte einer Orange aus dem Jahr 1950 zu erreichen. Oder 36 Äpfel heute anstatt einem vor 70 Jahren, um den gleichen Eisenanteil zu uns zu nehmen. Der oft als Kalziumstar bezeichnete Brokkoli hat im gleichen Zeitraum 64 Prozent dieses Mineralstoffs eingebüßt.

Landwirtschaft beinhaltet „Wirtschaft". Unsere Ernährung ist Business. Ob wir das wahrhaben wollen oder nicht. Es ist also umso wichtiger, uns Gedanken zum Ursprung unserer Lebensmittel zu machen. Gemüse, Früchte, Bohnen oder Vollkorngetreide sind immer noch die Nahrungsmittel mit den besten Werten für unseren Einkaufszettel. Fleisch- und Fischprodukte dagegen haben sich ebenfalls nicht zum Besseren entwickelt.

Ausgeglichene Ernährung ist vergleichbar mit dem Würzen einer einfachen Suppe. Ein wenig Salz, etwas Pfeffer, Liebstöckel und andere Kräuter im korrekten Verhältnis machen diese richtig schmackhaft. Zu wenig ist fad. Zu viel reizt unsere Sinne und ist unbekömmlich. Kluge Dosierung lässt dieses einfache bodenständige Gericht zu einer Delikatesse werden. Oh, ich liebe Essen. Je einfacher, desto besser.

Sportler sind unruhige Typen. Zeit am gedeckten Tisch zu verbringen, liegt ihnen nicht. Schnell noch was zwischen die Zähne und weiter geht's zum abendlichen Dehnen. Der Mittagstisch wird ersetzt durch eine Laufrunde. Es ist aber auch ein Stress, Training und Ernährung unter einen Hut zu bringen.

Wer sich nun bereits Gedanken über die Produkte macht, die auf dem Teller landen, sollte sich auch die Zeit nehmen, diese meist teureren, qualitativ hochwertigen Lebensmittel zu genießen. Und damit kommen wir zurück zu den Genussmitteln vergangener Jahrzehnte. Sie sind zum Normalen gereift und gewöhnliche Grundnahrungsmittel sind zu Genussmitteln mutiert. Preislich dem Produktionsaufwand oder dem Trend geschuldet.

Eine reife Sommertomate vom Bauern um die Ecke mit etwas Salz und Pfeffer und feinem Olivenöl kann eine Geschmacksexplosion am Gaumen hervorrufen. Eine Scheibe geröstetes Sauerteigbrot dazu und du fühlst dich wie in der Toskana. Und jetzt kommt das, worauf Freizeit- im gleichen Maße wie Profisportler Wert legen sollten.

Die Essgeschwindigkeit ist entscheidend, ob ich diesen Genuss überhaupt wahrnehme. Warum sollte ich? Gesundheitsbewusstsein und körperliche Belastbarkeit durch Wohlbefinden heißt die Formel. Mit der Nahrung können wir Muskelaufbau, Konzentrationsfähigkeit, Ausdauer und ja, sogar Sex steuern. Studien, unter anderem von Kuno Hottenrott, belegen, dass durch zielgerichtete Ernährung unsere Bestform wesentlich gesteigert werden kann.

Den Verpflegungsprozess angenehm zu gestalten, bedeutet, den optischen, olfaktorischen und gustatorischen Reizen volle Beachtung zu schenken. Verloren gegangene Körpergefühle, auch Hunger und Sättigung, nehmen wir nur wahr, wenn wir uns mit voller Aufmerksamkeit dem Essen widmen.

Ablenkung und weniger exakte Wahrnehmung der Speisen hat aber auch noch andere Auswirkungen. So wird schnell mal nachgesalzen, obwohl der Geschmack des Gerichts noch nicht einmal im Gehirn angekommen ist. Und noch ein Nebeneffekt resultiert aus vermindertem Interesse am Prozess der Nahrungsaufnahme. Wir verpassen den Punkt, an dem wir uns satt fühlen. Das bedeutet, wir stopfen mehr rein, als unser System benötigt. Und rennen dann wieder Extrakilometer, um den Ballast loszuwerden.

Während eines Etappenlaufs wie beim *Run for Children* sind diese Gedanken nur Wunschvorstellungen. Für eine Woche ist Nahrung auf Kalorienaufnahme reduziert. Im Bericht aus der Atacama habe ich das Thema Versorgung bei einem solchen Event bereits erläutert. Das ist eine kurze Phase außergewöhnlicher Belastung, die wir durch angebrachte Vorbereitung im Training bereits simulieren müssen.

Das ungewohnte, gefriergetrocknete Zeug sollte im Vorfeld ausgiebig getestet werden. Es gibt für mich bei einer Ultradistanz nur zwei Killer, die das Erlebnis beeinträchtigen oder das Erreichen der Ziellinie unmöglich machen können. Das sind Probleme am Verdauungssystem oder an den Füßen. Aufgescheuerte, von Blasen übersäte Füße rücken das Ergebnis ebenso in weite Ferne wie ein verkorkster Magen. Zeltkollegen bei zurückliegenden Läufen mussten damit frühzeitig aufgeben, da die Energiezufuhr nicht mehr gegeben war.

Und was kommt nach der Ziellinie? Es gibt Läufer, die träumen von überdimensionierten Steaks und Hamburgern als Belohnung für den Verzicht und die Anstrengungen im Wettkampf. Ich halte es da ganz simpel. Eine Gemüsesuppe ist das Leckerste, was ich mir vorstellen kann.

Ganz ehrlich, wo gibt es noch dieses schmackhafte, reichhaltige, bunte Durcheinander mit allem, was der Garten so hergibt? Perfekt gegart mit bissfesten, mundgerechten Stücken aus Wurzel-, Sprossen- und Blattgemüsen. Ein Meisterwerk, das man sich zu Hause schon selbst zubereiten muss. Davon lohnt es sich, eine ganze Woche zu träumen. Nicht zu verwechseln mit den Cremesuppen, die oft einen Querschnitt durch das Kühlhaus gutbürgerlicher Restaurants widerspiegeln.

Einmal war es anders. Beim „Marathon des Sables" erschien mir auf der längsten Etappe wie eine Fata Morgana das Bild von Schweinebraten mit Knödeln und Sauerkraut. Das esse ich sonst das ganze Jahr hindurch nicht. Ich habe mich der Verlockung hingegeben. Während des Laufs bereits in Form von Gedanken an die ausgeprägten Geschmäcker eines Klassikers der deutschen Küche.

Die Kilometer verflogen nach jedem Bissen nur so. Und nach der Rückkehr dann in Realität. Direkt nach Erreichen der Ziellinie in der Wüste Marokkos war es schwierig, das traditionelle Sonntagsgericht aufzutreiben. Umso größer war die Befriedigung zu Hause. Manchmal muss man sich diesen Gelüsten hingeben. Dagegen anzugehen, ist sinnlos.

ULTRALÄUFER SIND DIE BESSEREN ESSER

Ich laufe so viel, damit ich ein genussreiches Leben führen kann. Ja, im Ernst, der Körper verzeiht kleine Sünden leichter, wenn die Brennstoffzellen stets auf Nachschub warten. Grundsätzlich ist dafür gesundes Futter zu empfehlen. Ausschweifungen gehören aber auch zum Leben. Immer nur seriös wäre ja langweilig. Es muss ja nicht gleich wie im Filmklassiker *Das große Fressen* enden.

Kommen wir noch einmal zurück zu den trendigen Superfoods, die in den vergangenen Jahren den Weg über Nahrungsergänzungsmittelanbieter bis in unsere Supermarktregale gefunden haben. Lebensmittel, die sich bei den Inhaltsstoffen stark von herkömmlichen Lebensmitteln unterscheiden, werden für Werbezwecke als Superfood bezeichnet.

Chiasamen, Chlorellaalgen, Gojibeeren, Moringa oder Amaranth. Gesundheitsbewusste haben die exotischen Wundermittel längst in ihren Speiseplan integriert. Ich habe sie alle probiert. Was sie wirklich können, ist aber oft nicht wissenschaftlich belegt. Von den wertvollen Nährstoffen, die gegen Krankheiten helfen, Anti-Aging-Wunder bewirken und beim Aufbau der Leistungsfähigkeit unterstützen sollen, bleibt nach starker Verarbeitung zum Haltbarmachen nicht mehr viel übrig.

In den Anbauländern rund um den Globus werden für optimale Ernten Pflanzenschutzmittel eingesetzt, die in Europa nicht mehr zugelassen sind. Bedenklich ist auch die schlechte CO_2-Bilanz aufgrund langer Transportwege. Und doch gibt es sie, die Superfoods, deren Verzehr sich lohnt.

Die besten Beispiele für nährstoffreiche geballte Power in Lebensmitteln finden wir vor der Haustür. Idealerweise biologisch angebaut und fair gehandelt. Viele unserer heimischen Früchte, Gemüse, Nüsse und Kräuter nehmen wir nicht als Superfood wahr.

Brokkoli und Petersilie sind für die Werbeindustrie nicht so interessant wie Matchatee. Sie stehen ihren weit gereisten Varianten bei den Inhaltsstoffen aber in nichts nach. So kann Leinsamen in Sachen Protein, Ballaststoffe und Omega-3-Fettsäuren locker mit Chiasamen mithalten. Lokale Heidelbeeren sind dank ihres Gehalts an Vitamin C und E, Eisen und Antioxidantien mit der feinherben Aroniabeere vergleichbar. Quinoa weist kaum Vorteile gegenüber Hirse und Buchweizen auf. Und günstiger sind hiesige Varianten noch dazu.

Wie bei unserer gesamten Ernährung gilt auch bei diesen Powerprodukten: abwechslungsreich und sinnvoll in den Speiseplan integrieren, regional und saisonal an den Einkauf herangehen und so natürlich wie möglich verarbeiten. Eine schnelle Pizza kann nach dem Backen mit frischem Rucola, Tomaten und Basilikum aufgewertet werden. Kürbiskernöl verfeinert die Gemüsesuppe umso mehr. Und geröstete Sonnenblumenkerne geben jedem Salat den nötigen Biss.

Für Sportler gibt es da auf den Feldern des Bauern in der Nachbarschaft noch einiges mehr zu entdecken. Nehmen wir mal die Rote Beete. Sie ist so ein absolut unterbewertetes Gemüse. Anspruchslos und unscheinbar ist sie das ganze Jahr über als Frischprodukt erhältlich. Nicht sexy genug, um mit ihr aktiv Werbung zu betreiben. Und zu wenige Verkaufsmargen pro Kilo Powerknolle. Sie dümpelt vor sich hin und wartet darauf, von Sportlern wiederentdeckt zu werden.

Ein hoher Anteil an Kalzium, Kalium, Magnesium, Folsäure, Eisen und Vitamin C macht so manches Zusatzpräparat in Pulver- oder Tablettenform unnötig. Bei Eisenmangel ebenso nützlich wie beim Aufbau neuer Zellen. Sie wirkt entgiftend, blutdrucksenkend. Außerdem wird ihr eine stimmungsaufhellende Wirkung bescheinigt.

Sportler sollten die Knolle regelmäßig in die Mahlzeiten integrieren. Das enthaltene Betain stimuliert die Leber und Gallenblase bei ihrer Arbeit. Dadurch wird die Toxinausscheidung angekurbelt und die Verdauung angeregt. Zusammen mit Folsäure, die ebenfalls in Roter Beete vorkommt, verhindert Betain die Zellschädigung im Körper.

Der hohe Nitratgehalt der erdenen Rübe sorgt für eine Leistungssteigerung in den Muskeln. In Studien, wie in einer von Prof. Andrew Jones von der Univercity Exeter, konnte nachgewiesen werden, dass die Mitochondrien bei erhöhter Nitratzufuhr effizienter arbeiten. Als Resultat steht mehr Energie bei gleicher Sauerstoffzufuhr bereit. Gute Nachrichten für uns Läufer.

Einige der genannten Inhaltsstoffe sind hitzeempfindlich. Daher empfiehlt es sich, die Rote Beete roh zu sich zu nehmen. Und wenn bio, gern auch die Blätter, in denen die Power gebündelt vorkommt. Nicht zu unterschlagen ist der Reiz der kräftigen Farbe für unser Auge. Denn das Auge isst ja bekanntlich mit.

Bereits beim Anblick von ästhetischen Speisen beeinflusst ein Reiz unseren Speichelfluss. Und damit beginnt die Nahrungsaufnahme an Fahrt aufzunehmen.

Jetzt ist es aber genug der Liebeserklärung an die rote Wurzelknolle. Ich könnte genauso gut über andere, für uns alltägliche Lebensmittel seitenweise schreiben. Kartoffeln, Spinat, Karotte, Ingwer, Apfel, Walnuss oder Gartenkräuter dienen nur als ein Beispiel für lokale Power aus der Region. Die echten Superfoods, die uns in Training und Wettkampf weiterbringen, wachsen gerade um die Ecke.

Bei Wettkämpfen bin ich jeweils überrascht, was für unseren Magen so alles bekömmlich ist. Oft als sensibles Gebilde dargestellt, verträgt er mehr, als wir denken. In Afrika wurden bei einem Ultramarathon blau gekochte Eier angeboten. Mit Zweifeln habe ich eines gegessen und bin dann weitergerannt.

Wisst ihr, was passiert ist? Nichts. Also nichts Negatives. Die Nährstoffe wurden bestens verwertet, bei gleichzeitig geringer Belastung des Verdauungssystems wird hochwertiges Eiweiß mit hervorragender biologischer Wertigkeit bereitgestellt. Keine Blähungen. Gute Bekömmlichkeit. Nierenschonend.

Im Himalaja ist auf 5.000 Metern über dem Meeresspiegel eine wärmende Knoblauchsuppe Teil der Wettkampfverpflegung. Dankend habe ich abgelehnt. Auf Drängen der Helfer am Verpflegungspunkt nahm ich widerwillig doch eine Schale der dampfenden klaren Brühe an.

Auch hier die Überraschung. Absolut bekömmlich und fast schon eine sinneserweiternde Wirkung kann ich der Suppe bescheinigen. Die feuernde Schärfe des Knoblauchs löst ein wolliges Gefühl im Körper aus. Ein positives Empfinden. Und das braucht man doch bei unendlich scheinenden Läufen ebenso wie gute Nahrung. Ein koffeinhaltiges Gel hätte niemals den gleichen Effekt.

Manche Veranstalter bieten Bier an den Verpflegungsstellen an. Alkoholfreies, manchmal auch die beschwipste Version. Sport soll doch gesund sein. Was hat das mit Bier zu tun? Das Gesundheitsbewusstsein der Konsumenten ist gestiegen. Oft ist auch beim alkoholfreien Bier die Rede von Superfood.

Sportler schwören auf die isotonische Wirkung des gelben Gerstensafts. Die Liste der Vorzüge ist aber noch viel länger. Die Grundbestandteile Wasser, Hopfen, Malz und Hefe sind voll mit wertvollen Mineralstoffen wie Magnesium, Kalium und Vitamin B_{12}, die sich positiv auf die Muskelfunktionen auswirken. Der Hopfen wirkt verdauungsfördernd und unterstützt den Magen-Darm-Trakt. Sekundäre Pflanzenstoffe, wie Polyphenole, weisen entzündungshemmende Merkmale auf und beeinflussen das Herz-Kreislauf-System und das Immunsystem positiv.

Die alkoholfreie Version sollte gegenüber den alkoholischen nach dem Training und im Wettkampf auf jeden Fall den Vorzug erhalten. Alkoholabbauprozesse belasten den Körper und insbesondere die Leber. Aber auch ein Bier mit Alkohol kann auf überlangen Distanzen die Stimmung heben und zu ungeahnten Willensleistungen anregen. Aus einem Selbsttest kann ich das sehr wohl bestätigen.

Beim „Comrades-Marathon" in Südafrika wurde mir von den Zuschauern am Streckenrand eine Dose edlen Hopfensafts gereicht. Den enthaltenen Alkohol habe ich nach absolvierten 60 Kilometern nicht gespürt. Das Getränk hat mich aber für den Rest der Strecke, weitere 32 Kilometer, beflügelt.

In Hongkong werden beim „HK 100 Ultratrail" Würfel aus gekochtem Klebreis mit Salz oder süßen Toppings wie Erdnussbutter den Läufern gereicht. Oder die japanischen Onigiri, saftige Reisbällchen, umhüllt mit Seealgen. Beides glutenfrei, bekömmlich, mit reichlich Kalorien.

Beim Rennsteiglauf, dem deutschen Traditionsevent in Thüringens Mittelgebirge, kann man sich mit klassischen Fettbemmen stärken. Kräftiges Mischbrot mit Schweineschmalz und Salz. Auch das geht auf langen Distanzen. Alles Geschmackssache. Manchmal untypisch mit fragwürdigem Effekt zur schnellen Energiebereitstellung. Dafür aber saulecker.

Wichtig ist es, seinem Körper zu vertrauen und diese natürlichen Verpflegungsformen anzunehmen. Nicht nur bei Reisen, auch bei den Sportevents bin ich gern offen für die lokalen Gewohnheiten. Neugier auf Ungewohntes. Und experimentierfreudig. Gibt Energie. Im Zweifelsfalle für den Kopf.

Als Vorbereitung für den *Run for Children* stand eher der Test verschiedenster Trockennahrung auf dem Programm. Man kann sich streiten, ob sich mein Ansatz zu Genuss bei Ernährung mit dem Tütenessen deckt. Zum Glück ist es ja nur für die begrenzte Dauer einer Wettkampfwoche. Nährwerte stehen im Vordergrund.

Wenn immer möglich, ergänze ich bei den Läufen mit allem Essbaren, was am Wegesrand zu finden ist. Bei den Etappenläufen durch Wüsten oder Dschungel, bei denen keine Unterstützung von außen erlaubt ist, ist das Angebot da eher gering bis gegen null.

Beeren und Nüsse sind eine delikate Ergänzung, auch Orangen oder Feigen bereichern den Gourmetfaktor. Die verlorene Zeit für diese Verpflegungsstopps ist zweitrangig. Da hat die Befriedigung des Gaumens Vorrang.

Ich bin überzeugt, dass sich die Jäger und Sammler in der Frühzeit auch lieber mit reifen roten Beeren versorgt haben als mit den grünen, sauren. Sogar die alten Römer haben bereits dekadent ausschweifende Fress- und Saufgelage zelebriert.

Im Grunde genommen laufen in unserem Gehirn aber ständig Prozesse ab, die ein Überleben sichern wollen. Und dieser Urinstinkt bringt uns bei prall gefüllten Supermarktregalen in ein Dilemma. Wir laufen nicht mehr um des Laufens willen. Im Januar soll der Weihnachtsspeck runter. Im Frühjahr arbeiten wir an der Bikinifigur.

Auf der Suche nach dem Partner fürs Leben wollen wir mit dem perfekten Körper punkten. Ist er dann gefunden, können wir uns endlich wieder gehen lassen und gemeinsam den Verlockungen des Alltags frönen. Dabei ist weniger im Leben mehr. Auch bei der Ernährung. Schauen wir uns einmal die Speisepläne bedeutender Läufergruppen der Neuzeit an.

Kenianische Läuferinnen und Läufer dominieren momentan die Wettkämpfe rund um den Globus bis hin zur Marathondistanz. Warum das so ist, darüber gibt es verschiedene Theorien. Schaut man sich ihre Ernährung an, stößt man auf eine einfache Küche mit viel frischem Gemüse und Früchten.

Die Mahlzeiten werden aber durch eine Speise bestimmt, die in Kenia bereits als Nationalgericht gilt. Ugali, ein fester Brei aus Maismehl, Wasser und Salz. Geschmacksneutral und gut kombinierbar mit Gemüse, Fleisch und Fisch. Aber auch süß mit Zucker und Zimt sättigt er.

Der kohlenhydratreiche Energielieferant darf vor dem Wettkampf auf keinen Fall fehlen. Die Läufer sehen das simple Gericht als Wundermittel und Rezept für ihre Erfolge. Es kommt aber noch etwas hinzu. Die einfache Lebensform der meisten Bevölkerungsschichten in Kenia aufgrund fehlender materieller Mittel führt dazu, dass derjenige, der eigenen Grund und Boden hat, Landwirtschaft betreibt.

Fast Food und Convenienceprodukte sind nicht erschwinglich. Zwangsläufig kommen frische Gemüse und Früchte aus dem eigenen Garten auf den Tisch. Und diese Ernährung bestimmt ihr Leben. Dauerhaft. Ernährungsbedingte Fehler aus dem Training lassen sich im Wettkampf nicht mehr korrigieren.

Es wäre wohl zu einfach, die Leistungen der kenianischen Dauerläufer allein an der Ernährung festzumachen. Viele kleine Bausteine führen zum Erfolg. Es macht auch wenig Sinn, die Methoden der Kenianer zu kopieren. Es schadet aber nicht, von den Besten zu lernen.

Ein weiteres Laufvolk sind die Tarahumara in den Copper Canyons Mexikos. Eines der letzten Urvölker, die ihre Nahrung noch zu Tode jagen. Sie selbst bezeichnen sich als *Raramuri*, als „die, die schnell laufen“ oder einfach „Läufer“. 300 oder 400 Kilometer weite Strecken zu absolvieren, stellt für sie kein Problem dar.

Spätestens seit Christopher McDougall sich in seinem Buch *Born to Run* der indigenen Ethnie widmete, sind sie auf dem Radar der Laufbegeisterten in der ganzen Welt. Wie aber können sie ihren Körper über so lange Strecken bei Laune halten? Iskiate, in Wasser aufgequollener Chiasamen mit Limettensaft und etwas Zucker und Pinole, ein Brei aus geröstetem, gemahlenem Mais und Wasser liefern die notwendige Energie. Kein Gel, kein Riegel aus der Maschinerie der Sportnahrungsmittelindustrie.

Stattdessen wird die Sporternährung ergänzt mit Batari, einem leichten, etwa dreiprozentigen Maisbier, das ein wichtiger Bestandteil der Ernährung und sozialkulturelle Komponente der Tarahumara-Gesellschaft ist. Bohnen, Kartoffeln und Mais gehören zu weiteren Hauptbestandteilen ihres Speiseplans. Fleisch ebenso, wenn auch nur in geringen Mengen.

Obst spielt bei ihrer Ernährung keine große Rolle, auch wenn es in den Canyons angebaut wird. Die Grundernährung ist also eher einfach strukturiert. Geschuldet auch der schlichten Lebensart. Bildung und Nahrung sind bei den Tarahumara oft Mangelware.

Das treibt die jüngere Generation an die Startlinien der Ultraläufe auf der ganzen Welt. Mit Erfolg. Lorena Ramirez und ihr Bruder Mario vertreten ihre Familie bei Wettkämpfen, um Aufmerksamkeit für ihr Volk zu erzielen. Mit gewonnenen Preisgeldern unterstützen sie ihre Community. Schüchtern und bescheiden, nicht die lauten Marketingstrategen. Sympathisch.

Wir können nun den Tarahumara nacheifern und uns die unzähligen Rezepturen für Pinole und Iskiate aus dem World Wide Web zu eigen machen. Laufen wie die schnellen Sandalenflitzer werden wir trotzdem nicht. Dafür sind wir in unseren Kulturkreisen zu weit weg vom Ursprung. Unsere westlichen Lebensgewohnheiten verderben uns. Und wir sind nicht bereit, unseren über Jahrhunderte gewonnenen Komfort herzugeben. Auch nicht bei der Ernährung. Obwohl sich diese nicht unbedingt zugunsten unseres Wohlbefindens verändert.

In Nepal sind die wahren Läufer heimisch. Oder besser gesagt nicht zu stoppende Fußgänger. Uninteressant, ob in der quirligen Hauptstadt Kathmandu, in den Bergen um den Annapurna oder am Everest. Kaum jemand, der nicht irgendetwas fußläufig transportiert. Ob jung, alt, Mann, Frau oder Kind, kein Weg wird leer gegangen. Das wäre Energieverschwendung.

Freiwillig wie wir aus Vergnügen durch die Berge zu rennen, kommt nur den wenigsten in den Sinn. Mira Rai ist das große Vorbild für die nachstrebenden Läufer. Für die normale Bevölkerung ist Bewegung Teil des Lebens. Und das wird nicht hinterfragt.

In den abgelegenen Gegenden des Himalajas sind Fahrzeuge Fehlanzeige. Zum Transport werden Pferde, Yaks oder Mulis verwendet. Oder eben der Mensch selbst absolviert weite Strecken mit 30 bis 50 Kilogramm schweren Lasten auf dem Rücken. Oft tagelang sind sie unterwegs. In Höhen, in denen uns ohne Zusatzgewicht bereits schwindlig wird.

Wie aber sieht die Ernährung bei dieser körperlichen Anstrengung aus? Dal Bhat heißt das Erfolgsrezept des Nepali. Einfach ausgedrückt, ist es eine nahrhafte und sättigende Linsensuppe mit Reis. Dazu werden schmackhafte Gemüse, kräftig gewürzt, je nach Verfügbarkeit und Region, serviert.

Luxusvarianten mit Huhn oder Büffelfleisch gibt es oft an den touristischen Orten. Ansonsten ergänzen saure Pickles und Naturjoghurt das ganzheitliche nepalesische Nationalgericht. Naanbrot und Papadam liegen zum Aufsaugen der Saucen am Tellerrand bereit. Gegessen wird mit der Hand. Und das Beste daran: Man kann nachbestellen, so viel man möchte. Perfekte Verpflegung an fordernden Tagen.

Einheimische ziehen das Gericht westlichen Angeboten wie Pizza oder Pasta gern vor. Gegessen wird es zu jeder Mahlzeit. Es wird aufgrund seiner unterschiedlichen Grundprodukte nie langweilig. Nicht umsonst sind Nepali stolz auf ihren Spruch: Dal Bhat Power - 24 Hours!

Als große Läufernation ist Japan bekannt. Und dort gibt es eine besondere Tradition. Gyōja - die Marathonmönche. Lange bevor der Begriff Marathon um die Welt geisterte, legten die Mitglieder des buddhistischen Tendai-Ordens weite Strecken zu Fuß zurück. Die bekannteste dieser Ausdauerübungen ist das Kaihogyo.

Bei der angestrebten höchsten Form wird während sieben Jahren in Blöcken zu 100 Tagen eine Gesamtstrecke von etwa 40.000

Kilometern absolviert. Einmal um die Erde. Pro Tag zwischen 30 und 84 Kilometer. Dazu kommen weitere Übungen wie klassische Meditation, langes Gehen in der Natur, das Erlernen einer speziellen Atemtechnik und eine neuntägige Fastenzeit, in der weder gegessen, geschlafen noch getrunken wird. Selbst das Hinsetzen ist in dieser Zeit nicht erlaubt. Auch Wasser darf nicht getrunken werden. Einzig die Lippen werden ab und an von außen befeuchtet.

Das Ziel dieser Laufaskese ist Erleuchtung. Das Training ist unerbittlich, das Pensum unvorstellbar und die Bedingungen kompromisslos. Selbst bei Krankheit oder Verletzung darf der Laufblock nicht unterbrochen werden. Es verwundert nicht, dass seit Einführung des Rituals im neunten Jahrhundert nur etwa 50 Mönche die Gesamtdistanz zurücklegen konnten.

Die japanischen Mönche ernähren sich nach buddhistischer Tradition vegetarisch. Die Art der Küche nennt sich Shojin Ryori. Der Verzicht auf Fleisch hindert sie nicht daran, die Speisen, unter Berücksichtigung der Jahreszeiten und der lokalen Gegebenheiten, optisch ansprechend zu präsentieren.

Die Gerichte sind reich an Zutaten und Aromen. Jegliche Verschwendung wird vermieden. Blätter oder Schalen der Gemüse werden z. B. für Bouillons verwendet. Beliebte Speisen wie Tempura und Tofugerichte sind auch aus unseren westlichen Küchen nicht mehr wegzudenken. Shojin Ryori verinnerlicht durch eine perfekte Kombination die Harmonie mit der Natur und den ausgewählten Zutaten.

Beim Essen können wir als Läufer und als Menschen von den Völkern und Mitmenschen lernen, denen weniger zur Verfügung steht. Ärmere im materialistischen Sinne. In ihrem Gesundheitsmanagement sind sie uns manchmal weit voraus. Auch wenn unser westlicher Einfluss ihr Leben verändert, ist weniger oft mehr. Back to Basics. Daran können wir uns als Läufer orientieren. Die besten Schuhe sind die schlechtesten. Moderne Gadgets sind überflüssig beim Laufen. Und im Labor perfektionierte Nahrung ist nicht gut für unseren fragilen Apparat Mensch.

In einem Selbstversuch habe ich mich dem anderen Extrem hingegeben und bewusst für einen begrenzten Zeitraum auf Nahrung verzichtet. Nicht so ausdauernd wie die Tendai-Mönche. Für mich jedoch erstaunlich, was ich dabei über meinen Körper und seine Belastbarkeit erfahren habe. Vielleicht sollte ich eher von Entlastung reden.

Heilfasten mit Wasser zählt zu den Königsdisziplinen bei den Fastenkuren. Es soll den Körper entgiften und fit machen. Diese These ist medizinisch nicht belegt. Der Körper scheidet täglich aus, was er nicht verwerten kann. Aber einen Versuch ist es allemal wert. Als experimentierfreudiger Mensch wähle ich fünf Tage während einer Trainingspause, um dem Körper diese Art Reset zu verpassen. „Water only" ist die Devise.

Die letzten Tage als voller Mensch habe ich normal verbracht und gegessen. In Ratgebern ist von Vorbereitung auf das Fasten die Rede. Ich werde im normalen Alltag fasten. Das ist ein Unterschied zu Fastenkuren, die in entspannter Atmosphäre und gegebenenfalls unter ärztlicher Beobachtung stattfinden. An einem Dienstagabend wird das Bier mit einem Kollegen die letzte Form von Nährstoffen sein, die ich meinem Körper zur Verfügung stelle.

Einstiegsgewicht ist 78,4 Kilogramm, meine Ruhe-HF liegt bei 41 Schlägen pro Minute. An dieser Stelle muss ich ganz deutlich darauf hinweisen, dass die nächsten Tage NICHT der Gewichtsreduktion dienen sollen. Es ist ein rein mentales Experiment. Vorbereitung auf weitere strapaziöse Aufgaben, die der Körper in naher Zukunft bewältigen wird.

Ich bin zu Beginn der enthaltsamen Zeit gesund. Der Alltag wird nebenher normal weiterlaufen. Zwei Tage sind mit körperlicher Arbeit und zwei mit geistiger gefüllt. Der letzte Tag, Sonntag, ist als Ruhetag gedacht. Sport ist in dieser Phase passé. Bis auf eine kleine Runde mit der Laufgruppe wird in den nächsten Tagen kein aktiver Kilometer dazukommen.

Eine tägliche Mobilisierungs- und Stabilisierungseinheit gehört zum Alltag und soll auch weiterhin den Tag eröffnen. So weit die Planung.

Wie gelingt die Umsetzung? Welche Hürden stehen mir im Wege? Kann ich als Genussmensch meine Psyche überlisten?

Habe ich genügend Reserven an einem nicht gerade fülligen Körper? Was passiert in mir?

Grundsätzlich kann ich nach dem ersten Versuch dieser Art sehr positive Schlüsse ziehen. Ich habe nie daran gezweifelt, das Experiment bis zum Ende durchzustehen. Und ich habe nicht mal nur ansatzweise versucht, Nahrung in irgendeiner Form aufzunehmen. Der Fokus lag darauf, fünf Tage einzig mit Wasser zu verbringen. Und was der Kopf klar definiert, macht der Körper auch mit. Das ist wie bei einer Ultralaufdistanz.

Ich konnte Veränderungen an meinem Körper feststellen. Die Haut ist nach den fünf Tagen reiner, kleine Pölsterchen hier und da sind verschwunden. Allerdings fühlen sich besonders die Beine schwach an. Dazu muss man wissen, dass die Abbauprozesse bei so einer Radikalkur nach wenigen Tagen bereits beginnen. Und das betrifft eben auch die Muskeln. Ich hatte 6,5 Kilogramm an Gewicht verloren.

Wasser habe ich noch besser schätzen gelernt. Geschmacksreichere Getränke benötige ich nicht. Sämtliche zuckerbelasteten Flüssigkeiten, und sei es die geliebte Schoggi-Milch, können gut und gern ersetzt werden. Das ist eine wichtige Erkenntnis, die mich für die Zukunft vermehrt begleitet.

Und das Wassertrinken habe ich von Tag zu Tag zunehmend gelernt. Stilles Wasser ohne Kohlensäure. Kohlensäure enthält CO_2. Ein Abfallprodukt, das unser Körper eigentlich loswerden will. Führe ich noch mehr hinzu, belaste ich Lunge und Nieren zusätzlich. Langweilig, diese Stilles Wasser-Trinker. Aber effizient.

Die nervliche Belastung muss ich klar über die allgemeine Nährstoffsituation stellen. Irgendwelche Bestandteile haben dem Hirn gefehlt. Und ich vermute mal, es sind die üblichen Verdächtigen: Zucker aller Art. Ein gereiztes Verhalten führe ich jedenfalls darauf zurück.

Zusätzlich zeugt die erhöhte Ruheherzfrequenz von um die 50 Schläge davon, dass der Körper in einem gesteigerten Stresszustand war. Dafür sind kleine Wehwehchen verschwunden. Als Beispiel dienen verspannte Schultern in den Wochen vor dem Fasten. Davon spüre ich rein gar nichts mehr.

Ruhezeiten sind während des Fastens sehr wichtig. Mein Körper hat nach langen Schlafphasen gelechzt. Besser wäre es, sich eine kurze Auszeit nehmen. Es als Kur betrachten. So, wie es auch ursprünglich gedacht ist. Und die soziale Komponente ist das eher Schwierige am Fasten im Alltag. Ich liebe Essen und das in Gemeinschaft. Mit einem Glas Wasser am gedeckten Tisch zu sitzen, macht den Spielverderber aus dir. Aber auch hier sind Wille und Disziplin gefragt. Und fünf Tage ist ja keine Ewigkeit!

So oder so hatte das Fasten aber eine sehr positive Wirkung. Ich bin wieder wachgerüttelt. Mein Kopf ist frei und klar. Ich spüre neue Energien wachsen und fühlte mich leicht, unbelastet. Und ich werde versuchen, auf den Körper künftig noch besser Obacht zu geben. Er hat es verdient. Und es tut ihm gut.

Das Thema Ernährung beschäftigt uns also weit über den Sport hinaus. Und es sollte genau wie die Bereitschaft zur Bewegung Lebenseinstellung sein. Trends sind gut für eine abwechslungsreiche Verpflegung. Sie bestimmen aber nicht den Speiseplan.

In Vorbereitung des *Run for Children* habe ich mich sehr intensiv mit dem Thema beschäftigt. Es ist wichtig, von fremden Kulturen zu lernen und jeder für sich individuell das Passende herauszufiltern. Um diese Erfahrungen zu machen, müssen wir in die Welt hinaus. Bereit sein für Neues. Alles Wissen in uns aufsaugen. Kein Kochbuch oder Ernährungsratgeber kann unseren Horizont vergleichbar erweitern wie eine Reise. Und es gibt keine bessere Verbindung als Sport, Reisen und Essen.

Station 4/7

„THE LAST DESERT“, ANTARKTIS

„The Last Desert" ist ein Laufwettkampf der besonderen Art. Beim ultimativen Härtetest müssen 250 Kilometer im Eis und Schnee der Antarktis, der kältesten Wüste unseres Planeten, zurückgelegt werden. Während fünf Etappen sind die Läufer bis zu 10 Stunden pro Tag bei wechselnden Witterungsverhältnissen im Schnee unterwegs.

An unterschiedlichen Standorten geht es in atemberaubender, lebensfeindlicher Landschaft auf kurzen Rundkursen ständig auf und ab. Pinguine als ständige Begleiter. Gelaufen wird so lange, bis der Erste die Marke von 250 Kilometern erreicht hat. Es ist der Jahresabschluss der „4Deserts"-Serie, vier Wüstenläufe in den abgelegensten Gegenden der Welt. Die Rennen zählen laut *TIME Magazin* zu den härtesten Ausdauerwettkämpfen weltweit.

Als Roald Amundsen und Robert Falcon Scott 1911 ihren Wettlauf um die Südpoleroberung austrugen, ahnte noch niemand, dass es eine Horde Irrer etwas mehr als 100 Jahre später für einen Ultralauf ebenso in die Antarktis zieht. Die Pioniere unter den Polforschern hatten einen 1.300 Kilometer langen Weg vor sich. Nach knapp zwei Monaten, am 14. Dezember 1911, erreichte Amundsen mit seinem Expeditionsteam als Erster den südlichsten Punkt der Erde.

Die 49 Starter des Racing the Planet Events „The Last Desert" laufen ihre 250 Kilometer an lediglich vier Tagen. Das löst bei Couch-Potatoes bereits Schwindelgefühl und Atemnot aus.

Die Anreise in die Antarktis ist fast das größere Erlebnis, als der Wettlauf an sich. Internationaler Flug nach Buenos Aires/Argentinien, ein weiterer Inlandsflug nach Ushuaia. Die auf Feuerland gelegene, ehemals für ein Gefängnis errichtete Stadt ist der Ausgangspunkt für eine dreitägige Schiffstour durch die berüchtigte Drake-Passage.

Ich mag diese Orte, an denen du das Entdeckergen auch Jahrhunderte nach der Besiedlung noch spüren kannst. Wilde, eigentlich abgeschiedene, öde Gegenden.

Umtriebig mit lebhaftem Hafen und herumstreunenden Abenteuertouristen, hat die südlichste Stadt der Welt irgendwie Charme. Bekannt ist Ushuaia auch als Ziel der „Panamericana", der 30.000 Kilometer langen Nord-Süd-Verbindung Amerikas von Alaska nach Feuerland. Und für sein Postamt „am Ende der Welt". Die zu Hause Gebliebenen erhalten nicht alle Tage eine Postkarte mit dem Stempel „Fin del Mundo". Tourikram. Muss auch mal sein.

Im Hafen wartet bereits die MV „Plancius" auf uns. Schnell wird klar, dies werden keine Badeferien auf einem Luxusliner. Hier am Zusammenfluss von pazifischem, atlantischem und antarktischem Meer tobt die See. Das raue Klima forderte seinen Tribut. Etwa 800 Schiffswracks liegen am Kap Horn auf dem Meeresgrund.

Vier Tage lang sind wir unterwegs in Richtung südliche Shetlandinseln zum nördlichen Zipfel des kalten Kontinents. Geschlafen und gegessen wird an Bord des Schiffs. Die Betten sind mit Holzplanken gegen Rausrollen gesichert. Ausgerichtet entweder in Fahrtrichtung oder 90 Grad entgegengesetzt.

In Fahrtrichtung haut es dich bei jeder Welle mit voller Wucht von einer Bettseite auf die andere. Und damit von einer Holzschranke zur anderen. Blaue Flecken garantiert. Im rechten Winkel dazu schläft es sich allerdings auch nicht besser. Der Kahn ist ständig in seitlicher Bewegung. Während des Wechsels von Backbord auf Steuerbord verharrt die Dynamik. Das Blut schießt in den Kopf. Beim nächsten Wellengang dann entgegengesetzt in die Füße. Sehr gewöhnungsbedürftig. Nicht alle kommen damit zurecht.

Wir Läufer, aber auch die Besatzung des Motorschiffs, sind gleichermaßen von der Seekrankheit betroffen. Hoher Seegang von sich bis zu 10 Meter auftürmenden Monsterwellen fesselt uns oft stundenlang in den Kabinen. Beim heftigen Schaukeln des ehemaligen Militärschiffs laufen Wetten unter den Teilnehmern, ob das Wasser bei der nächsten Drift das Bullauge der Kajüte erreicht.

Und tatsächlich, einmal gelingt es. Was für die einen Spaß, ist für andere die Hölle. Übelkeit, Schwindel, Appetitlosigkeit und Kopfschmerzen sind die Folge. Nicht gerade die besten Voraussetzungen für einen Extremlauf an den nachfolgenden Tagen.

Die Antarktis ist kein Staat und daher weder politisch noch geografisch zu einem zugehörig. Es gibt ein Abkommen zwischen den forschenden Ländern, die ihre Basis hier haben, keine Waffen zu stationieren oder zu testen. Bei der Einreise wird kein Pass gestempelt. Es gibt keine zentrale Verwaltung. Als Zeitzone wird die des am nächsten gelegenen Festlands verwendet. In diesem Fall argentinische Zeit, vier Stunden hinter der MEZ.

Die Sonne geht ähnlich dem nördlichen Mittsommer im Dezember und Januar nicht wirklich unter. Das Expeditionsschiff dient als Basis für die kommenden Tage. Täglich an einem anderen Standort, werden wir mit Schlauchbooten an die Küste transportiert. Laufrucksack mit Pflichtequipment, eine wasserdichte Tasche mit Extrakleidung sowie ein Schlafsack für Notfälle und die persönliche Verpflegungs-Tupperware sind als Standardausrüstung immer dabei.

Gelaufen wird in Runden. Morgens nach Ankunft auf der nördlichsten Spitze der antarktischen Halbinsel sprangen ein paar Pinguine am Strand herum. Steinstrand. Freiwillig will hier niemand ins Wasser. Ein Seelöwe tauchte irgendwann auf der Laufstrecke auf. Sehr imposant sind die Ausmaße der Eismassen. Hohe Berge, Täler, Hochflächen. Meist schnee- und eisbedeckt, teils erden.

Die Flora, größtenteils Mikroorganismen und die Fauna, entwickeln sich absolut natürlich. Jagen ist verboten. Friedlich hier. Nur das Klima schränkt das Ganze ein. Auf dem antarktischen Festland wurden die kältesten Temperaturen ever gemessen. Minus 98 Grad. Da läuft nicht mehr viel.

Der Startort der ersten Etappe auf King George Island bietet sich aufgrund der Infrastruktur für einen langen Tag an. Von der russischen Antarktisstation verläuft die Wendepunktschleife über insgesamt sieben Kilometer bis zur Station von Uruguay. Dort erwartet uns aus dröhnenden Lautsprechern motivierende 1980er-Jahre-Musik.

Zurück zum Ausgangspunkt geht es über eine zweite Schleife vorbei an der chinesischen Station. Baracken, Antennen, Satelliten und technisches Material stehen in den Camps herum. Was genau geforscht wird, erfahren wir nicht. Zugang ist nicht erlaubt. Einzig die kleine russisch-orthodoxe Kirche darf besichtigt werden. Nach dem Lauf war mir so kalt, dass ich froh war, meine Socken irgendwie wechseln zu können. Die Sehnsucht nach Wärme war zu groß. Der Besuch der Kirche wird auf den nächsten Urlaub hier verschoben.

Die Vorbereitung und Simulation im Training vor „The Last Desert" ist in europäischen Gefilden eher schwierig. Vor der Abreise Ende November sind keine ausgedehnten Schneeflächen in naher Distanz zu finden. Im losen Schnee laufen, kennen wir ja zur Genüge von unserem Wintertraining. Was soll da auf dem puderzuckerbestäubten Antarktiseis anders sein? Auf die kleinen Radien der Laufstrecke hatte ich mich ja bereits beim 24-Stunden-Lauf eingestimmt.

Nützliche Utensilien wie Schneegamaschen und Eisspikes als Unterstützer für die Laufsohlen sind dabei. Kleidung ist für medium-kalt bis sehr kalt gepackt. Das Zwiebelprinzip ist bis hin zum Michelin-Männchen ausgebaut. Überraschenderweise benötigte ich davon nur das Wenigste. Eine gut windisolierte Hose und zwei bis drei Schichten am Oberkörper mit einer leichten, vor Wind schützenden Winterlaufjacke reichen vollkommen aus.

Die Empfehlung des Veranstalters, Goretex-Schuhen den Vorzug zu geben, prallte an mir ab. Diese oft steifen, wasserdichten Treter sind nichts für lange Distanzen. Die Gefahr, sich Blasen zu laufen, ist einfach zu groß. Und Schnee und Wasser kommen auch von oben hinein. Den Zweck erfüllen sie also nur bedingt.

Stattdessen habe ich mich für einen leichten Sommerschuh mit guten Trocknungseigenschaften und einzigartigem Stollenprofil entschieden. In Verbindung mit wasserdichten Socken stellte sich das als perfekte Kombination heraus. Ein herausragender Grip und das flexible Obermaterial bildeten die optimale Kombination.

Und der Schuh war jeweils am nächsten Morgen bestens durchgetrocknet. Die Gamaschen ebenso wie die Mikrospikes haben im Neuzustand die Heimreise wieder angetreten.

Ist es eintönig, in Runden laufen? Ganz und gar nicht. Die Ausblicke auf die umliegenden Megagletscher, auf das Treibeis in den unterschiedlichsten Blautönen und der Spaß am Überholen der langsameren Laufkameraden lassen die bis zu 10 Stunden dauernden Etappen kurzweilig erscheinen. Temperaturen zwischen minus 10 und plus fünf Grad Celsius stellen keine große Herausforderung dar.

Als moderne Antarktisreisende mit dem letzten Schrei an Systemkleidungsklamotten aus dem Outdoorshop ausgerüstet, kann auch ein Schneesturm den Laufspaß nicht verderben. Einzig der zeitweise starke Wind zehrt an der Substanz.

Unglaublich ist die Stille. Keine Geräusche. Fast null. Gut, ab und an Getose von einem abbrechenden Gletscherstück, das mit aufstiebender Gischt ins Meer saust. Diese Ruhe ist fast schon beängstigend. Wir sind in unserem Alltagsleben permanent von unterschiedlichstem Lärm umgeben. Absolute Stille, also nicht einmal ein Vogelzwitschern, haben wir im Alltag selten. Das Handy bimmelt bei jeder eingehenden Nachricht, Verkehrsmittel dringen bis in die letzten Ecken unserer Zivilisation vor und selbst in der Natur summen uns Bienen oder Mücken um die Ohren.

Hier unten auf dem Südkontinent ist das alles nicht vorhanden. Ein magischer Ort. Fast schon Glück in Perfektion. Laufen in noch vollkommener Natur. Der Zahn der Zeit nagt auch an der Antarktis. Während des Aufenthalts ist von Umweltproblemen und fortschreitender Erderwärmung nichts zu spüren. Ein ganz spezielles Fleckchen Erde, beziehungsweise Eis. Wir fühlen uns gerade wie auf einem fremden Planeten. Und privilegiert, hier unsere Laufschuhe schnüren zu können.

Wer sich die Antarktis flach vorstellt, liegt vollkommen falsch. Schroffe Felsen, schneebedeckte Berge, tiefe Täler und ins Meer ragende Gletscher bestimmen die Landschaft. So kommen bei 60 gelaufenen Kilometern auch schon mal gut 2.000 Höhenmeter zusammen.

Im weichen, knietiefen Schnee beginnt der Tag. Die ersten Läufer spuren den Weg, die hinteren Teilnehmer bekommen den Trail vorgestampft. Es dauert jeweils einige Runden, bis die weiße Masse verdichtet ist. Erst dann ist ein Laufen möglich.

Das macht müde. Es gibt keinen Halt für die Füße. Wenn ein Bein befreit ist, ist das andere bereits versackt. Nervig wird es, wenn nach fünf Stunden Lauf und mit matten Gliedern plötzlich doch wieder der stabil geglaubte, hüftbreite Trampelpfad einbricht. Tiraden in den verschiedensten Sprachen werden dann laut.

Ständige Begleiter auf den Tagesetappen sind herzig anmutende Pinguine. Stets festlich im Frack herausgeputzt, mit stolzschwellender Brust, bilden sie fast schon eine rührselige Kulisse. Warum Pinguine und keine Eisbären in der Antarktis anzutreffen sind, kann bereits jedes Kind im Vorschulalter beantworten. Ich kann es hier nur noch mal bestätigen. Die flugunfähigen Eisvögel sehen ganz putzig aus, geben uns aber auch einige Denkaufgaben.

Ein Vogel, der nicht fliegen kann, watschelt ungeschickt mit der Hüfte wackelnd durch die Reihen der Kolonie seiner Artgenossen. Streng nach Fisch stinkend, als Kälteschutz in ein dickes Kleid aus Fett gehüllt. Sein Gehirn nicht viel größer als das einer Erbse.

Den Traum Kowalskis aus *Die Pinguine aus Madagascar*, ein großes und sehr leistungsfähiges Gehirn zu besitzen, teilen sie nicht wirklich. Stattdessen stehen sie gern im Weg und denken nicht im Geringsten daran, diesen freizugeben.

Ich muss hier mal eine Lanze brechen für die Bewohner in einer der einsamsten Gegenden unseres Planeten. Sie sind ausdauernde Schwimmer und Taucher. Ihre koordinativen Fähigkeiten sind erstaunlich. Nicht nur durch die Weltmeere, auch den Standplatz innerhalb ihrer Kolonie finden sie auch nach längerer Abwesenheit zielsicher wieder. Sie sind sehr familienorientiert und leben ein exemplarisches Teamwork. Vorbildwirkung für uns Menschen in vielerlei Hinsicht.

Strenge Regeln gelten aus Umweltschutzgründen bei der Wettkampfverpflegung während des Laufs. Lebensmittel wie Nüsse,

Samen, Früchte und alles mit Hühnchenfleisch dürfen nicht in die Antarktis gebracht werden. Gels oder Isopulver müssen an Bord des Schiffs bereits mit Wasser gemischt werden. Riegel werden aus der Verpackung in Mehrwegboxen umgepackt. Keine Einwegverpackung, Toilettenpapier, Papiertaschentücher oder ähnlicher potenzieller Abfall darf an Land gebracht werden.

In einem Abkommen haben Tourenanbieter umfassende Abläufe und Richtlinien festgelegt, die sichere und umweltfreundliche Reisen in die Antarktis gewährleisten. Macht auch Sinn, um Kontaminationen zu verhindern. Die Laufschuhe müssen vor Verlassen des Schiffs täglich desinfiziert werden.

Gegessen werden darf nicht auf der Laufstrecke. Dafür ist eine riesige Kunststoffplane bei Start und Ziel ausgelegt. Nur auf dieser darf feste Nahrung aufgenommen werden. Die individuellen Tupperware-Boxen lagern während des Lauftags dort. Zugang gibt es nach jeder Laufrunde.

Nach Essen und Trinken muss man auch mal etwas loswerden. Dafür wird jeden Tag eigens eine Campingtoilette an Land geschleppt. 50 Teilnehmer versuchen mehr oder weniger erfolgreich, die ovale Aussparung zu treffen. Der Wind sorgt für weitläufiges Zerstreuen der Ausscheidung.

Mit schlechtem Gewissen begebe ich mich verrichteter Dinge wieder auf die Laufrunde. Später an Bord des Schiffs einen Biologen darauf angesprochen, beschwichtigt mich dieser, dass es Vogelarten wie bestimmte Möwen oder Albatrosse gibt, die sich für die Beseitigung natürlichen Abfalls verantwortlich sehen. Eine praktische und unkomplizierte Art des Recyclings.

Was denkt man so, während man 10 Stunden Runden dreht? In Erinnerung bleiben unzählige Farbschattierungen des Eises. Experten sprechen von etwa 50 Blau-, Türkis- und Grüntönen. Je nach Lichteinstrahlung, Luftgehalt des Eises und Spurensubstanzen, die aus Wasser oder Luft in das Eis gelangt sind, schimmern die Gletscher und Eisberge in den wundervollsten Verfärbungen.

Die ständig wechselnden Bedingungen lassen kaum Langeweile aufkommen. Unter Wolken wirkt die Eisschicht dunkel, grau, bedrohlich. In der Sonne strahlt das ewige Eis leuchtend türkis und in leichtem Hellblau. Mit jedem zurückgelegten Meter wird mir bewusst, dass ich all dies vermutlich nie wieder erleben werde. Ich sauge die Eindrücke förmlich auf.

Am fünften Tag ist es dann so weit. Der Sieger hat die 250 Kilometer erreicht. Interessantes Format, wenn du morgens noch nicht weißt, wie lang der Tag im dichten Schneetreiben dauern wird. Irgendwann kommt dann von Organisatorenseite mal das alles entscheidende Zeichen. Stopp. Finish. Ende der Veranstaltung.

Wie aus einem Traum gerissen, liegen wir uns glücklich in den Armen. Die vergangenen Tage an Bord des Expeditionsschiffs und die zurückgelegten gemeinsamen Laufkilometer an diesem fantastischen Ort schweißen zusammen. Gemeinsam sind wir durch die Wellen gedriftet und haben auch bei Minusgraden transpirierend Salzkristalle an den Laufklamotten hinterlassen. Freundschaften sind entstanden oder weiter gefestigt.

Der Respekt gegenüber der Leistung der anderen ebenso wie vor der eigenen steht während der Rückreise durch die Drake-Passage, dem Schrecken der Südmeere, im Vordergrund. Ein heraufziehendes Tiefdruckgebiet lässt die Bootstour auch diesmal nur für hartgesottene Achterbahnfans zum Vergnügen werden. Auch das ist unvergesslicher Teil des Erlebnisses Antarktis.

Wer sich auf all die Regeln zum Schutz des kältesten Kontinents einlässt und die auch in der heutigen Zeit noch abenteuerliche Anreise über sich ergehen lässt, erlebt eine unberührte Natur. Die strikten Anweisungen geben uns Hoffnung, dass das auch noch eine Weile so bleibt. Ich empfehle jedem, der die Gelegenheit hat, diese unglaubliche Schönheit der Antarktis einmal live zu erleben.

Als klassischer Antarktistourist ist die Reise sicher weniger intensiv, aber genauso interessant. Als Läufer kenne ich keinen Ort, der mich so fasziniert und mitgerissen hat.

Nicht nur der Laufanlass als solcher, die gesamte Reise in die weiße Wüste ist ein „Once in a Lifetime"-Erlebnis. Wie zu Zeiten von Amundsen und Scott ist die Antarktis immer noch ein sehr eigener Ort. Einer dieser Sehnsuchtsorte, die uns so fremd sind.

SPORT UND REISEN

„Reisen ist besonders schön, wenn man nicht weiß, wohin es geht. Aber am allerschönsten ist es, wenn man nicht mehr weiß, woher man kommt."

Laotse

In den Flieger steigen und alles hinter uns lassen. Bereits am Flughafen stechen die Plakate ferner Destinationen ins Auge. Die Mitarbeiter der verschiedenen Airlines in ihren Uniformen wirken dabei als Botschafter exotischer Träume. Schwerelos über den Wolken schwebte schon Reinhard Mey 1974. Abheben und ankommen. Raum und Zeit verschieben. Wie bei einem Ultralauf.

Jede Reise ist ein Ankommen. Ein Ankommen in einer anderen Welt. Die Orte sind dabei austauschbar. Erlebnisse zählen. Begegnungen mit Menschen. Wissensaustausch. Geistigen Reichtum anhäufen. Sprachübergreifend einander verstehen. Positive Gefühle teilen. Der Seele Gutes tun. Freiheit und Abenteuer um die Nase wehen lassen. In fremden Betten schlafen. Oder auf dem Fußboden einer Berghütte. Die Sinne mit ungewohnten Eindrücken verwöhnen. Sich fallen lassen. In einem Zustand innerer Zufriedenheit. Glücklich sein.

Reisen sind nicht Sehenswürdigkeiten. Das Unerwartete gibt es hinter der nächsten Straßenbiegung zu entdecken. Es muss nicht zwingend die große Tour sein. Es genügt, dem täglichen Trott zu entkommen und den Einfluss der unbekannten Umgebung zu erfahren. Die Diversität unseres Planeten übt einen besonderen Reiz auf uns aus. Ob in weiter Ferne oder im Nachbarort.

Sobald wir etwas Fremdem gegenüberstehen, steigt die Neugierde. Das kann eine Person sein, eine andere Lebensart, ungewohnte Speisen, andere Gedankenansätze, fremde Gerüche. Immer wenn wir uns auf Reisen begeben, lernen wir etwas dazu. Unser Horizont und unser Denken verändern sich. Das lässt sich nicht auf *National Geographic* erleben.

Entspannte Läufer sind offene Menschen. Diejenigen, die nicht nur das Display ihrer Smartwatch für unwichtige Aussagen über Trainingswerte im Auge haben. Die Läufer aus Spaß und Leidenschaft. Wissbegierige auf der Suche nach der nächsten Herausforderung und dem eigenen Limit.

Heute eine kurze Runde im Stadtpark, morgen gemütliches Joggen am Strand von Maspalomas. New-York- und Tokio-Marathon begeistern ebenso Läuferscharen wie der Comrades und der Trans Alpin Run. Immer größere Anziehungskraft üben ausgefallene Laufabenteuer im Himalaja oder den kargen Wüsten der Welt aus. Kein Ort scheint noch nicht erlaufen zu sein. Laufen geht überall. Und ein Marathon immer.

Wir sind mobil. Bewegung ist im Trend. In allen Winkeln unseres Planeten trifft man auf Gleichgesinnte. Und versteht sich auf Anhieb. Läufer grüßen sich. Ein Kopfnicken genügt oft. Ein Lächeln. Ohne ein einziges Wort ist man auf gleicher Wellenlänge.

Laufend um die Welt. Das ist das Thema des *Run for Children*. Eine intensive Phase. Die beste Zeit meines Lebens. Sieben Monate voller Eindrücke. Von den Wettkampfstätten, aber noch viel mehr von Nebenschauplätzen.

Was gibt es nicht alles zu entdecken? An Flughäfen oder seltsamen Orten. Auf meiner Festplatte haben sich Bilder von Menschen eingebrannt, die mich mit ihrer Ausstrahlung fasziniert haben. Kurze Momente, bei denen sich Blicke kreuzen. Und ausgiebige Erlebnisse, deren Verarbeitung unendlich lange dauert.

Reisen kann sehr intensiv sein. Nicht nur das pure Überwinden der Distanzen. Vielmehr die Aufbereitung aller Eindrücke. Reisen ist Leben. Und Lebenseinstellung.

WENN DICH DIE REISELUST EINMAL GEPACKT HAT

Als ich das erste Mal mit Vertrauten über das Laufprojekt sprach, bekam ich direkt Zustimmung. Wer mich kennt, weiß, dass es kein Zurück gibt, wenn ich einmal für etwas brenne. Es gab aber auch die Zweifler. Die Risiken hinterfragten. Beim Abwägen aller Meinungen wurde mir schnell bewusst, dass nicht nur die sportliche Komponente eine Herausforderung darstellt. Das Organisatorische im Vorfeld, die langen Reisezeiten und die knappen Erholungsphasen zwischen den einzelnen Läufen sollten mich vor unbekannte Aufgaben stellen.

Bei zurückliegenden Touren durch die Welt war ich frei und allein unterwegs. Oder als Veranstalter von Sport- und Abenteuerreisen mit meiner Agentur „ACTREME sport. adventure. travel." nach einem vorher festgelegten Reiseablauf. Beim *Run for Children* gab es einige Unbekannte. Das machte das Projekt umso spannender.

Die Marketingstrategie, diese sieben Läufe in nur sieben Monaten zu absolvieren, sorgte im Vorfeld für einigen Zusatzaufwand in der Planung. Die Strecken sollten ja nicht einfach irgendwie in Eigenregie absolviert werden. Im Wettkampfmodus war die Idee. Und dafür braucht es während sieben Monaten je einen Ultra-Etappenlauf auf jedem Kontinent.

Das Timing muss passen. Ein Grund, warum das Projekt nicht in einem Kalenderjahr umsetzbar ist. In der Antarktis findet nur ein Multistage Run alle zwei Jahre Ende November statt. Die anderen Erdteile sind gezwungen, sich diesem Datum zu fügen. Terminkollisionen müssen ausgeschlossen sein. Zwischen den Wettkämpfen in Albanien und Chile liegen nur eineinhalb Wochen. Das sollte reisetechnisch möglich sein. Und zwischen Costa Rica und Neuseeland gar nur sieben Tage. Von Ziellinie bis zum nächsten Start. Das wird hart, aber kein Killer Point.

Ich suche mit dem Projekt auch das Abenteuer, die Herausforderung. Außenstehende vermuten, mir seien die Laufdistanzen nicht genug. Ja, tatsächlich, der Umgang mit der dazugehörigen Reisebelastung übt einen zusätzlichen Reiz aus.

Eine gewisse Affinität zum Reisen kann man mir nicht absprechen. Als Kind des Ostens waren es nicht die großen Ziele, die auf der Ferienwunschliste standen. Meine Eltern, beide voll berufstätig, steckten jede übrig bleibende Mark in Renovierungen an Haus und Hof. Und so verbrachte ich ab dem Alter von 10 Jahren meine Schulferien allein. In den damals üblichen Kinderferienlagern.

Ferne Destinationen rund um Berlin oder am Ostseestrand und die erste Auslandsreise in das tschechische Riesengebirge hinterließen bleibende Eindrücke. Schon damals erkannte ich die Freiheit, die aus Reisen hervorgeht. Raus aus dem Elternhaus mit einer Sporttasche mit dem nötigsten Gepäck. Keine Erwartungen, sondern Neugierde trieb mich an. In die Ferne schweifen und mit vollem Rucksack an interessanten und lang anhaltenden Erinnerungen zurückkehren.

Was ich damals nur subjektiv wahrnahm, ist mittlerweile bewiesen. Reisen tut gut. Raus aus dem Alltag, unbekannte Gegenden erkunden und die Seele baumeln lassen, hat positiven Einfluss auf unser Wohlbefinden. Wissenschaftler der Universität in Tampere, Finnland, haben in einer Feldstudie nachgewiesen, dass ein freies Wochenende zu Hause oder an einem entfernten Ort einen anderen Einfluss auf unser Verhalten, die Wahrnehmung und Emotionen hat.

Auf Reisen beschäftigten sich die Probanden mehr mit körperlichen und sozialen Aktivitäten als mit obligatorischen Aufgaben, wie es die Daheimgebliebenen taten. Das hedonistische Empfinden war während der Reise tiefer ausgeprägt als in den eigenen vier Wänden. Die physische Distanz stellt Ressourcen bereit. Der mentale Abstand zu Alltagsproblemen und -pflichten macht uns fernab von zu Hause glücklicher als im täglichen Umfeld.

Heute stehen uns alle Türen für ein ausgeglichenes Leben offen. Erst durch Einschränkungen, wie die der Covid-19-Pandemie, wird bewusst, was Freiheit bedeutet. Plötzlich sind Ländergrenzen geschlossen. Ja, selbst Orte, die man im eigenen Land zu schätzen gelernt hat, bleiben verwehrt. Allein diese Mobilitätsreduktion löst bei uns ein negatives Empfinden aus. Das zeigt, welche

Wertigkeit Reisen und das damit einhergehende Wohlergehen für uns in der jüngsten Vergangenheit angenommen haben.

Erinnerungen sind angenehmer als die Realität. Emotionen aus zurückliegenden Urlaubserlebnissen bleiben länger im Hirn als das Abendessen vom letzten Samstag. Auch Monate oder Jahre später können wir uns ziemlich detailgenau an Szenen und Momente, an Farben und Gerüche bereister Destinationen erinnern.

Während Alltagserlebnisse im Gehirn auf Durchzug getrimmt sind, setzen sich Ferienerinnerungen bei uns ein Leben lang fest. Wer kann schon sagen, welche Farbe das T-Shirt des letzten Dates hatte. Oder wie viele Male man am Vortag auf das Smartphone in der Hoffnung auf die lebensverändernde Nachricht gestarrt hat.

Aber an den bereits jahrelang zurückliegenden Geschmack der erfrischenden Kokosnuss am feinen Sandstrand erinnern wir uns, als wäre es gestern gewesen. Reisen und die Erinnerungen daran können durchaus unser Leben beeinflussen. Und unsere Persönlichkeit prägen.

Wir sind uns einig. Sport tut gut. Und Reisen auch. Eine Kombination aus beidem bietet den perfekten Rahmen für nicht alltägliche Erfahrungen. Es muss auch nicht immer Laufen sein. Aktiver Urlaub kann verschiedene Facetten haben. Bergwanderungen, Radtouren, Yogakurse bis hin zu Surf- oder Tauchlektionen lassen die Seele vor Vergnügen aufschreien. Schon allein die veränderte Umgebung und Wahrnehmung wirken sich positiv aus. Dazu kommen dann noch Endorphine, die von den Aktivitäten ausgelöst werden. Kaum auszuhalten, so eine Reise.

Nach dem Ausstieg aus dem Tagesgeschäft bei den Restaurants konnte ich nicht sofort loslassen. Der Abschluss einer langjährigen Lebensphase braucht Zeit. Und Abstand. Während 25 Jahren hat mich der Arbeitsalltag in Hotels und Restaurants geprägt. Der Entscheid hin zu Veränderung und die bevorstehende Ungewissheit, den Tagesablauf betreffend, beschäftigten mich längerfristig.

Etwas Geschaffenes von 150 Prozent auf null herunterzufahren, ist mindestens so eine große Herausforderung, wie der Aufbau desgleichen. Einfach abschalten und dem Geist Pause gönnen, fällt uns gar nicht so leicht. Ich habe mir ein Jahr Zeit gegeben. Zur Orientierung. Während der ersten sechs Monate ging ich noch einmal wöchentlich ins Büro. Der Kaffee dort war einfach besser als zu Hause. Und ich war irgendwie immer noch ins Geschehen integriert. Nicht gewollt, und doch irgendwie.

Das Rausschleichen war anstrengender, als ich es mir vorgestellt hatte. Zum einen fiel eine unglaubliche Last mit jedem Schlüssel weniger am Bund ab, zum anderen fehlen die gewohnten Strukturen. Wie also diesen Zeitabschnitt hinter mir lassen? Da kam mir eine wegweisende Idee. Raus. Weit weg. Ein Flug nach Kathmandu war schnell gebucht. Vier Wochen Nepal. Auf dem Mountainbike. Keine Ahnung, was mich an dem fremden Ort erwartet.

Die dort gemachte Erfahrung sollte mein Leben für die kommenden Jahre beeinflussen. Bereits nach der Ankunft nahm ich dieses exotische Flair wahr und ließ mich durch die Gassen Thamels treiben. Hektisches Hupen, von überall her Musikgedudel, wuselnde, geschäftige Menschen. Ein bunter Mix vieler Nationen auf der Suche nach dem nächsten Abenteuer. Der Himalaja ist ein riesiger Abenteuerspielplatz. Und Kathmandu das Eingangstor. Ich war an der Pforte in ein neues Leben als Reisender.

Die Eindrücke dieser intensiven Tour durch das Land waren prägend. Ich konnte von heute auf morgen loslassen. Alte Zöpfe abschneiden. Das Radfahren forderte mich in genau dem Maße, dass ich allabendlich erschöpft in einen tiefen Schlaf fiel. Weniger der sportliche Aspekt, eher der positive Stress bewirkte diese wohlwollende Müdigkeit.

Die unzähligen ungewohnten Einflüsse auf meine Gedankenwelt, die den ganzen Tag auf mich einprasselten. Sie ließen kaum Raum für Verarbeitung in Echtzeit. Außergewöhnliche Begegnungen mit Menschen, die mir vor Augen führten, worauf es im Leben ankommt. Und natürlich die pure Natur des Hochgebirges. Ich kam aus dem Staunen nicht heraus.

In diesem Prozess ging eines unter. An mein altes Leben und an die eingefahrenen Strukturen konnte ich keine Gedanken verschwenden. Meine Ressourcen waren im Hier und Jetzt voll ausgeschöpft.

Noch oft denke ich an diese Reise zurück. Nichtstun macht uns krank. Abenteuer lassen uns den Alltag vergessen. Der Fokus ist auf etwas Fremdartiges ausgerichtet. Wir lassen Sorgen und Probleme zurück. In den Folgejahren wurde mir das noch einige Male bewusst.

Vor dem ersten Multistagelauf in Tansania stieg ich nach wochenlangen Schwierigkeiten mit verhärteter Wade ins Flugzeug. Drei Tage nach der Ankunft beim Start des Laufs spürte ich davon nichts mehr.

In die Mongolei zu einem 250-Kilometer-Rennen flog ich mit abklingender Mittelohrentzündung. Die behandelnden Ärzte wussten nichts von dem Wettkampf. An Tag eins spürte ich noch einen Schmerz. Danach war die Ablenkung so groß, dass ich den Wettkampf ohne Schwierigkeiten beenden konnte.

Und drei Monate nach einer Malariainfektion hielt mich nichts davon ab, an einem Dschungellauf unter tropischen Bedingungen teilzunehmen. Kraftlos angereist, ging es von Tag zu Tag besser. Reisen kann heilend sein. Bereits ein Flughafen versprüht in mir unglaublich viel positive Energie. Damit ist meine physische Kraft nicht wiederhergestellt. Aber die Psyche kann ja bekanntlich Berge versetzen.

Und das war für den *Run for Children* auch dringend notwendig. Mir ist bewusst, selbst wenn es nicht rund läuft, allein diese Erfahrungen würden mir helfen. Unvorhergesehenes kann immer auftauchen. Dann ist es nur eine Frage, wie man damit umgeht. Durch vorherige Planung können Überraschungen minimiert, aber nicht ausgeschlossen werden. Die Vorbereitungen, der Weg bis zur ersten Startlinie in Albanien, waren lang. Während es bei einer Tour zu einem einzigen Event einen Flug und ein paar Hotelnächte bedarf, gab es bei den sieben Reisen rund um den Globus einiges zu beachten.

Qualitative Nutzung der Erholungszeit zwischen den Wettkämpfen war äußerst wichtig. Ich konnte mir nicht noch Zusatznächte oder -stunden auf irgendwelchen Flughafenbänken leisten. Die direkt mögliche Verbindung vermindert Reisestress. Das halte ich bis heute so. Es geht dabei weniger darum, schneller am Zielort zu sein. Eher darum, mit Lebenszeit nicht verschwenderisch umzugehen. Und jedes Umsteigen birgt die Gefahr des Gepäckverlusts.

Zu negativ gedacht? Bei meinen Reisen in den vergangenen Jahren kam meine Tasche achtmal verspätet am Zielort an. Jedes Mal hing sie an einer Zwischenstation fest. Einmal waren wir bereits bei der dritten Laufetappe, als sie mir nachgeliefert wurde. Es wird dann vor Ort jeweils nervig, sich die benötigten Ausrüstungsgegenstände neu zu organisieren.

Es gilt also auch im Vorfeld, zu beachten, welches Equipment eingecheckt wird und was im Handgepäck oder am Körper verbleibt. Als Läufer haben wir es da ja noch einfach. Radsportler oder Triathleten müssen jeweils hoffen, dass ihr Rad den gleichen Flieger genommen hat. Surfer starren beim Sperrgut jeweils gespannt auf das Band. Die Dimensionen dieser Sportgeräte sprengen die Handgepäckmasse.

Für alle, die sich im Urlaub zu Fuß sportlich betätigen wollen, gibt es eine gute Nachricht. Alles, was wir benötigen, können wir mit uns ins Flugzeug nehmen. Also das Nötigste. Laufschuhe trage ich. So können sie nirgends vergessen gehen. Eine Laufgarnitur von Socken bis Shirt, inklusive Kappe und Sonnenbrille kommt in den Rucksack. Uhr ist am Handgelenk. Eine wärmende Jacke, bestenfalls sogar mit Regenschutz, trage ich bereits vor der Abreise.

Falls Ernährung eine Rolle spielt, gehört die auch ins Handgepäck. Ebenso Medikamente. Reisedokumente verstehen sich von selbst. Das Handgepäck besteht bei Ultraläufern übrigens aus dem Wettkampfrucksack inklusive installierter Trinkblase und Wasserflaschen. So ausgestattet, ist man schon mal für das Gröbste gerüstet.

Der *Run for Children* ist ein Hilfsprojekt. Sämtliche Reisekosten kommen aus eigener Tasche. Die eingehenden Spenden werden zu 100 Prozent beim Bau der Bibliothek in Mainapokhari eingesetzt. Kostengünstiges Reisen ist also angesagt. Wer kennt das nicht?

Bei einem Blick auf das Konto stellt man immer wieder fest, dass die wundersame Geldvermehrung bislang ausgeblieben ist. Mit angepassten Ansprüchen lässt sich aber auch ganz gut reisen. Nicht die materiellen Mittel entscheiden, sondern die Erinnerungen. Auch wenn ein Fünf-Sterne-Hotel mal ganz nett ist. Der Erlebnisfaktor in einem einfachen Hostel ist oft größer.

Häufig höre ich in Gesprächen auch die Aussage, Fernreisen können wir uns nicht leisten. Ich ziehe dann gern den Vergleich mit der Frage: Wie viel hat euer neues Auto gekostet? Und wie hoch ist der Wertverlust im ersten Jahr? Geld ist kein Argument, sich Reisen gegenüber zu verschließen.

Ich gebe zu, am liebsten sind mir No-News-, No-Shoes-Ferien. Den Nachrichtenkonsum für den Zeitraum der Reise einschränken oder gänzlich einstellen. Störende Einflüsse eliminieren. Das geht nicht? Wir müssen doch wissen, was zu Hause gerade passiert. Wenn du dich auch in der wohlverdienten Auszeit mit negativen Schlagzeilen umgeben willst, hindert dich niemand daran. Nachrichten sind schnelllebig. Und vergänglich. Sie zielen auf ein Publikum ab. Und versuchen, dessen Meinung zu beeinflussen.

Im Ausland lese ich ab und an in den lokalen Tageszeitungen. Und stelle dabei immer wieder konträre Meinungen zu den bei uns verbreiteten fest. Je nach politischer oder kultureller Ausrichtung des Landes werden Sachverhalte entsprechend anders dargestellt. Ist das eine Frage von Wahrheit oder Lüge? Auch unsere Medien sind keine Götter. Presseartikel sind ebenso Business wie Fernsehen und Onlinekanäle. Es geht um Einschaltquoten und Leser, die nebenbei mit Werbeblöcken berieselt werden.

Verschwendung kostbarer Lebenszeit. Schon wieder. Brauche ich nicht. Der Wetterbericht für den nächsten Tag ist eine Information, die ich mir auf Outdoorreisen gern von lokalen Anbietern hole. That's it. Gäbe es wichtige weltbewegende Themen, werden diese automatisch in der nächsten Ortschaft an dich herangetragen. Da besteht keine Holpflicht.

Wie aber gehen No-Shoes-Ferien? Das Wortspiel zielt auf Strandferien an fernen, warmen Destinationen ab. Für Strandferien bin ich ungeeignet. Meine Definition von No Shoes zielt auf eine simple Art des Reisens ab. Nur mit dem Minimum an Ausrüstung. Es spielt keine Rolle, ob auf dem Rad oder zu Fuß. Mit dem Inhalt eines Rucksacks lässt sich eine Auszeit gut gestalten. Vorteilhafterweise an einem warmen Fleckchen Erde. Das macht das Packen einfacher.

Was wir vorwiegend mitschleppen, sind Ängste. Wir packen lieber eine Jacke mehr ein, es könnte kalt werden. Noch ein paar Snacks, falls wir unterwegs Hunger bekommen. Haben wir die Kopien von allen Papieren? Es könnte etwas gestohlen werden. Sind die festen Schuhe dabei? Wir gehen in die Berge. Die meisten dieser Bedenken sind unbegründet oder übervorsichtig.

Mit leichtem Gepäck reist es sich einfacher. Es gibt überall auf der Welt an jeder Ecke etwas zu essen. Wenn uns mal eine Stunde kalt ist, überleben wir auch das. Und auf unseren bestens präparierten Wanderwegen kann man mittlerweile barfuß gehen.

Diese Überlegungen treffen auch Sportler bei Wettkämpfen. Bei den Mehrtagesläufen musste ich erst lernen, das Gewicht des Rucksackinhalts zu optimieren. Und das geht, indem man diese Ängste abstellt. Reisen ist Lernen.

Diese beiden Komponenten, kein Kontakt zur Außenwelt und ein Minimum an Equipment, setzen einige Laufveranstalter der Etappenläufe voraus. Mobiltelefone ruhen, Kommunikation findet am Lagerfeuer statt. Verpflegung kommt aus dem eigenen Rucksack. Die Kleidung für eine Woche ebenso. Schuhe hat man das eine Paar an den Füßen.

Alles Weitere wäre Gewichtsverschwendung. Nicht mehr als nötig. Bei einem solchen Erlebnis wird uns bewusst, auf was sich das Leben reduzieren lässt. In der wilden Umgebung einer Wüste oder eines Hochgebirges einzig und allein mit dem Unerlässlichen ausgestattet, lässt Fragen zu den prall gefüllten Kleiderschränken zu Hause aufkommen.

Die Naturwunder, die wir auf unseren Reisen voller Begeisterung bestaunen, sind meist aus Katastrophen entstanden. Das ist uns nicht bewusst, wenn wir beeindruckt und atemlos an diesen Phänomenen vorbeirennen. Eine Verkettung unglaublicher Zufälle hat dazu geführt, dass Leben auf der Erde überhaupt möglich ist. Die in Jahrmillionen entstanden Wüsten, Gebirge, die Flora und Fauna sind nicht selbstverständlich.

Intensive Veränderungen, auch für Lebewesen ihrer Epoche, haben unsere Welt der heutigen Form entstehen lassen. Wir betrachten die Gegenwart gern als normal. Das, was zählt. Die Vergangenheit ist Geschichte. Die Zukunft nicht vorhersehbar. Die Gegenwart ist die entscheidende Zeit.

Dabei ist die gesamte Erdgeschichte eine lange Reise. Vergangenheit, Gegenwart und Zukunft verschmelzen zu einem.

Und für uns jeder Trainings- oder Wettkampflauf ebenso. Wir bewegen uns auf festem Untergrund. Haben einen Startpunkt und ein Ziel. Wir nehmen unsere Qualen wahr. Gegenüber dem, was exakt am gleichen Ort im Laufe der Geschichte bereits geschehen ist, sind wir mit unseren Empfindlichkeiten ein Nichts. Der künftige Schritt beschleunigt uns jetzt und ist bereits Geschichte.

Watopia ist keine Destination für mich. Ich spreche beim Reisen gern von einer Lebenseinstellung. Das kann auch eine Unterbrechung, wie bei einer Pandemie, nicht ändern. Kritiker haben ihre Argumente, sich gegen eine globale Vernetzung der Welt zu stellen. Es geht aber nicht ausschließlich darum, sich Gedanken über Umweltfaktoren zu machen.

Selbstverständlich spielen diese bei der Art und Auswahl der Reise eine große Rolle. Welches Transportmittel, welche Distanz, wie massiv soll der Fußabdruck sein und was machen wir, um die erzeugte Belastung zu kompensieren? Um die Welt zu verstehen, müssen wir sie aber erst einmal erkunden. Und diese Erfahrungen mit unseren Ideen von Leben vereinbaren.

Völkerverbindung geht nicht vom Küchentisch aus. Um neue Wege gehen zu können, ist es notwendig, ausgetretene Pfade zu verlassen. Uns in Gegenden außerhalb unseres Kulturkreises bewegen. Reisen ist ein Lernprozess. Der nie endet.

REISEN BILDET

Reiseplanung kann Zeit kosten. Sich im Vorfeld mit den Destinationen auseinanderzusetzen, erweitert aber nebenbei unseren Horizont. Die Zeit ist also nicht vergeudet. Sich Wissen anzueignen, ist ein bedeutender Teil beim Reisen. Das beginnt bereits im Vorfeld und endet lange nach der Heimkehr. Ein volles Jahr der Vorbereitung mit unzähligen Stunden am Rechner ergibt eine runde Sache beim *Run for Children.*

Wer weit reist, lernt Teile der Welt kennen, die anderen verborgen bleiben. Und wer noch dazu an einem Mehrtageslauf teilnimmt, erreicht das Expertenlevel. Ein Experte ist jemand, der auf einem Themengebiet mehr Erfahrung nachweisen kann als sein Gegenüber. Es geht dabei nicht um Imponiergehabe oder Prahlerei. Wir fühlen uns einfach wohler, wenn wir uns auskennen, bei dem, was wir tun.

Die Kenntnisse, die man sich bei einem Laufevent aneignet, gehen weit über das touristische Reisen hinaus. Aus diesem Grund sind virtuelle Läufe nichts für mich. Oder das Laufband. Ich laufe, um mich zu bilden. Nicht wegen der zurückgelegten Strecke.

Es wäre schade, Reisen auf Sehenswürdigkeiten zu reduzieren. Auch bei einem sportlichen Inhalt des Ausflugs. Unsere Sichtweise auf Kulturen und Länder verändert sich, wenn wir uns unvoreingenommen demgegenüber öffnen. Vorurteile sind omnipräsent. In den Nachrichten, in der Politik, in der Nachbarschaft oder in der Schule. Der richtige Umgang damit liegt an uns.

Als Läufer achten wir auf unseren Körper. Die Verantwortung erstreckt sich allerdings auch auf den Geist.

Am liebsten würde ich so manchen Politiker jeden Morgen auf eine Auftaktlaufrunde schicken. Perspektiven verändern. Aus dem anfänglichen Kampf gegen die Trägheit und Müdigkeit wird Gefallen. Zusammenhänge werden klarer. Der Feind Kälte wird dank aufgehender Sonne ein Freund. Negative Standpunkte kehren sich ins Positive. Wir sind eins. Die Menschen mit der Natur. Egotrips sind nicht gefragt. Kausale Gedanken laufen unbewusst ab.

Als Erkenntnis bleibt ein reinigendes Gefühl, das den ganzen Tag lang anhält. Wenn man die Erinnerung daran zulässt. Ein Morgenlauf ist genauso eine Expedition wie die ausgiebige Welttournee. Hinein in unseren Kosmos Körper. Und der Output ist bei dieser wie bei jeder anderen Reise lehrreich.

Von Mark Twain kommen die Aussprüche: „Man muss reisen, um zu lernen" und: „Reisen ist tödlich für Vorurteile". Das trifft exakt den Nerv. Es gibt Menschen, denen liegt das Lesen nicht. Das trifft natürlich nicht auf dich zu. Sonst hieltst du dieses Buch nicht in den Händen. Sammeln von Informationen mit den Augen wird als unser wichtigster Sinn bezeichnet. Und lesen ist eine geeignete Form der Informationsbeschaffung. Es kommt natürlich auf den Inhalt an.

Die Menschheit hat aber schon früh erkannt, dass Reisen sich ebenso vortrefflich für Bildung eignet. Ultraläufer gibt es schon seit Menschengedenken. Die Jäger und Sammler rannten hinter Tieren her. In der Antike folgten im alten Ägypten Wallfahrten zu den Tempeln der Gottheiten. Die Römer pflegten bereits den Begriff der Reise.

Die Oberschicht verbrachte Wochenenden oder Freizeit im Haus am Meer, der Villa Maritima. Und zu den Sportveranstaltungen „Brot und Spiele" reiste man von weit her an. Die Tagesstrecken zu Fuß betrugen bereits 25 bis 35 Kilometer. Das ganz Europa überspannende Straßennetz finden wir noch heute in einigen Gegenden vor. Beim „The Hidden Treasure" in Albanien läuft man noch auf römischem Kopfsteinpflaster.

Im frühen Mittelalter weiteten Missionarsreisende ihren Radius stetig aus. Religiöse Gründe bestimmten die Interessen auf den Pilgerwegen. Später entstanden entlang der Pilgerrouten die Handelsstraßen. Fern abgelegene Kulturen und Märkte wurden erschlossen. Auf der Seidenstraße reisten plötzlich nicht nur Menschen, sondern auch Güter von Asien nach Europa und umgekehrt. Als bedeutender Vertreter dieser Zeit ist uns Marco Polo (1254-1324) bekannt.

Dazu kam die Entwicklung der Seewege. Und mit ihnen die Entdecker der neuen Welten. Christoph Kolumbus (1451-1506), Vasco da Gama (um 1469-1524) und Ferdinand Magellan (1480-1521) gelten als unerschrockene Abenteurer und Entdecker dieser Epoche.

Im 16. Jahrhundert kam vom britischen Adel die Grand Tour als Art des Reisens auf. Die heranwachsenden Sprösslinge wurden als Abschluss der Erziehung oft mehrere Jahre durch Europa auf Kavaliersreise geschickt. Sprachen zu lernen, Bildung erwerben, Kontakte knüpfen und einen weltläufigen Umgang zu pflegen, waren die Hauptmotive. Die ersten Bildungsreisen als sanfter Massentourismus waren geboren.

Im Laufe der folgenden Jahrhunderte bis heute veränderten sich die Reisegründe. Pilgerreisen, die ursprünglich als Buße oder Sühne angetreten wurden, verkörpern heute fast schon einen Lebensstil. Die Rückkehr zur Einfachheit, Entschleunigung und das Erfahren des „Ichs" stehen im Vordergrund. Mal raus aus gewohnten Strukturen. Dem Alltag entfliehen. Und mit jedem Meter dazulernen. Und wenn es über den eigenen Körper und Geist ist.

Und da sind wir wieder beim Lauftouristen der Neuzeit angekommen. Es ist völlig uninteressant, wie weit wir laufen, welches Verkehrsmittel wir für die Anreise benutzen oder auf wen wir unterwegs treffen. Wir werden dazulernen. Bewusst oder unbewusst. Wir können uns nicht gegen Adaptionsprozesse unseres Körpers stellen. Meter für Meter lernt er dazu. Laufen ist keine Sucht. Aber wir können zulassen, es zu mögen.

Bei vergangenen Familienreisen griff ich jeweils in die Trickkiste. Sobald eine Destination grob ausgewählt war, saß ich am Computer und googelte mir die Finger nach Wettkämpfen im Reisezeitraum wund. Es sollte für jeden etwas dabei sein. Die Kinder freuen sich über Spielzeit. Kunst und Kultur ist für die Große wichtig. Gutes Essen dann für alle. Freunde treffen steht auch auf dem Plan. Neue Orte erkunden. Je nach Reiseziel und Dauer kommen da noch weitere Überlegungen hinzu. Und eben Sport.

Es übte einen unglaublichen Reiz auf mich aus, auf unbekanntem Terrain mit irgendwelchen begeisterten Gleichgesinnten sportlich aktiv zu sein. Ob beim Städtetrip nach Hamburg, einer dreiwöchigen Philippinenreise oder beim Sommerurlaub auf einer Baleareninsel. Es gibt überall eine Start- und Ziellinie, die es zu überqueren gilt.

Mittlerweile bin ich entspannter. Brauche keine Startnummer mehr, um meinem Körper Bewegung zu gönnen. Für Familienreisen ist das leichter. Ich muss mich nicht mehr nach Startzeiten und -orten bei Wettkämpfen richten. Frühmorgens, wenn die Brut noch schläft, schleiche ich mich aus dem Appartement.

Bei Städtetrips erkunde ich bereits die Sehenswürdigkeiten für den Tagesausflug, bei Badeferien die umliegenden Strände. Im Gebirge weiß ich beim Frühstück bereits den kürzesten Weg zur Bergbahn oder den schönsten Aussichtspunkt. Ich erlaufe mir nicht nur neue Destinationen, sondern nehme Natur und Umgebung bewusster wahr als bei einem Wettkampf.

Der Vorteil bei den organisierten Veranstaltungen liegt darin, dass du dir um die Streckenführung keine Gedanken machen musst. Ich bin auch schon allein durch Teile der Wüsten oder auf Single Trails durch den Dschungel gerannt. Ein vertrauter Checkposten und bekannte Gesichter alle paar Kilometer senken das Stresslevel aber ungemein. Beides hat seinen Reiz. Neue Wege auf eigene Faust erkunden und markierten Routen folgen.

Reisen mit Kindern geht nicht. Zumindest nicht, wenn sie noch sehr klein sind. So oder ähnlich klingt es bei jungen Eltern. Vergesst alle Argumente, die dagegen sprechen. Kinder lieben reisen. Einzig Papa und Mama wollen den bequemen Weg gehen und bleiben lieber auf Balkonien.

Die britische Kinderpsychologin Dr. Margot Sunderland hat nachgewiesen, dass Ferienerlebnisse mit der Familie glücklicher machen als Spielsachen. Der positive Einfluss einer Reise auf die Psyche der Kinder zeigt erstaunliche Wirkung. Reisen begünstigt die Intelligenz. Kinder mit Reiseerfahrungen sind konzentrierter und besser in der Schule, da gleich mehrere emotionale Systeme im Gehirn auf einer Reise gefördert werden.

Vom renommierten Neurowissenschaftler Jaak Pankseep stammt die Bezeichnung „Play and Seeking". Vereinfacht gesagt, müssen wir uns auf Reisen immer wieder an veränderte Gegebenheiten anpassen. Die Fähigkeit, verschiedene Sichtweisen zu erkennen und zu verstehen, ist ausgeprägter. Differenzierteres Denken steigert Kreativität und Lernfähigkeit. Diese Möglichkeiten wollen wir unseren Kindern doch nicht durch Zuhausebleiben verwehren.

Beim Laufprojekt rund um die Welt blieb leider kein Raum für Kinder als Reisebegleiter. Der Name lautet ja *Run for Children* und nicht *Run with Children*. Kinder stehen im Mittelpunkt. Als Begünstigte des Projekts. Die Bibliothek wird ihnen schon bald eine bessere Bildung ermöglichen. Ohne Reisen hätte ich nie von diesem Bedürfnis erfahren. Jagat Dahal, Mitbegründer der Nichtregierungsorganisation „Himalayan Care Hands", lernte ich auf einer Nepalreise kennen.

Auch in den nachfolgenden Jahren riss der Kontakt zu ihm nie ab. Mit Begeisterung verfolgte ich seinen Einsatz beim Bau eines Krankenhauses in seinem Heimatort Mainapokhari, der mit europäischen Spenden finanziert wurde. Auf der Suche nach einer unterstützenswürdigen Organisation waren wir schnell auf der gleichen Wellenlänge. Ein Hilfsprojekt, das mit einer Reise begann. Reisen bildet nicht nur. Und heilt. Und tut gut. Sondern hilft auch.

Und trotz aller positiven Effekte bleibt bei Fernreisen immer ein bitterer Nachgeschmack. Ist es sinnvoll, um den Globus zu fliegen und die Umwelt nachhaltig zu belasten, um 1.000 Kindern bessere Chancen auf Bildung zu gewährleisten? Da drängen sich von meiner Seite jeweils mehrere Punkte auf.

Wie auf den vorgehenden Seiten bereits beschrieben, dient Reisen der Erweiterung des eigenen Horizonts. Zusammenhänge lassen sich besser verstehen, wenn man sich ein Bild macht. Vorgedachte Meinungen zu verinnerlichen, ist der einfachere Weg. Und ich möchte hier auch nicht mit Gegenargumenten wie industrieller Luftverschmutzung, ausufernder Viehwirtschaft, Abholzung des Regenwaldes für Weideflächen oder Raubbau an fossilen Energien auffahren.

Reisen ist ein Luxusgut. Wie Kaffee und Schokolade. Und auch ebenso zu handhaben. Zu viel ist nicht gut.

Die Intensität des *Run for Children* kompensiere ich mit tausenden Laufkilometern pro Jahr, in denen das Auto in der Garage bleibt. Und mit bedachtem Lebensmitteleinsatz. Und mit verringertem Konsum im Allgemeinen. Und mit umweltbewusster Bildung der Kinder. Und, und, und. Im Alltag prägen wir die Nachwelt. Das ist kein Freikaufen. Aber mein kleiner Beitrag an die Zukunft.

Es ist für mich unverständlich, Businessflüge von München nach Hamburg oder Zürich nach Stuttgart anzubieten. Das macht keinen Sinn. Überlegtes Reisen sollte aber möglich sein. Reisen für Bildung und Erholung. Nicht zur Gewinnmaximierung.

Die aktuell günstigen Flugpreise kann ich nur schwer nachvollziehen. Konkurrenzdruck zwingt etablierte Fluganbieter in die Knie. Der Markt wird neu sortiert. Es wäre sinnvoller, realistische Preise für Transportmittel aufzurufen. Und den erwirtschafteten Zusatz in den Umweltschutz zu investieren. Das geschieht bereits bei Kompensationssystemen von Klimaschutzorganisationen, die den freiwillig geleisteten Betrag pro Flug in zukunftsorientierte Umweltschutzmaßnahmen zurückfließen lassen.

Die Probleme sind uns bewusst und es gibt Lösungsansätze. Die Industrie als Alleinverantwortlichen zu verteufeln, wäre auch falsch. Am Ende steht der Mensch als Verbraucher. Und beeinflusst die Wechselwirkung aus Angebot, Nachfrage und Preis.

Bislang sind wir bei den Reisen jeweils von weit entfernten Destinationen und Flügen als Zubringer ausgegangen. Das ist das Thema beim *Run for Children*. Sportliches Reisen geht aber auch ganz adäquat vor der Haustür. Das Marketing der lokalen Tourismusverbände zielt oft auf entfernte Zielgruppen ab. Bayern sollen an die Ostsee, Holländer in die Alpen. Mallorca buhlt um Deutsche, die Laufveranstalter um jeden Verfügbaren weltweit.

Dabei haben wir zu Hause noch viel an Wissen aufzusaugen. Einfach mal den Rucksack packen und los. Es geht nichts über eine klare Vollmondnacht im Zelt auf der Anhöhe nebenan. Lerne etwas über die heimatlichen Blüten am Wegesrand. Oder wie der Gebirgsrücken am Horizont entstanden ist.

Ich mag diese kurzen Fluchten aus dem Alltag. Distanz ist dabei unwichtig. Zwei, drei Tage genügen, um viel Unentdecktes aufzusaugen. Und ein Abenteuer ist es allemal.

Unterwegs trifft man auf Reisen aber nicht nur auf Angenehmes. Auch nervige Dinge lassen sich nicht immer vermeiden.

Habt ihr euch schon einmal gefragt, warum die Stromanschlüsse in jedem Land unterschiedlich sind?

Kennt ihr das, wenn im Flugzeug euer TV-Monitor nicht läuft, aber die Maschine völlig ausgebucht ist?

Oder der Sitznachbar die Armlehne komplett in Beschlag nimmt und seinen nackten, schweißigen Arm beim Schlafen immer weiter in deinen Luftraum drängt?

Wenigstens die überdimensionierten Tageszeitungen sind mittlerweile aus dem Flieger verschwunden. Im fremden Land mit Jetlag angekommen, reißen dir die erstbesten Aufdringlichen bereits den Koffer aus der Hand. Sofern dieser überhaupt ankommt. Das meistgeschriene Wort an Flughafenausgängen scheint wohl „Taxi" zu sein.

Auf der Fahrt zum Hotel dreht der Chauffeur des Besagten eine Extrarunde, um seinen Umsatz aufzubessern. Dein Hotelzimmer liegt auf der Innenhofseite mit der übel nach tranigem Öl riechenden, quietschenden Küchenlüftung. Beim Frühstück huscht flinken Schrittes ein größeres asiatisches Insekt über den Tisch.

Der von lokalen Bekannten vermittelte Reisebegleiter bringt dich zu einer Sehenswürdigkeit, um dir vor Ort mitzuteilen, dass diese am Montag geschlossen ist. Du musst nicht auf den Kalender schauen. Das verriegelte Tor verrät dir den Wochentag. Nach dem Aussteigen beim Hinterherschauen des Transportmittels stellst du fest, du hast dein Mobiltelefon noch auf dessen Rücksitz liegen.

Der Cocktail an der Strandbar ist verwässert und das indische Curry schmeckt in Indien auch nicht original. Also so original wie beim Inder deines Vertrauens in Wuppertal. Was bleibt in den Erinnerungen? Ein dickes fettes Grinsen auf deinem Gesicht. Als erfahrener Reiseprofi bist du einiges gewohnt. Das kann dich alles nicht aus der Bahn werfen.

Die Aufzählung ist nicht vollständig und natürlich rein willkürlich. Sie beruht nur bedingt auf Tatsachen. Zumindest traten nicht alle Fälle beim gleichen Trip auf. Während andere schnurstracks ihre Rechtsschutzversicherung bemühen, nehme ich das schmunzelnd hin. Unvorhergesehenes und Abenteuer. Das macht Reisen aus.

Sich auf den Weg machen, heißt auch, akzeptieren lernen. Möchte ich alles so organisiert wie zu Hause, muss ich nicht in die Welt hinaus. Es geht nicht um die Reiseziele. Es geht genau um diese banalen Unbekannten.

Unter Triathleten stellt man sich oft die Frage: Trainierst du für Hawaii oder warst du schon einmal dort am Start? Ich kann dann ganz gelassen antworten: Nein, aber ich war auch noch nicht auf Mauritius, in Kirgisien oder in Vancouver. Es gibt noch viel zu entdecken. Sport und Reisen haben mich gepackt. Und die Begegnungen mit den unterschiedlichsten Menschen rund um den Erdball geprägt. Unterdessen ist der Lauf mehr Alibi und Mittel zum Zweck, um die Neugierde zu stillen.

AUSSERGEWÖHNLICHE BEGEGNUNGEN

Reisen ist Ankommen. Aber viel mehr noch der Weg dahin. Manche sind ständig unterwegs und erreichen nie ein Ziel. Und streben es nicht an. Das ist auch gar nicht nötig. Wir sind auf dem Weg. Ohne Grund. Ohne Verstand. Mal langsam, mal schnell, laufen wir der Zukunft entgegen.

Lassen uns treiben. „Es gibt Wichtigeres im Leben, als ständig dessen Geschwindigkeit zu erhöhen", sagte schon Mahatma Gandhi (1869-1948). Nicht das Tempo ist bestimmend. Gewollte oder willkürlich überraschende Zusammentreffen mit interessanten Mitmenschen haben positiven Einfluss auf unseren Lebenspfad.

Von diesen Begegnungen hatte ich auf den durchlebten Reisekilometern schon so einige. Niemals aktiv auf der Suche nach spannenden Geschichten. Die ergeben sich. Ich mag es, allein unterwegs zu sein. Dann sitzt du jeden Tag an einem anderen Tisch mit bis dahin Unbekannten zusammen. Zum Reisen brauche ich keine Kompagnons. Unterhaltung findest du an jeder Ecke. Und wenn es sich darauf beschränkt, die Sinne über die Augen zu bespaßen.

Überhaupt mache ich unzählige Fotos. Von der ersten längeren Reise kam ich aus Nepal mit über 5.000 Bildern zurück. Eindrücke, die es mir später erlauben, die Tour noch einmal authentisch nachzuerleben. In Wettkämpfen werde ich jeweils darauf angesprochen, warum ich so viele Bilder unterwegs schieße. Es geht doch um den Lauf, den Wettstreit, wichtige Sekunden. Auch der Trainer versucht, mich bei dem Thema jeweils einzugrenzen. Seiner Meinung nach sind die Veranstalter diejenigen, die Bilder machen. Mir genügt das aber nicht.

Wenn ich die Aufzeichnung einer Situation, eines Mitstreiters, eines Streckenabschnitts, auch Jahre später durchschaue, lebt das Gefühl aus diesem Moment wieder auf. Im Kopf habe ich noch mehr Puzzleteile, die sich nach und nach zusammenfügen. Virtuelles Reisen geht bei mir, im Gegensatz zu virtuellen Wettkämpfen. Reisen im Kopf. Den Alltag verlassen.

Wenn du den Urlaub aufschieben musst oder andere Umstände dich zwingen, in den eigenen vier Wänden zu bleiben, kann dies eine geeignete Alternative sein. Nicht eine ganze Sammlung. Einzelne Bilder, ein typisches Gericht aus der Gegend und die Musik, die dich an den Ort erinnert. Und schon fühlst du dich weit weg. Emotionale Erinnerungen bleiben dabei klarer in unserem Gedächtnis. An das Überqueren der Ziellinie können wir uns erinnern, an den Weg dahin weniger.

Gefährliche Situationen lassen sich detailgenau beschreiben. Der imposante Sonnenaufgang bei der Morgenlaufrunde, das Rauschen der Brandung oder der Kuss am knisternden Lagerfeuer graben sich tiefer in die Hirnrinde ein als weniger emotionale Erlebnisse des gleichen Tages.

Solche Erinnerungen helfen uns über triste Tage im Alltag hinweg. Und wecken Sehnsüchte. Diese wiederum zu stillen, motiviert uns, wie Essen gegen Hungergefühle. Wir freuen uns auf die nächste Reise.

Ungeahnte Begegnungen eröffnen auch neue Chancen. Neue Ideen reifen. Bei einem Zwischenstopp in Johannesburg stieg ich müde von einer Marathonreise in ein Taxi. Kurzer Transfer zum Hotel, wo das Bett schon sehnsüchtig wartet. Der Smalltalk mit dem Taxifahrer Joseph startete vermutlich wie üblich beim Wetter.

Er fragte mich, wo ich gerade herkomme. Die Destination Victoriafälle nahm er gelassen hin. Beim Zusatz, ich sei dort einen Marathon gelaufen, weiteten sich seine Pupillen. Prompt kam die Frage, in welcher Zeit. Unglaublich. Ich dachte, Zeiten gehörten nur in pflichtbewussten, ambitioniert denkenden, meist deutsch angelehnten Staaten zu einer Unterhaltung über die Königsdisziplin des Laufsports. Alle anderen Nationen quittieren bereits das erfolgreiche Finish mit einem anerkennenden Kopfnicken.

Aber nein, der nicht zwingend sportlich wirkende Sitznachbar wollte es genauer wissen. Und machte auch keinen Hehl daraus, warum ihn das so brennend interessiert. Seine Bestzeit liegt bei 2:28 Stunden. Am Comrades-Marathon hat er bereits mehr als zehnmal erfolgreich teilgenommen und dafür seine permanente grüne Startnummer bekommen. Für den nächsten Tag verabredeten wir uns zum Mittagessen.

Er brachte mir das aktuelle Rennmagazin des ältesten Ultralaufs der Geschichte mit. Und damit war es besiegelt. Beim Rückflug ließ mich der Hochglanzprospekt nicht mehr los. Zu Hause angekommen, konnte ich der Anziehungskraft des Anmeldebuttons nicht widerstehen. Und beim nächsten Comrades war ich am Start.

Eine andere Begegnung ergab sich bei einem Ultralauf in Asien. Mit Dave, einem australischen Läufer, verstand ich mich auf Anhieb. Sein Lächeln und die Freude, mit der er die Etappen absolvierte, waren ansteckend. Immer ein freundliches Wort auf den Lippen. Sein fröhlicher Blick, der zufriedene Ausdruck seiner Augen verrieten Lebenserfahrung. Und die hatte er auch.

Mit 68 Jahren stand er bei diesem 220-Kilometer-Wettlauf am Start. Und das Erstaunliche: zu laufen begonnen hat Dave in seinen Mittfünfzigern. Der Verlust der jungen Tochter durch Krebs, beziehungsweise die Verarbeitung mit dem unglaublichen Schmerz, trieb ihn in die Laufschuhe. Und er entdeckte den Spaß darin. Und das Heilsame.

Im Laufe seiner späten Laufkarriere rannte er unzählige Kilometer und nahm erfolgreich am „Big Red Run", einem 250-Kilometer-Ultralauf im Outback Australiens, teil. Wir trafen uns nur während einer Woche. Und doch ergab sich eine starke Bindung. Eine Inspiration. Mit Dave stehe ich bis heute in Kontakt.

Von einem der seltenen Souvenireinkäufe blieb mir eine andere Geschichte hängen. In den staubigen, lauten Textilgeschäften im Touristenviertel Kathmandus gehört Handeln zum guten Ton. Es geht nicht darum, den bestmöglichen Preis herauszuschlagen, sondern um die Methode des Kaufens.

Aus dem Gespräch heraus fragte mich der Geschäftsmann, woher ich komme. Durch meinen Kopf sausten in Sekundenbruchteilen, die bevorstehenden Preisgespräche betreffend, wilde Gedanken. Wenn ich ihm einen wirtschaftlich weniger gut situierten Herkunftsort nenne, wird der Verhandlungspreis für den Schal sofort etwas tiefer angesetzt. Aber nein, ehrlich währt am längsten.

Auf meine Antwort hin erwiderte er: „Die Schweiz, ein schönes Land, ich wünschte, ich könnte da leben." Positive Gedanken, Nepal betreffend, setzte ich zum Gegenzug an: „Nepal ist auch ein schönes Land. Ich wünschte, ich könnte hier leben."

Seine Reaktion ließ mich verstummen. „Du kannst!", war das Einzige, was er mir entgegenbrachte und sah mich dabei mit tiefem Blick an. Ich zahlte, und zwar den verlangten Preis, ohne zu handeln. Dieser unbekannte Mann hat mir in einem kurzen Moment die Augen geöffnet. Wir können tun und lassen, was wir wollen. Können uns frei bewegen und unsere Träume erfüllen. Ihm wird die Bedeutung seiner Aussage nicht klar sein. Ich aber bin ihm bis heute dankbar für diese Art Lebensweisheit.

Dann war da noch dieser ältere südkoreanische Läufer um die 80. Bei der Preiszeremonie am Ende eines Etappenlaufs bekam er die Trophäe für einen besonderen Spirit, den er in seinem hohen Alter noch verbreitet. Er nahm den Award ohne ein Wort freundlich lächelnd dankend entgegen. Der Veranstalter ergänzte dazu, dass er während der ganzen Woche nicht gesprochen hat. Auch bei vorhergehenden Wettkämpfen nicht. Er läuft lieber. Und wirkte dabei sehr zufrieden. Eine innere Zufriedenheit. Es braucht nicht immer Worte, um sich auszudrücken.

Eine andere Läuferin, die nicht für große Ansprachen bekannt ist, hält sich da auch eher an sportliche Erfolge. Oder besser, die Erfolge, die der Sport ihr zurückgegeben hat. Véro ist französisch-kambodschanische Eliteläuferin auf überlangen Distanzen. Unsere Wege kreuzen sich immer wieder bei Läufen rund um den Globus. Sie hat eine interessante Geschichte, das Laufen betreffend.

Mit Anfang 20 kam sie zum Laufsport. Auf Distanzen bis hin zum Halbmarathon war sie damals erfolgreich. Mit dem Umzug nach Kambodscha veränderte sich das Laufen für sie. Für Frauen war es ungewöhnlich, die Laufschuhe zu schnüren und den Mekong abzurennen. Sie gilt als Pionierin der Frauenlaufbewegung des südostasiatischen Landes. Bei Wettkämpfen vor Ort war ihr dann das Podium faktisch immer sicher. Sie suchte einen anderen Anreiz.

Beim Recherchieren fand sie einen neu ausgeschriebenen Mehrtageslauf durch Kambodscha. „The Ancient Khmer Path". 220 Kilometer durch das Hinterland mit dem Ziel vor der Tempelanlage von Angkor Wat. Das reizte sie. Von 21 auf 220 Kilometer. Es kommt, wie es kommen musste. Sie gewann das Rennen gegen die ausländische Konkurrenz. Wie auch die anderen vier von „Global Limits" veranstalteten Etappenläufe in unterschiedlichen Ecken der Welt. Ebenso den 400 Kilometer langen nonstop „Ultra Trail of Gobi".

Dabei musste sie Ultradistanzen anfangs erst lernen. Sie hatte die Stärke und den Biss. Wie aber überlange Distanzen funktionieren, war ihr noch nicht bewusst. Bei ihrem ersten Ein-Tages-Wettkampf über 128 Kilometer gab sie auf, als sie anfangen musste, zu gehen. Nach ihrem Verständnis muss in einem Wettrennen gerannt werden. Gehen verfehlt das Thema. Glücklicherweise hat sie schnell dazugelernt. Und das sehr erfolgreich.

Schaut man sich ihre Trainingsmethoden an, gibt es viel zu lernen. Die Gegend rund um ihren Wohnort Phnom Penh ist flach. Für Wettkämpfe in den Bergen trainiert sie in einem privaten Gebäude der Stadt. 34 Stockwerke. 113 Meter hoch. Immer im Treppenhaus auf und ab. Ihre längste Trainingsdauer dort beträgt drei Stunden. 15-mal hoch und runter. Oder anders ausgedrückt: 510 Stockwerke. Trainingspartner haben sich da bereits von ihr verabschiedet. Mit ungläubigen Blicken.

Die Runden durch Phnom Penh sind oft dieselben. Damit es ihr nicht langweilig wird, visualisiert sie. Sie fokussiert sich jeweils auf eine andere Farbe. Während eines Trainings nimmt sie nur rot wahr, beim nächsten Mal grün. Die eintönige Laufrunde bekommt plötzlich andere Facetten. Allein vom Austausch mit Véro könnte ich noch seitenweise schreiben. Es gibt aber noch weitere bemerkenswerte Begegnungen.

Skalzang Rigzin ist so ein weiterer Wegbegleiter. Ich nenne ihn gern den Bergführer meines Vertrauens in Ladakh. Er ist aber viel mehr. Ein Freund. Durch ihn habe ich das ehemalige Königreich im Regenschatten des Himalajas mit anderen Augen kennengelernt.

Ein ruhiger, bescheidener Artgenosse, dem man die Liebe zu den Bergen und zu Menschen vollends abnimmt.

Während andere sich zu ihrem Vorteil vordrängen, bleibt er souverän im Hintergrund. Sein Wissen und seine Erfahrung im Hochgebirge haben schon Menschenleben gerettet. Nicht umsonst hat ihn die „Indian Mountaineering Foundation" (IMF) zum Bergführer des Jahres ernannt.

Er ist aber auch ein Läufer. An der „Khardung La Challenge", einem 72 Kilometer langen Ultralauf über den gleichnamigen Pass auf 5.370 Metern, nahm er mehrfach teil. Ich erinnere mich gut an das Jahr 2016. Wir waren auf Trekkingtour, als Rigzin mir sagte, er wolle auch in diesem Jahr starten. Es war eine Woche vor dem Wettkampf. Meine Bedenken, er habe seit einem Jahr nicht für die anspruchsvolle Strecke trainiert, wischte er schnell vom Tisch.

Er gestand mir, er sei am Morgen gelaufen. Ein Test über 20 Kilometer. Und das ging gut. Dann wird auch der Ultra gehen. Am Vorabend des Wettkampfs half er noch bei der Essensausgabe und lieferte am Renntag ab. Zehnter Platz. Ich hatte keine Fragen mehr.

Für eine weitere Inspiration muss ich nicht weit reisen. Eine Freundin zu Hause würde gern mit mir in die Welt hinaus. Ab und an bekomme ich das Feedback, dass Mitmenschen meine Aktivitäten beobachten und auf die eine oder andere Tour mitkommen möchten. Bei ihr hat das aber einen anderen Hintergrund.

Vor nicht allzu langer Zeit bekam sie die Diagnose Gehirntumor. Wohin ihre persönliche Reise dabei geht, ist offen. Ihr Umgang damit aber ist vorbildhaft. Ihr strahlendes, alles überdeckendes Lächeln schmückt ihr Gesicht. Auch unter den Beeinträchtigungen der Therapien nimmt sie an den Läufen der lokalen Laufgruppe teil. Und entwickelt dabei eine enorme Energie.

Ich weiß, dass es ihr nicht immer so leicht fällt. Sie lässt es sich aber nicht anmerken. Und träumt von großen Reisen in Gegenden, in denen sie noch nicht war. Australien, Costa Rica, Südamerika. Hauptsache, hinaus in die Welt. Lächelnd. Wie gern würde ich ihr diese Träume ermöglichen.

All diese Erlebnisse geben mir in Momenten Kraft, in denen es mal nicht so läuft. Dranbleiben. Das Lächeln bewahren. Bereit sein für Alternativen. Im Moment leben. Hier und jetzt. Unser Leben ist ein Geschenk. Ich schätze den Austausch mit Menschen. Lernen und das eigene Leben mit Abstand betrachten. Dafür bieten Reisen den entscheidenden Abstand vom Alltag.

In der Welt wird uns der Spiegel vorgehalten. So, wie wir Vorurteile gegenüber anderen Kulturkreisen, Religionen oder sozialen Gruppen haben, bestehen auch uns gegenüber typische Bilder. Der zuverlässige, humorlose Deutsche, der immer Qualitätsarbeit abliefert. Der pünktliche Schweizer, der stets ein Sackmesser bei sich trägt. Der nationalstolze Franzose, der ständig ein Baguette unter dem Arm trägt. Der temperamentvolle Italiener, der mehr mit den Händen als der Sprache gestikuliert. Der flamencotanzende Spanier, der nach der Siesta gern Sangria trinkt.

Ich versuche, mich dem auch gar nicht zu widersetzen. Ich lache gern gemeinsam über diese Makel. Denn ganz ehrlich: zu ernst nehmen wir uns nur selbst. Für die meisten Erdenbewohner spielt es keine Rolle, ob unsere Pünktlichkeit und Arbeitsqualität perfekt sind.

Es sind aber nicht nur Menschen, sondern auch Orte, die Reisen prägen. Weniger Sehenswürdigkeiten als Erlebnisse an speziellen Plätzen. Das kann man bei der Auswahl der Destination nicht vorhersehen.

Eine delikate Samosa aus einer alten Zeitung am Straßenrand irgendwo in Indien lässt sich nicht bei Uber Eat bestellen. Die Kraft eines Baums kann man nicht im Reisekatalog spüren. Am Ende der Welt auf das Meer hinausschauen und über das Leben philosophieren, geht nicht am TV. Eine Wüste zu Fuß zu durchqueren, hinterlässt andere Eindrücke als eine Dokumentation darüber. Eine kalte Nacht im Zelt rückt Komfort wieder in ein anderes Licht. Eine Wanderung auf einen Berg durchblutet das Gehirn. Und ein Lauf in unbekanntem Terrain hinterlässt nachhaltig Kratzer in der Großhirnrinde.

Reisen und Sport haben viel gemeinsam. Und lassen sich bestens kombinieren. Vitale Urlauber sind nach der Rückkehr belastbarer. Aktive Regeneration beschleunigt Erholungsprozesse. Ohne Stress.

Wir wollen oft zu viel. Auch auf Reisen. Wir rasen durch die Gegend und wären am liebsten schon wieder zu Hause, bevor wir abgefahren sind. Man kann sich streiten, ob ein Ultralauf unter die Kategorie Erholung fällt. Für die einen ja. Für andere ist es die Reise zu einem Marathon oder einem halben. Nicht Distanz und Intensität sind entscheidend. Das Erlebte weist dir die Zukunft.

Station 5/7

„THE COASTAL CHALLENGE", COSTA RICA, NORDAMERIKA

Pura Vida! Dieser treffende Ausspruch und das damit verbundene Lebensmotto der Costa Ricaner, auch Ticos genannt, begleitet uns durch die Wettkampfwoche. Unerheblich, in welcher Situation, mit Pura Vida wird überspielt, was mal nicht so funktioniert. Zumindest nicht so funktioniert in den Augen von uns Europäern.

Pura Vida beschreibt das Leben im Hier und Jetzt, einfach glücklich zu sein, den Fokus auf die positiven Dinge im Leben lenken. Die Verbundenheit zur Natur ist stark ausgeprägt. Die Achtung gegenüber Fauna und Flora. Respekt. Auch das ist Pura Vida.

Bereits bei der Startnummernausgabe werden wir mit dem Slogan konfrontiert. Zur angegebenen Zeit ist noch kein Verantwortlicher vor Ort und auch nichts aufgebaut. Irgendwann trudeln die Organisatoren ein und los geht's. Lässig, aber nicht nachlässig wird mit den Anmeldeformalitäten umgegangen. Jeder bekommt seine Startnummer und alle erforderlichen Informationen. Was braucht es mehr? Eine Starterliste oder genaue Angaben, wie viele Teilnehmer am Wettkampf teilnehmen, gibt es nicht. Zumindest sehen wir keine.

Zwischen dem Lauf in der Antarktis und diesem hier in Costa Rica lag eine verdiente Winterpause von acht Wochen. Genug Zeit, um einen gravierenden Kardinalfehler zu begehen. Im Herbst lief es mit Top-fünf-Platzierungen bei den Wettkämpfen in der Atacama und der Antarktis sehr gut. Meine Stärke wuchs mit jedem Kilometer. Der Körper verkraftete die anspruchsvollen Strecken ungemein einfach. Mental war ich noch längst nicht am Limit. Mein Ruf „The Machine" eilt mir aufgrund der Konstanz der vergangenen Jahre voraus. Eine Maschine, die scheinbar keine Wartung benötigt. Unkaputtbar.

Im Dezember, in der Vorweihnachtszeit, gönnte ich mir dann eine Pause. Nicht nur das Laufen, auch strukturerhaltende oder aufbauende Trainingseinheiten habe ich komplett heruntergefahren. Und mich den jahreszeitlichen Verlockungen hingegeben. Zucker in jeder backbaren Form, ein Gläschen Rotwein oder auch mal mehr. Genuss ohne Balance. Weit entfernt von den oft angesprochenen Maßen.

Und ich konnte einer weiteren Verlockung nicht widerstehen. Im Januar findet alljährlich in Hongkong der 100-Kilometer-Lauf „HK100" statt. Mit dem Rückenwind aus dem Herbst meldete ich mich für den anspruchsvollen Ultra an. Geplant war eine kurze Reise von einer Woche. Heraus aus dem europäischen Winter in das gemäßigte Januarklima der südostasiatischen Metropole.

Bereits vor der Abreise spürte ich ein Zwicken in der Wade. Mangelnde Vorbereitung hielt mich nicht von der Tour ab. Gegenüber Spendern und Sponsoren des *Run for Children* hielt ich diese Zusatzbelastung geheim. Es hätte wohl niemand verstanden, dass ich auf die 1.700 Kilometer noch 100 draufpacken will.

Und genau in dieser wichtigen Phase funktionierte meine Verletzung-Bewältigungs-Strategie bei Erreichen des Flugzeugs nicht. Das Zwicken in der inneren Wadenmuskulatur wurde ab einer Stunde laufen zu einem Schmerz. Angekommen und beeindruckt von den Trails in Hongkong versuchte ich, so gut wie möglich, zu entlasten. Der Kopf muss frei sein, dann löst sich die Verspannung. So kannte ich es von früheren Verletzungen. Irgendetwas wollte mir dieser Schmerz sagen.

Ich habe den Dialog gesucht, aber keine Antwort bekommen. Es kam, wie es kommen musste. Bei Wettkampfkilometer 30 machte der Muskel komplett zu. Humpelnd schleppte ich mich bis zum nächsten Checkposten. Für diese sechs Kilometer benötigte ich eineinhalb Stunden. Dort angekommen, gab ich das Rennen schweren Herzens auf.

Wo ich mich bei anderen Wettkämpfen noch ins Ziel geschleppt hätte, war für dieses Mal die Verantwortung gegenüber dem *Run for Children* vorrangig.

Mit dieser Vorbelastung saß ich im klimatisierten Bus auf dem Weg zum Strand von Del Rey im Nationalpark Manuel Antonio. Da waren sie also, die im Vorfeld abgewogenen Risiken. Eine Verletzung konnte ich jetzt absolut nicht gebrauchen. Als Kämpfertyp bin ich nach Costa Rica gereist, um „The Coastal Challenge" erfolgreich zu beenden. Wettkampf Nummer fünf. Ein Biest. Tropisches Klima mit bis zu 40 Grad Celsius und hohe Luftfeuchtigkeit sorgen für komplett unterschiedliche Rahmenbedingungen wie bei den vorangehenden vier Events.

Die Türen des Busses gehen auf und es folgt ein Schlag mit der flachen Hand ins Gesicht. 95 Prozent Luftfeuchtigkeit. Schwitzen im Stehen. Feiner Sandstrand, soweit das Auge reicht. Keine Hotelanlage, kein Liegestuhlverleih. Kein Mensch. Nach dem Start geht es 13 Kilometer topfeben durch Palmenplantagen. Windstille. Die Sonne drückt. Es ist gerade mal neun Uhr. Zermürbende Stunden stehen bevor. Pura Vida.

So flach bleibt es aber keineswegs. Costa Rica ist bekannt für die Talamancas, die gewaltige Bergkette, die das Land von Nord bis Süd durchzieht und in die pazifische und atlantische Seite teilt. Das zerklüftete Gebirge und die 1983 erklärte Neutralität des Landes geben ihm den Beinamen die „Schweiz Lateinamerikas".

Als Unterschied muss ganz eindeutig das andersartige Klima betrachtet werden. Während in unseren Alpen im Winter Schnee die Natur bedeckt, bleibt es in Costa Rica ganzjährig durchgehend warm. Was bedeutet das für die Infrastruktur? Es gibt keine gefrorenen Straßen.

Und folglich auch keinen Grund, gemächlich den Berg hinaufschlängelnde Serpentinen zu bauen. Straßen und Wege sind in direkter Falllinie angelegt. Bähmmmm. Steigungen bis zu 30 Prozent sind keine Seltenheit. Fordernd nicht nur beim Bergauflaufen, sondern ebenso bergab. Auf glitschigen Regenwaldpassagen geht es da schon mal auf den vier Buchstaben schneller, als man möchte, hinunter.

„The Coastal Challenge“ dringt auf den zu laufenden 236 Kilometern immer wieder in Dschungelpassagen ein. Mannshohe, ausgetrocknete Wasserrinnen, teils nur schulterbreit, stellen echte Herausforderungen dar. Der Boden übersät mit getrocknetem Laub. Darunter liegende Steine sind nur schwer abschätzbar. Die Geräuschkulisse ist atemberaubend. Allerlei Insekten und Falter jeder Couleur. Dazu die Schwüle des Regenwaldes. Ab und an tropft von den Baumriesen mal ein Liter Wasser. Erfrischung. Abkühlung kann man es nicht nennen. Die Regenwalddusche in Perfektion.

Warum ist es so schwierig, unter diesen Umständen Leistung vom Körper zu fordern? Die extreme Luftfeuchtigkeit und die hohen Temperaturen bringen unseren Körper durcheinander.

Einige Organe melden Alarm. Darunter die Haut. Schweiß sollte durch die Poren zum Ableiten der Hitze des Körpers und zur Kühlung durch Verdunstung ausgeströmt werden. Diese Verdunstung funktioniert aber nur, wenn die Luftfeuchtigkeit dies auch zulässt. Bei nahezu 100 Prozent geht da nicht viel. Als Folge davon können unsere Organe die Situation nicht mehr handhaben.

Das Master Mind schaltet sich ein. Funktionen, die zusätzlich Wärme erzeugen, werden eingeschränkt. Dazu gehört auch die Muskulatur. Da wird auf Sparflamme umgestellt. Das Laufen verkommt zum Schweben. Aber kein leichtes, unbeschwertes Federn. Eher ein unsicheres, unkontrolliertes Straucheln.

Selbstverständlich baut der Körper eine Sicherheitsmarge ein. Einfach umfallen geht also nicht. Wieder eine neue, interessante Erfahrung, die ich unter von uns ungewohnten Lebensbedingungen mache.

Zum Kühlen nutzen wir die ständigen Flussdurchquerungen. Das Wasser ist teils recht warm. Aber immer noch niedriger als die Körpertemperatur. Einfach mal stehen bleiben und kurz reinlegen. Ein unglaubliches Gefühl, wenn man dabei ausblendet, dass das eine oder andere Kriechtier sich dazugesellen könnte. Diese Wasserquerungen belasten die Füße.

Die Tagesetappen enden meist am flach abfallenden pazifischen Sandstrand. Die letzten 8-12 Kilometer werden im losen Sand gelaufen. Die Mixtur aus Wasser und feinem Sand kann man sich wie Schmirgelpapier im Schuh vorstellen. Mit jedem Schritt reibt das Sandpapier an der Hornhaut, aber auch an den feinen Hautpartien zwischen den Zehen. Die Socken können da nichts zum Schutz beitragen.

Von allen sieben Läufen sind die Abschlusspartien der unteren Extremitäten im Dschungel Costa Ricas am meisten gefordert. Gegen diese besondere Belastung bin ich bestens aufgestellt. Seit Jahren laufe ich mit einem Präparat, um das mich blasengeplagte Läufer jeweils beneiden. Es gibt die unterschiedlichsten Schutzcremes. Ich kenne aber nur eine, die effektiv allen widrigen Witterungs- und Natureinflüssen standhält.

Bestens erprobt und in der Praxis bewährt, schützt „Gerlachs Gehwol Fusskrem" (die mit „k") seit 1882 die Füße von Wanderern und Läufern. Einfach millimeterdick auf die Haut auftragen und den Socken über den Fuß abrollen, damit die weiße Schutzschicht möglichst lange wirksam sein kann. Ich tue mich jeweils schwer mit Empfehlungen zum perfekten Laufschuh, Socken oder Pflegeprodukten. Aber bei diesem Artikel kann ich voll und ganz dahinterstehen.

Überhaupt gibt es bei längeren Läufen nur zwei wirklich kritische Themen, die den Spaß verderben können. Wie bereits erwähnt, sind das der Magen und die Füße. Die Ernährung haben wir bereits angeschaut. Und die Füße bekommen von den meisten Ausdauerathleten zu wenig Beachtung. Dabei sind sie es, die uns durch das Leben tragen. Wir behüten sie und stecken sie in Schuhe. Haben wir jemals den Dialog gesucht? Will ein Fuß einen Schuh?

Im Kindesalter verderben wir diese wichtigen Körperteile bereits. Mütter sind stolz auf den ersten Babyschuh. Beim Wandertag im Kindergarten bekommt der Sprössling natürlich einen Trekkingschuh, es geht ja in den Wald. Im Sportunterricht dann gern schon einen geeigneten, ordentlich gedämpften Markenschuh. Teenager latschen in irgendwelchen stylischen Modellen umher.

So zieht es sich durch das Leben, bis irgendwann die ersten Probleme an Knie und Hüfte auftauchen.

Und nur wenige Menschen hinterfragen die Ursachen oder machen sich Gedanken zu ihrem Schuhschrank. Auf dem Markt haben Barfußschuhe, Freemodelle oder Laufsandalen an Bedeutung gewonnen. Als Erwachsene müssen wir erst wieder lernen, damit im wahrsten Sinne umzugehen. Wie aber können wir für den Fuß mehr Sorge tragen? Gibt es ein Zurück?

Ein Ansatz ist es, so viel wie möglich barfuß zu laufen! Im Training immer wieder Sequenzen ohne Schuhe einbauen. Auf weichem, unebenem Untergrund. Mit fußkräftigenden Übungen die Durchblutung fördern. Zu Hause keine Pantoffeln. In den Ferien Schuhe weg. Auch die Sandalen. Und die weißen Socken. Blutt.

Eine gesunde Hornhaut sollte sich zum Schutz entwickeln. Ich feile und reibe da auch nichts weg. Bin froh, wenn eine kräftige, unterstützende Hautschicht meine Fußsohle trägt. Hornhaut ist nicht unästhetisch, sie ist ein natürlicher Schuh. Mehr benötigen wir nicht. Anders verhält es sich natürlich bei rissiger und trockener Haut, Schwielen und Schrunden. Dagegen muss man mit geeigneter Pflege vorbeugen.

Wir strapazieren sie ja schon arg, dann können wir auch ein wenig mehr Zeit in die Pflege des häufig als Fetischobjekt abgetanen, fein strukturierten Körperteils investieren. Wir sollten die Füße mehr in den Mittelpunkt stellen.

Die Mischung aus forderndem Wettkampf, Erkundung von ausgefallenen Gegenden und dem gemeinsamen Leiden macht den Reiz bei einem Etappenlauf aus. Hier an der Westküste Mittelamerikas kommt noch etwas hinzu. Der Erholungsfaktor ist überdimensional im Vergleich zu anderen Laufveranstaltungen. Pura Vida sei Dank. Aber nicht nur.

Das permanent warme Klima, die reinigenden Bäder im Meer bei Etappenankunft, die abendliche Verpflegung, bestehend aus natürlich ausgereiften Früchten und Gemüsen des Landes, und das unentwegte Lächeln des Organisationsteams lassen echtes Urlaubsfeeling aufkommen. Das hilft mir von Tag zu Tag, die nach etwa einer Stunde des Laufens auftretenden Schmerzen zu vergessen. Ein Optimismus, der die Eindrücke der Natur und die Lebensart der Ticos noch bekräftigt.

Ein immenser Vorteil eines Landes besteht darin, die eigene Bevölkerung fast autark ernähren zu können. Eine völlige Unabhängigkeit ist natürlich Illusion. Das schafft nicht einmal Nordkorea. Hier im Tropenland Costa Rica ist die Vielfalt an Gemüsen, Früchten, Fisch und Fleisch so reichhaltig, dass es an wenig fehlt.

Bereiste Länder beurteile ich gern nach ihrem Speiseangebot. Dabei unterscheide ich zwischen Esskultur und Lebensmittelangebot. Das ist ein Unterschied. Es gibt Gegenden mit feinsten Rohprodukten, aber an der Zubereitung mangelt es. Und es gibt reiche Länder, die Rohprodukte importieren und feinste Delikatessen herstellen. Schokolade wird den Schweizern zugedacht, Kakao wächst aber nicht wirklich im Alpenland.

Costa Rica dagegen hat diese Vielfalt. Kaffee, Kakao, Ananas, Bananen, Mango, Äpfel, Birnen, Trauben, Avocados. Alles Denkbare an exotischen und gewöhnlichen Früchten und auch Gemüsen gedeiht auf den ausgedehnten Ebenen und im bergigen Hinterland. Einiges exzessiv und wenig nachhaltig angebaut, anderes in Kleinbauernmanier hinter dem Haus gezogen. Zwei Ozeane sprechen für ein reiches Fischangebot.

Und Tierhaltung ist vor allem in den Hügeln der Kordilleren eine wichtige Art der Bewirtschaftung. Butter, Käse und Milch resultieren daraus. Die Gerichte der Küche Costa Ricas sind breit gefächert. Von einfachen lateinamerikanischen Speisen mit Maistortillas bis hin zu exklusiven Fischgerichten wird vieles geboten.

Am besten lässt sich die Esskultur in den sogenannten *Sodas* erkunden. Schlichte, kleine Restaurants, oft auch als Selbstbedienung, mit ein paar bodenständigen Gerichten auf der Speisekarte. „Gallo Pinto" gehört in jeder Soda dazu. Das Nationalgericht. Reis und Bohnen. Dieser Hauptbestandteil der Gerichte wird dann um frisches Gemüse, Fleisch, Salat, Saucen und allem Möglichen, was der Markt so hergibt, ergänzt.

In unseren Zeltlagern müssen wir uns also keine Bange um gute Verpflegung machen. „The Coastal Challenge" ist keine Diätwoche. Laufen und schlemmen. So könnte es unentwegt weitergehen. Aber es gibt ja auch noch andere lukullische Kostbarkeiten an den noch ausstehenden Destinationen des *Run for Children* zu entdecken. Länder lassen sich über Geschmack definieren.

Und dann sind da noch die fast schon kitschig anmutenden Sonnenuntergänge am Pazifik. Der Himmel färbt sich allabendlich in allen erdenklichen Rottönen, bevor der glühende Ball im Meer versinkt. Das ist die tatsächliche Faszination bei „The Coastal Challenge". Die Vielfalt, wie wir das Land auf den Laufkilometern kennenlernen, ist überwältigend.

Mit der Machete sind Schneisen in den Wald geschlagen, wo den Rest des Jahres Wildwuchs herrscht. Von irgendwo her dringt ein Tosen tief in den Gehörgang. Urplötzlich taucht zwischen dem satten Grün ein lautstark rauschender Wasserfall auf. Über grobe Steine geht es durch dessen aufgepeitschte Gischt in den Gegenanstieg. Steil. Grobe Wurzeln überspannen den Boden.

Die Kleidung, der gesamte Körper, ist den ganzen Tag nass. Vom Schwitzen, von den Flussläufen, vom Tropfwasser der Bäume, von der Gischt der Wasserfälle. Diese eindrückliche, praktisch unberührte Natur ist fast schon zu viel Reiz für unsere Sinnesorgane. Abstrakt.

Die permanente Geräuschkulisse lässt vielerlei Kleintiere vermuten. Im Regenwald Costa Ricas gibt es allerhand Kriechtiere, Affen, farbenprächtige Vögel und Frösche. Raubkatzen wie Jaguare oder Pumas sind heimisch. Aber ebenso wie bei den giftigen Schlangen und Fröschen gilt es als Besonderheit, eine zu Gesicht zu bekommen. Einzig in den Morgenstunden gesellt sich ein ohrenbetäubendes Schreien zu dem sonst zirpenden und pfeifenden Lärm. Laute wie ein tiefes Grunzen hallen aus den Baumwipfeln. Die Brüllaffen kommunizieren mit ihren Artgenossen. Ein morgendliches Ritual bei Sonnenaufgang. Auch bei ihnen heißt es, viel Lärm um nichts. Sie halten sich in den Baumkronen unbemerkt bedeckt.

Nach sechs Tagen laufen wir ohne Schlangenbisse oder andere tropische Verletzungen über die Ziellinie. Im Einklang mit der Natur. Pura Vida. Diese anspruchsvolle Woche hat mich Demut gelehrt. Wir sind Teil einer wundervollen Natur. Bewegen uns auf unserem Planeten, als wären wir das Ein und Alles. Jedes kleine Insekt, jeder Baum des Regenwaldes, ist aber ebenbürtiger Bestandteil unseres Systems Welt. Wir nehmen uns viel zu ernst. Allein unterwegs im wilden Regenwald sind wir klein. Ein Nichts. Erst in der Gruppe entwickeln wir Stärke.

Beim Reflektieren der Verletzung kamen weitere Gedanken auf. Ich hatte mich überreizt. Nicht nur körperlich. Einmal schätzte ich meine Fähigkeiten falsch ein und büßte nun lange dafür. Gut so. Ab und an brauchen wir den Schlag auf den Hinterkopf. Der Wettkampf in Costa Rica hat mich ungemein gefordert.

Schmerzen sind Signale. Nervale Reizungen, die im Gehirn einen Alarmzustand auslösen. Es gilt, die Ursachen zu suchen und an deren Beseitigung zu arbeiten. Das geht auch mittels positiver Energie. Und davon konnte ich bei „The Coastal Challenge" eine ganze Menge tanken. Ich kann nicht sagen, ich sei bei Abreise aus dieser Feriendestination bereit für die nächste Herausforderung.

Gern hätte ich noch ein paar Tage bei Pura Vida in einer Hängematte entspannt. Dafür bleibt aber keine Zeit. Bereits in exakt einer Woche fällt der Startschuss in Neuseeland.

GLÜCKLICHES LÄUFERLEBEN

"When you run on earth and with the earth, you can run forever."

Raramuri-Sprichwort

Du wirst mal noch gesund sterben. Das bekomme ich von einem Freund immer wieder zu hören. Er ist überzeugter Nichtsportler. Es ist mir aber kein Ansporn, als körperlich und geistig fitter Mensch aus dem Leben zu scheiden. Vielmehr ist der Weg dahin einfach angenehmer, wenn sich Ideen und Träume bis ans Lebensende verwirklichen lassen.

Wann der Abgang kommen wird, bleibt dabei völlig unbedeutend. Der Tod als solcher interessiert mich nicht die Bohne. Hatte ich dann bei allem, was in meinem Leben ablief, einfach Glück? Und im Umkehrschluss bei negativen Ereignissen Unglück oder Pech? Das wäre wohl zu einfach.

Noch 900 Meter. Die Meute tobt. Der Sprecher ruft deinen Namen. Fröhlich begeisterte, völlig unbekannte Gesichter nicken dir anerkennend zu. Das Spalier am Absperrgitter endet kurz vor dem Zielbogen. Du kannst das Ziel bereits riechen.

Ab hier bist du allein. Gänsehaut. Emotionen überwältigen. 42,1 Kilometer liegen hinter dir. Noch wenige Meter und du hast es geschafft. Unzählige Stunden des Trainings schießen dir körpereigene Drogen durch das zentrale Nervensystem. Der erste Marathon. Was für ein Augenblick. Glück in Perfektion!

Glück kann man nicht haben. Es ist uns weder in die Wiege gelegt noch hilft es, Porzellan zu zertrümmern. Ein Hufeisen mit uns rumzuschleppen, ist eher unpraktisch. Das vierblättrige Kleeblatt zu suchen, kostet zu viel Zeit, die soundso immer knapper wird. Bist du ein Glückspilz? Oder hast du dir das ultimative Glücksschwein angeschafft?

Glück ist kein Besitztum. Wenn wir von Glück sprechen, reden wir von einem Zustand. In der deutschen Sprache wird nicht unterschieden zwischen Glück als günstigem Ausgang eines Ereignisses und Glück empfinden oder dem dauerhaften Zustand des Glücks.

Andere Sprachen trennen diese Begriffe deutlicher. Im Englischen steht „to be lucky“ für Glück haben, „pleasure“ für den Moment der Freude und „to be happy“ für glücklich sein. Die Griechen unterschieden bereits zwischen zwei Ausdrucksweisen: „eutychia“ und „eudaimonia“. Im Spanischen trennen sich die Formulierungen in „fortuna“, „placer“ und „felicitas“. Und in Frankreich unterscheidet man zwischen „bonne chance“, „plaisir“ und „bonheur“.

Eine exakte Definition ist schwierig, da jeder das Glück anders wahrnimmt. Auf das Laufen und sportliche Aktivität im Allgemeinen bezogen, ist Glück ein Zustand, der eine innere Zufriedenheit in uns auslöst. Aber auch den Moment festhält. Jeder hat da für sich ein eigenes Level des Empfindens.

Auf den folgenden Seiten ist meistens die Rede vom Gesichtspunkt des inneren Wohlbefindens oder der Emotion. Es gibt Menschen, die sind ständig auf der Suche nach dem Glück. Jagen Träumen hinterher. Lesen Glücksratgeber und besuchen Kurse, um endlich aus dem großen Topf zu schöpfen. Das Problem dabei: Glück ist nicht in unserer Umwelt vorhanden. Es lässt sich auch nicht mit materieller Befriedigung hervorzaubern. Es bedarf einer Ursache, um die Wirkung auszulösen. Keine stressige, permanente, unbefriedigende Ausschau ist dafür notwendig.

Es wird uns nicht gelingen, stets glücklich zu sein. Das ist auch nicht der Sinn des Lebens. Auch Momente voll Trauer, Schmerz und Leid gehören dazu. Wenn das Wetter nie schlecht ist, kann es auch nie besser werden.

Wie erleben wir Glück? Was unterscheidet Glück von Zufriedenheit? Und wie lassen sich Situationen beeinflussen, um diese Gefühle wahrnehmen zu können?

Ihr vermutet es bereits. Bewegung ist einer der Wege, Glücksgefühle freizusetzen. Es lohnt sich also umso mehr, die Laufschuhe öfters aus dem Schrank zu nehmen.

GLÜCK ALS ERSTREBENSWERTER ZUSTAND

Zunächst einmal ist Glück einfach nur ein Wort. Den Zustand interpretiert jeder für sich anders. Um Glück zu verstehen und greifbar zu machen, müssen wir uns die verschiedenen Formen etwas genauer anschauen. Allgemein begrifflich sind drei Grundformen.

Als Beispiel für das Glück des Zufalls nehmen wir einen Lottogewinn. Wir haben es nicht in der Hand, bei einer minimalen Chance im richtigen Augenblick den Weg aus der Lostrommel zu finden. Den ersten Schritt in Richtung Millionengewinn aber schon. Denn ohne den Lottoschein auszufüllen und ihn am Kiosk abzugeben, kommen wir einem Gewinn nicht nahe. Wir können und müssen also dafür unser Schicksal beeinflussen. Der Vertreter einer Lottogesellschaft wird nicht einfach so morgens an der Tür klopfen.

Ist ein Sechser im Glücksspiel aber wirklich ein Erfolg? Finanzielle Unabhängigkeit gibt uns Sicherheit. Allein dieses Empfinden lässt uns ruhiger schlafen. Lässt uns entspannen. Ehemalige Lottogewinner gefragt, ist es aber schon bald vorbei mit dem Glücksempfinden. Was bleibt, ist das materielle Wohlbefinden. Und das, solange vom Gewinn noch etwas übrig ist.

Du hast noch nie etwas gewonnen? Das haben die meisten nicht. Das Glück des Zufalls ist mehr Zufall als Glück.

Eine weitere Art des Glücks ist der Moment. Wie vorher beschrieben, kann ein Zieleinlauf bei einem Wettkampf einen Schub glückbringender Hormone ausschütten. Oder ein Stück Schokolade. Oder der Höhepunkt beim Sex. Diese Augenblicke, die kurzzeitig unseren Puls in die Höhe schnellen lassen und für innere Harmonie oder auch Begeisterung sorgen. Bedingung dafür ist, dass wir sie zulassen.

Nicht jeder ist bereit, aus sich herauszugehen, seine Gefühle zu zeigen. Dieses Glück ist nicht kumulierbar. Wir können es nicht anhäufen. Die alte Floskel vom richtigen Maß trifft auch hier zu.

Ein Riegel Schokolade entspricht etwa 20 Gramm. Der Genuss dessen lässt sich nicht auf ein Fünffaches steigern, wenn man eine ganze Tafel in sich hineinstopft. Und 24 Stunden am Tag Sex zu haben, ist dann auch nicht mehr lustig. Du bestimmst für dich, wie oft du dich diesen Glücksgefühlen stellen willst.

Es bleibt noch die dritte Variante. Das dauerhafte Glück. Stopp. Dauerhaftes Glück gibt es doch gar nicht. Glück ist vergänglich. Ja, ist es. Es gibt aber diese Form, die auch als Lebensglück bezeichnet wird. Familie, der Freundeskreis, Beruf oder auch die finanzielle Situation gehören dazu.

Diese Art können wir zu großen Teilen selbst beeinflussen. Wir entscheiden, mit wem wir uns umgeben oder welche Werte uns glücklich machen. Es ist aber auch am ehesten anfällig, zum Unglück zu werden. Niemand hat das Dauerglück gepachtet. Auch wenn es in den sozialen Medien oft so wirkt. Bei jedem regnet es mal. Bleibt nur die Frage, schaust du zum Fenster hinaus oder nimmst du den Schirm und tanzt vor Freude unter dem weinenden Himmel.

Der Einfluss des Glücks auf unser Leben ist ein Zusammenspiel. Die Wissenschaft beschäftigt sich mit Glück. Es gibt aber noch kein fundamentales Medikament oder die glückbringende Therapie.

Über Krankheiten wird viel geforscht. Rückenleiden, Depressionen, Herzerkrankungen und Krebs. In die Forschung dieser leidbringenden Beeinträchtigungen wird reichlich Energie investiert. Ganze medizinische Bereiche widmen sich der Heilung der Erkrankungen. Unsere Leiden sind häufig unterstützt durch psychosomatische Faktoren. Es würde sich also zum allgemeinen Wohlergehen lohnen, bei den Ursachen auch komplexe Zusammenhänge unseres Lebens und unserer Zufriedenheit zu untersuchen.

Es ist wie so oft im Leben, mit Negativem lässt sich mehr Geld verdienen. Wir sprechen eher auf Ängste und Panik an. Glück und Zufriedenheit zu fördern, passt nicht in ein gewinnbringend wirtschaftlich orientiertes Verkaufsmodell. Es bedarf keiner Medikamente und Nahrungsergänzungsmittel für eine Befreiung der Glücklichmacher. Es schlummert in uns. Das Pflänzchen unseres eigenen Glücks. Nur gießen musst du es ab und an.

Dabei erinnere ich mich immer wieder gern an die Metapher meines Hausarztes. Nach Schmerzmitteln fragen, wenn ich mir unentwegt mit dem Hammer auf das Knie schlage. Hilft nicht. Wie komme ich denn nun zu meinem Glück? Als Läufer sind wir ja geradezu zum Jagen und Einfangen prädestiniert. Ausnahmsweise hilft es aber nur bedingt. Wir müssen gar nichts hinterherrennen. Es kommt zu dir. Betrachten wir das Glück mal anders.

Irgendwann im Laufe des Lebens habe ich für mich entschieden, was mir wichtig erscheint. Oder nein, es ist ein niemals endender Prozess. Glück erlebbar machen. Zufrieden sein. Gelassen durch das Leben ziehen. Die viel umschriebene Happiness spüren.

Die Lebensbedingungen spielen dabei eine wesentliche Rolle. Und die schaffen wir uns selbst. Keine Selbstverständlichkeit, wenn man sich ein Leben in diktaturbestimmten Ländern wie Nordkorea oder Venezuela vorstellt. In unseren demokratischen Systemen haben wir die Wahl. Passende Umstände sind das Resultat unseres Handelns.

Stress zu reduzieren, ist ein weiterer positiver Einfluss hin zum Glücklichsein. Sowohl im Beruf als auch in der Familie. Und in uns selbst. Achtsamkeit kommt hier wieder ins Spiel. Und nicht zu vergessen, ist Freiheit die wichtigste Rolle zu innerer Zufriedenheit.

Nicht die Freiheit, tun und lassen zu können, was wir wollen. Sondern die Freiheit der Gedanken, selbst Entscheidungen zu treffen und grenzenlos das Leben zu erfahren. All das haben wir uns erarbeitet. Mittels Wahrnehmung, Kenntnis und Folgerung. Gereift Tag für Tag. Kein glücklicher Zufall stellt uns ein Päckchen Lebensfreude vor die Tür.

Aufgewachsen in einem kleinen Dorf im ostdeutschen Bezirk Halle, musste ich mir nie Gedanken über mein Leben machen. Zu einer Zeit, als nur wenige Kilometer entfernt die innerdeutsche Grenze verlief. Mein öder Heimatort lag leider auf der falschen Seite. Da kann es im Leben eigentlich nur noch aufwärtsgehen. Es gab nichts zu kaufen. Wir hatten noch nicht einmal Bananen. Zur Kartoffelernte musste ich mit auf das Feld.

Dabei wollte ich nur spielen. Aber womit? Mein in die Jahre gekommener Tretroller quietschte bei jeder Radumdrehung. Und in der Schule verlangten die Lehrer immer mehr von uns. Meine Eltern hatten gerade genügend Geld für Essen und Trinken. Jede

Mark, die übrig blieb, wird in das Haus gesteckt, erklärte mir mein Vater. Auch wenn ich noch so bemüht suchte, ich fand sie nicht wieder. Ist doch alles für die Katz.

Und als ich mich dann so an das Gammelleben ohne große Ziele gewöhnt hatte, riss irgendjemand aus Moskau die Mauer ein. So sitze ich hier und warte noch heute auf die blühenden Landschaften.

So jammernd hätte ich als schwarzsehender Pessimist den Beginn meiner Lebens-Leidens-Geschichte erzählt. Unsere Kreisstadt Sangerhausen trägt nicht umsonst den Beinamen „Jammerhausen".

Mein Leben verlief aber anders. Hier die korrigierte, auf meiner Zufriedenheit beruhende Variante: Aufgewachsen in einem kleinen Dorf im Südharz in der Mitte Deutschlands, musste ich mir nie Gedanken über ein glückliches Leben machen. Zu einer Zeit, als nur wenige Kilometer entfernt die innerdeutsche Grenzanlage verlief. Mein idyllisches Heimatdörfchen lag nah genug am westdeutschen Teil. Den damit einhergehenden Einfluss auf meine Erziehung kann ich nicht verleugnen.

Echte, gemeinschaftlich gelebte Freiheit gab es nicht. Unsere Eltern ermöglichten uns aber eine individuelle Entwicklung von Kindesbeinen an. Materielle Dinge spielten im Alltag keine Rolle. Der in der Nähe liegende Wald und die ruhige Umgebung des Bauernortes dienten als natürlicher Freizeitpark. Ohne Achterbahn und Riesenrad. Es wurde improvisiert. Und das mit ungeheurem Spaßfaktor.

Wer mit 10 noch nicht auf dem Traktor saß, war ein Spätentwickler. Mitanpacken war angesagt. Ich kann mir keine bessere Lebensschule vorstellen. Apropos Schule. Da wollte uns doch tatsächlich unser Staatsbürgerkundelehrer weismachen, sein Bruder in Westberlin hätte kein Geld, sich einen Schrank zu kaufen. Stattdessen hingen die Kleider an Nägeln an den Wänden. Die Hosen zogen wir uns aber auch damals schon, im zarten Jugendweihealter, nicht mit der Kneifzange an.

Meine Eltern schickten mich jedes Jahr in ein Ferienlager. Ich mochte selbstständiges Reisen und den Geruch von der damit einhergehenden Freiheit. Und als hätte ich es nicht erwarten können, war ich an jenem Wochenende nach dem 9. November 1989 bei der endlosen Party am Kudamm in Berlin live dabei. Alles eine Verkettung glücklicher Umstände? Das wäre wohl etwas zu viel des Guten.

Tatsächlich hören wir das oft im Leben. Dass jemand ausgesprochen Glück hatte. Sonst wäre er nicht dort angekommen, wo er jetzt ist. Um bei Metaphern zu bleiben, trifft wohl eher zu: „Jeder ist seines Glückes Schmied". Wie bereits erläutert, können wir auf die Glücksvarianten unterschiedlich Einfluss nehmen.

Das größte Glück des Lebens haben wir bei der Geburt. Als einzig verbleibendes von etwa 150 Millionen Spermien haben wir den Weg in die Eizelle gefunden. Diese Reise war bereits tricky. Schon damals mit Dickkopf und Kampfgeist ausgestattet, haben wir die Konkurrenz ausgeschaltet und uns erfolgreich durch die Membran in die Eizelle gebohrt. Also nicht reines Glück, sondern harte Arbeit.

Meine Kindheit betreffend, trauern Gleichaltrige nostalgisch der schönen, behüteten Zeit im Osten nach. Es hat mich nicht interessiert. Ich war Kind und wollte spielen. Ziemlich sicher hätte ich auf einem Kettcar oder im Heidepark Soltau auch Freude gehabt. Es gab zu keiner Zeit das Bedürfnis, da etwas nachholen zu müssen. Wir waren glücklich und haben nie hinterfragt, warum.

Dann war da noch das Glück, als Kind behütet aufzuwachsen. Unsere Eltern mussten weder für Schulbildung noch Freizeitaktivitäten viel Geld ausgeben. Der Staat hat Bildung unterstützt. Die Bildung, die er vorgab. Um sich getreue Untertanen heranzuziehen. Wohin das wirtschaftlich führte, also die Subventionen des öffentlichen Lebens, wurde erst nach dem Mauerfall deutlich. Enttäuschung. Wieder kein Glück. Sondern Fürsorge auf Staatskosten.

In der Schule hatten dann manche das Glück, nicht am Fenster zu sitzen. Bildung soll die Persönlichkeit entwickeln und ein vollumfängliches Weltbild vermitteln. Das war in der DDR nur begrenzt gegeben. Naturwissenschaftliche Thesen sind systemübergreifend. Wirtschaftliche und gesellschaftliche Grundlagen bestimmt der Bildungsträger. In dem Falle der Staat.

Es obliegt dem Schüler selbst, wie er sich bildet und welche Informationen er aufnimmt. Bei manchen ist das nach der Eizellengeschichte der nächste Kraftakt. Andere erkennen keinen Sinn in Pythagoras oder Archimedes. Und für wieder andere ist Bildung ein Geschenk. Das sie dankend annehmen. Glück in der Schule ist gleich Fehlanzeige. Setzen! Meine Bank war übrigens am Fenster.

Geschichtliche Veränderungen werden auch gern als Glück bezeichnet. Zum Glück hat das Land den Präsidenten A und nicht B gewählt. Mit Glück hat der Homo sapiens den Neandertaler überdauert. Unsere Generation hatte Glück, den Mauerfall noch mitzuerleben. Von Glück kann bei keinem der Beispiele ausgegangen werden. Es sind jeweils Prozesse, auf die wir unmittelbar Einfluss nehmen. Nicht unbedingt wir als Individuum. Aber der Mensch an sich.

Und da ist dann noch das Glück, gesund zu sein. Schwierig, Gesundheit als Glück abzutun. Bei der Gesundheit spielen so viele Faktoren eine Rolle. Unsere Gene, sozioökonomische Bedingungen, Verhaltens- und Lebensweisen, Umwelt und medizinische Versorgung.

Gemäß einer Studie von „economiesuisse" haben die Verhaltens- und Lebensweisen wie Ernährung, Alkoholkonsum, Sex, Sport oder Freizeitaktivitäten mit 37,6 Prozent die stärkste Bedeutung auf unsere Gesundheit. Zusammen mit den sozialen Einflüssen wie Bildung, Arbeitslosigkeit, Einkommen oder Kriminalität, deren Anteil bei 19 Prozent liegt, sind diese beiden Kategorien von außen steuerbar.

Die genetischen Grundlagen, die Einfluss auf Konstitution und Krankheitsanfälligkeit haben, machen gut 22 Prozent aus. Klima, Katastrophen, Umweltfaktoren sind dann für weitere 10 Prozent an unserer Gesundheit beteiligt und die Gesundheitsversorgung macht mit 11 Prozent den Rest aus. Nix mit purem Glück bei der Gesundheit. Da können wir einiges selbst beisteuern.

Die Aufzählung könnte nun beliebig so weitergehen. Wir würden feststellen, bei den meisten Begriffen für Glück wird immer die gleiche Person zur Verantwortung gezogen. Meist ist es der Mensch. Du und ich. Verantwortung abschieben und das Glück in fremde Hände geben, wäre einfach. Und schade. Wer weiß schon, was andere mit deinem Glück so anfangen?

Im Leben bin ich dankbar für alles, aber wem? An höhere Mächte glaube ich nicht. Eher schon an die Kraft der Gedanken. An Freiheit. Und innere Stärke. Glaube ist eine Grundhaltung des Vertrauens. Gelebtes Glück ist wie ein gutes Essen, die Besteigung eines Berggipfels oder die Teilnahme an einem 24-Stunden-Lauf. Du musst es erst selbst erlebt haben. Reden darüber kann dir die Erfahrung nicht ersetzen.

Das liest sich gerade so, als bestünde das Leben nur aus Glück. Wie am Anfang des Buchs bereits geschildert, verlief auch mein Leben nicht immer auf der Sonnenseite. Ebenso wie die glücklichen Erlebnisse gehören Unglück oder Pech zu unserem Dasein. Und genau wie beim positiven Pendant können wir darauf ebenfalls wesentlichen Einfluss nehmen.

Es gibt aber auch hier Beispiele, deren Verlauf nicht in unseren Händen liegt. Bei mir war das der frühe Verlust zweier bedeutender, mein Dasein bestimmender Lieblingsmenschen, oder zwei Unfälle im Himalaja, die mich um ein Haar das Leben gekostet hätten. Die Depression dagegen hätte ich lange vor dem Auftreten verhindern können. Damals wusste ich nur noch nicht, wie.

FLY ist ein Slogan, mit dem sich der Ansatz für ein zufriedenes, glückliches Leben erklären lässt. First Love Yourself! Gehen wir jetzt auf einen Egotrip? Nein. DU bist die Person, mit der du die meiste Zeit des Lebens verbringst. Wenn nicht die gesamte. Kümmere dich mehr um dich als um deine Umgebung.

Wer erträgt schon gern einen unzufriedenen Knauser am Küchentisch? Oder am Arbeitsplatz? Oder im Sportverein? Schaue nicht auf andere. Schaue in dich hinein. Beim Erläutern der Sicherheitsmaßnahmen im Flugzeug gibt es eine interessante Stelle.

Setze zuerst dir die Sauerstoffmaske auf, bevor du sie deinem Kind überstülpst. Was? Wie? Ich soll mein Kind hintanstellen? Das würde doch ein fürsorglich denkender Vater nicht tun. Aber doch. Es macht Sinn. Bei plötzlichem Druckabfall in der Kabine besteht die Möglichkeit, das Bewusstsein zu verlieren. Zuerst also bitte sich als Erwachsenen sichern und danach das Kind versorgen.

In dieser Situation geht es nicht um die Liebe zu dir selbst. Es soll einfach Momente veranschaulichen, in denen du wichtiger bist als dein Umfeld. Und davon gibt es im Leben ausreichend.

Erwartungen in das Glück zu setzen, ist nicht lohnenswert. Wir würden zu oft enttäuscht. Erwartungen berauben uns der Realität. Verzerren die Gegenwart. Niemand erreicht eine Ziellinie mit Glück. Man besteht auch keine Prüfung damit. Und bekommt keine Brötchen beim Bäcker.

Die Umsetzung von glückbringenden Erfahrungen in unseren Alltag und damit eine Grundzufriedenheit schaffen, lohnt sich dagegen schon. Glück ist nicht abrufbar und wir können es nicht jagen. So schnell wir auch laufen mögen. Aber durch Sport und Bewegung lassen sich anregende Reize an unsere Glückserzeuger im Gehirn senden. Und damit die Lebensfreude steigern.

WAS WIR VON FREMDEN KULTUREN LERNEN KÖNNEN

Würden wir bei allem im Leben immer ein „hätte" voranstellen, wären wir nicht die Persönlichkeiten, die wir heute verkörpern. Auch mit noch so viel Willen und dem Quäntchen Glück.

Ich bin zufrieden mit meiner Gegenwart. Träumen in die Zukunft ist fantastisch. Die Vergangenheit differenziert betrachten ebenso. Es läuft ja nicht immer ein spannender Film in der Realität ab. Auch Laufrunden können ganz schön langweilig sein und sich in die Länge ziehen. Dann hilft die Erinnerung an schöne Gegebenheiten.

Gerade in Krisenzeiten ist ein gesundes Wohlbefinden nützlich. Zufriedenheit hält länger an als Glück. Ist aber ebenfalls nicht dauerhaft. Wir werden es nicht schaffen, ein ganzes Leben lang zufrieden zu sein. Und ab und an braucht man auch diesen Antrieb der Unzufriedenheit. Es ergeben sich neue Ziele, auf die wir hinarbeiten können. Die Resilienz fürs Leben wird gestärkt.

Unser westliches Wertedenken vereinnahmt Begriffe wie Glück und Zufriedenheit oft für Karriere, persönliche Freiheit, Gesundheit, Beziehung und Sicherheit. Wir gehen immer davon aus, unser Lebensmodell sei das ultimative. Die Ehe steht für höhere Zufriedenheit. Und doch sind ledige Frauen glücklicher. Eine steile Karriere und die damit einhergehende Anerkennung machen glücklich, aber nicht zufriedener. Das Ausleben von individuellen Freiheiten, auch Sport oder Reisen, schafft Glücksmomente, die aber nicht ewig andauern. Es gibt in der weiten Welt aber auch noch andere Ansätze für ein zufriedenes Leben.

Oft sind Aberglaube und erhofftes Glück nicht weit voneinander entfernt. In der japanischen Tradition steht *Maneki-Neko*, die winkende Katze, als Symbol für Glück und Wohlstand. Wichtig ist die richtige Figur der dreifarbigen Familienkatze. Mit der rechten winkenden Pfote gilt sie als Glücksbringer. Die linke Pfote erhoben, steht sie oft an Ladeneingängen und soll Kundschaft anlocken und Reichtum bringen.

Das Hufeisen, richtig angebracht, ist ebenso für das erhoffte Glück zuständig. Von den Römern zum Schutz des Pferdehufs erfunden, hat es Symbolcharakter für Stärke und Kraft.

Chinesen vergöttern die Acht. Die wichtigste Zahl im kommunistisch-kapitalistischen Mixsystem steht für Reichtum. Der 8.8. ist in China der beliebteste Tag zum Heiraten.

In Italien ist rote Unterwäsche in der Silvesternacht unverzichtbar. Das Liebesglück im darauf folgenden Jahr ist umso erfüllter.

Die Griechen in der Antike glaubten, Saphir wirke Wunder. Wenn sie Saphir tragen, ist ihnen der Schutz der Götter gewiss.

Und zu guter Letzt noch ein Beispiel aus Deutschland. Das Schwein ist seit dem Mittelalter ein vermeintlicher Garant für unerwartetes Glück. Damals bekam der Letzte bei Sportwettkämpfen ein Schwein als Trostpreis. Spott und Wertschöpfung zugleich.

Für den bevorstehenden Marathon kann ich mich nicht für eines der Maskottchen entscheiden. Zumal die Aufzählung bei Weitem nicht vollständig ist. Und so stehe ich an der Startlinie mit der Nummer 8. Die Farbe der Unterhose ist klar. Das Hufeisen baumelt mit der Öffnung nach oben am Laufgurt, die winkende Katze sitzt auf der Schulter. Mein Siegelring ist selbstverständlich mit funkelndem Saphir eingefasst. Und an einer Leine in der rechten Hand kann die Rennsau den Start kaum erwarten. Und sollte ich Letzter werden, habe ich den Trostpreis auch gleich dabei. Wenn es die 42 Kilometer überlebt.

Es gibt aber auch einfachere Wege zum Glück. Als einziges Land der Welt dient im kleinen Königreich Bhutan das Bruttonationalglück, oder Gross National Happiness, als Indikator für Zufriedenheit. Ein eigens erschaffenes Glücksministerium erhebt regelmäßig in der Bevölkerung eine Umfrage mittels Fragebogen zu Aspekten des Wohlbefindens.

Das psychische Wohlbefinden, die Gesundheit, Zeitnutzung, Bildung, kulturelle Vielfalt und Resilienz, Regierungsführung, Lebendigkeit der Gemeinschaft, ökologische Vielfalt und die Lebensführung sind die Hauptpunkte, die mit objektiven und subjektiven Fragen gefüttert sind.

In den vergangenen Jahren hat sich in Bhutan einiges getan. Veränderungen zum Wohle der Einwohner wurden umgesetzt. Bildungs- und Gesundheitssystem verbesserten sich. Im Bereich Umweltschutz wurde in der Verfassung eine Waldquote von mindestens 60 Prozent verankert. Einmal im Monat findet ein autofreier Tag statt. 2008 wurde die Staatsform in eine konstitutionelle Monarchie umgewandelt.

Sinn oder Unsinn einer Bewertung über das Bruttonationalglück lassen wir mal im Raum stehen. Tatsächlich aber greift ein Element bei der Befragung. Die Bhutaner fühlen sich wahrgenommen. Das ist kein Glück, sondern eine Wertschätzung. Während einer Befragungsperiode sind 55 Staatsangestellte im ganzen Land unterwegs, um die knapp über sieben Millionen Einwohner zu erfassen.

Bei einer Hochrechnung auf ein Land wie Deutschland ließe sich ein neues, aufgeblasenes Ministerium schaffen oder ein anderes, weniger sinnvolles umwandeln. Bei uns würde diese Befragung allerdings gar nicht funktionieren. Die Auswertung würde zur Katastrophe. Wir sehen viel zu schwarz. Ein Unglücksministerium wäre wahrscheinlich angebrachter.

Und was bringt Mitbestimmung dem Bhutaner im Alltag? Als Beispiel für die Einbindung des Volkes soll eine Kreuzung in Thimphu stehen. Am zentralen Ort der Hauptstadt des Himalajastaates steht in einem mit landestypischen Ornamenten bunt bemalten Häuschen ein Polizist und regelt den Verkehr. Vor einigen Jahren wurde eine Ampelanlage installiert. Der Bevölkerung war das nicht geheuer oder zu unpersönlich. Nach Einwänden wurde diese wieder demontiert.

Seitdem ist das Weiß der Handschuhe des Staatsbeamten, statt das Rot und Grün von Ampelmännchen, die richtungsweisende Farbe. Gegen das Einführen des Fernsehers 1999 haben sie sich nicht gewehrt. Etwas Modernisierung darf es dann schon sein.

Und wenn einmal alles schiefgeht im Land des Donnerdrachens, helfen immer noch Glückssymbole. Unzählige Hauswände sind mit überdimensionierten Phallussymbolen verziert. Kunstwerke in allen erdenklichen Farben und Formen, die uns Schamesröte ins Gesicht treiben und hier oben auf über 2.000 Metern Glück bringen. Einmalig wie das Bruttonationalglück.

Die Zufriedenheit einzelner Länder untereinander lässt sich in einem anderen Index darstellen. Der *World Happiness Report* wird alljährlich von den Vereinten Nationen erstellt. Im Unterschied zur Befragung in Bhutan werden die Erhebungen willkürlich gemacht und die Kriterien sind andere. Dieser Report spiegelt nur bedingt das Glücksempfinden wider.

Was sich aber aus diesem Expertenbericht ableiten lässt, weist Parallelen zum „Gross National Happiness" auf. Die oberen Länder des Rankings sind nicht etwa die führenden Industrienationen, in denen Werte wie das Bruttoinlandsprodukt als entscheidende Größe zählen. Es sind eher Nationen, die ihre Einwohner bei Entscheidungen mit einbinden.

2020 stehen auf den Top-fünf-Plätzen mit Finnland, Dänemark, Island und Norwegen gleich vier skandinavische Länder. Was machen diese anders? Schauen wir auf das Glücksmodell in Dänemark.

Hygge ist ein Lebensmodell, das sich nicht mit einem Wort beschreiben lässt. Behaglichkeit, Vertrauen, Wohlbefinden und Sicherheit spielen dabei eine Rolle. Die Bevölkerung des nordischen Landes setzt auf Eigeninitiative. Mehr braucht es für Hygge nicht. Eine behagliche Atmosphäre schaffen. Licht spielt eine bedeutende Rolle. Dankbar sein für die schönen Dinge des Lebens und ein feines Essen genießen. Bewegung und Zeit in der Natur sind Lebensinhalt.

Sorge für sich selbst und andere zu tragen und gemeinsam mit Freunden etwas zu unternehmen. Themen wie Politik oder ähnlich Anstrengendes bleiben dabei bewusst außen vor. Dänische Laufkollegen haben dieses zufriedene Lächeln, dass sie nichts aus der Ruhe bringen kann. Es bedarf nicht immer eines Trends.

Diese Art zu leben ist in Schweden als *Lagom* und in Japan als *Ikigai* bekannt. Und in vielen Teilen der Welt existieren ähnliche, individuell gelebte Modelle ohne eine modische Bezeichnung. Lagom bedeutet so viel wie „genau richtig". Ein gutes Motto für unser Dasein.

Sollen wir nun alle in die Ferne schweifen und unsere Wohnsitze in diese bevorzugten Gegenden verlagern? Das würde den Rahmen von Goodbye-wo-auch-Immer sprengen. Und mitbestimmen, obwohl wir nicht gefragt werden, sind wir ebenfalls nicht gewöhnt. Wird also eher schwierig. Und manchmal auch nicht glückbringend. Aber rein der Ansatz findet Gefallen. Ein Land nicht auf Erfolgsfaktoren und Produktionsleistungen beschränken.

Und hier kommt die Verbindung zum Sport. Nicht alles, was uns fordert, macht uns glücklich und zufrieden. Einfach mal eine entspannte Laufrunde in Angriff nehmen. Oder gar einen ganzen Tag in den Laufschuhen mit dem Nötigsten im Rucksack auf Entdeckungsreise gehen. Wir brauchen keine Ziellinie, um glücklich zu sein. Das Leben ist das Ziel. Und gleichzeitig der Weg.

In Nepal hatte ich vor wenigen Jahren eine Erfahrung, die zeigt, dass auch in unserer weit entwickelten Welt einfache Werte etwas zählen. Nach einem sportlichen Tag erreichte ich in einer kleinen Stadt irgendwo zwischen Kathmandu und Pokhara das einzige, kleine, verstaubte Hotel. Kein Touristenort, die Herberge mit Nepalis aber doch gut gebucht.

Ein Mitarbeiter nahm mich in Empfang und begleitete mich zu einem der verbleibenden Zimmer. Nichts Verrücktes. Das Bett, eine Holzunterlage mit einer Decke darauf. Ausreichend. Am Abend servierte er mir das bodenständige Abendessen Dal Bhat, nachdem er es in der Küche zubereitet hatte. Am darauf folgenden Morgen war er früh auf den Beinen. Das Frühstück stand bereits auf dem Tisch.

Das war der Zeitpunkt, an dem ich realisierte, es gibt nur diese eine Arbeitskraft im Hotel. Was mich aber noch mehr erstaunte, er lächelte unentwegt. Der Job schien ihm Spaß zu machen und er hatte Freude im Umgang mit seinen Gästen.

Beim Verabschieden konnte ich nicht anders und musste ihn fragen, ob er etwas Bewusstseinserweiterndes geraucht habe, oder warum er stets lächle. Seine Antwort ist mir bis heute sehr präsent: „Sir, god gave me my life. Why should I feel sad?" Auch als Nichtgläubiger versteht man den Sinn dieser Aussage.

Einer läuft den Marathon in zwei, ein anderer in fünf Stunden. Das sagt nichts über die Zufriedenheit der beiden aus. Schneller, höher, weiter ist für uns Gesundheitssportler kein Ansporn. Was zählt, ist das Glück als Empfindung. Die innere Lebensfreude. Mit sich im Reinen sein. Und Spaß und Liebe dabei empfinden. Das, was man macht, mögen.

Einerlei, ob es eine Partnerschaft, der Job, das Hobby, eine Reise oder eine gemeinnützige Aufgabe ist. Es geht nicht immer um maximale Erfolge. Das Zufriedenheitskonto ist auf jeden Fall wichtiger zu bewerten als das Bankkonto. Das sieht bei Profisportlern schon anders aus.

Warum sind Marathonläufer aus Afrika so erfolgreich? Es gibt da die unterschiedlichsten Ansätze. Genetische Faktoren, Trainingsmethoden und Laufen von Kindesbeinen an werden oft genannt. Ein wichtiger, entscheidender Faktor kommt aber noch hinzu. Sie sind hungrig. Wir sind satt. Die Bereitschaft, für Höchstleistungen zu leiden, ist größer. Ein Anreiz ist da.

Sie können sich mit Erfolg im Sport ein besseres Leben als der Durchschnitt ihrer Landsleute ermöglichen. Für sie bedeutet Laufen alles. Und sie investieren ihre gesamte Zeit in den Sport. Unbewusst bereits als Kinder. Die langen Schulwege von bis zu 10 Kilometern werden lächelnd gerannt. In Flip-Flops.

Beim „Kilimanjaro Stage Run" in Tansania haben uns immer wieder Kinder begleitet. Wir waren auf ihrem Schulwegtrail unterwegs. Irgendwo im Busch. Sie hatten ein riesiges Vergnügen, vor uns davonzurennen. Barfuß oder in Sandalen. Ab und an blieb mal ein Schlappen an einer Wurzel hängen. Dann ging es mit nur einem weiter. Sie versprühten so eine Freude dabei.

Vor dem Fernseher sitzen, gibt es nicht. Die Eltern bringen sie auch nicht im SUV zur Schule. Angebote für Ablenkung im Jugendalter sind auch wenige vorhanden. Disko oder Kino, Computerspiele oder Fast-Food-Ketten gibt es nur in den Metropolen. Was bleibt, ist der Sport.

Ein Anreiz für ein besseres Leben. Die Ambitionierten begeben sich dann auf die Suche nach dem Glück. Und Sicherheit. Für dieses Mal ist es der materielle Anreiz, der Wohlstand durch Sport ermöglicht.

Der Fuchs sagt zum kleinen Prinzen: „Die Menschen kaufen alles fertig bei den Händlern. Aber da es keine Händler für Freude gibt, haben die Menschen keine Freude mehr." Diese Aussage aus *Der kleine Prinz* von Antoine de Saint-Exupéry stammt aus dem Jahr 1943. Bis heute sind Glück, Zufriedenheit und Freude nicht käuflich erwerbbar. Die Befriedigung obliegt unserer Verantwortung.

Ich gebe zu, ich bin auch schon absichtlich in einen Kuhfladen getreten. Ob es Glück brachte? Zumindest hat es kein Unglück heraufbeschworen. Meine eigene Naivität hat mich zum Lachen gebracht. Und das allein war es schon wert.

Genuss von Sport und Laufen im Speziellen ist Haupttriebkraft. Ich teile gern. Besonders Freude. Dinge, die wir selbst selten erleben, nehmen wir als besonders wahr. Ein Lächeln zählt für mich zu einem üblichen Gesichtsausdruck. Bei mir. Und noch viel lieber beim Gegenüber.

LÄCHELND LAUFEN – AMÜSANTE LAUFGESCHICHTEN AUS ALLER WELT

Bleibt die Frage, was ein Marathon oder eine noch längere Laufdistanz mit Glück zu tun hat. Nichts. Also nicht viel mit dem Zufallsglück. Die verschiedenen Facetten des Glücks zeigen sich natürlich auch bei intensiver Bewegung. Freude, Leid, innere Einkehr, der Moment, ein leichtes Lächeln auf den Lippen hilft über anstrengende Phasen hinweg. Lieber Lachfalten um die Augen als eine runzlige Stirn. Laufen ist Freiheit und Frieden.

Wer auf Reisen geht, hat etwas zu erzählen. Gewollt oder nicht, bringen Ausflüge heitere Geschichten mit sich. Mit einem Schmunzeln lässt sich das Leben besser ertragen. Ebenso jeder Ultralauf oder Marathon. Verkrampfte Gesichtsausdrücke übertragen sich auf andere Körperpartien.

Lachen dagegen entspannt und wirkt sich allgemein positiv auf die Gesundheit aus. Es fördert den Sauerstoffaustausch im Gehirn und steigert die Konzentrationsfähigkeit. Die ausgeschütteten Glückshormone wirken entzündungshemmend und schmerzstillend. Das Immunsystem wird gestärkt. Lachen regt die Verdauung und den Stoffwechsel an. Und wirkt obendrein noch sympathisch. Wir sollten vermehrt lachen!

Die folgenden Anekdoten sind solche Schmunzler. Bei den Wettkämpfen rund um den Globus treffen die unterschiedlichsten Typen aufeinander. Und viele Storys. Vielleicht ist einem im Moment des Erlebens nicht zum Lachen zumute. Aber im Nachhinein dann meistens schon. Wer den Schaden hat, muss für den Spott nicht sorgen.

Es folgen ein paar skurrile Sportgeschichten, die das Hedonometer jedes Mal aufs Neue ausschlagen lassen. Auch wenn sie nicht auf Glück beruhen, lassen sie die Mundwinkel automatisch gen Ohr wachsen.

Fangen wir mit einer Schuhgeschichte an. Für Läufer ein unverzichtbares Utensil. Beim „Everest Trail Race" in Nepal ist die Anreise im Kleinbus aus Kathmandu in das kleine Städtchen Jiri, dem Startort des Multistagerennens, bereits ein Erlebnis.

Auf mehr oder weniger gut ausgebauten Straßen taucht das Gefährt immer tiefer in die zerklüftete Bergregion ein. Sechs Stunden dauert die Fahrt. Für eine Rast bot sich ein idyllisches Plätzchen am Tamakoshi River an. Über die Hälfte der Wegstrecke ist bereits absolviert.

Wir springen vergnügt aus den Bussen. Auf den riesigen Steinen am Flussufer mundet das Lunchpaket vorzüglich. Die Stimmung ist fast ausgelassen. Jeder ist in heller Freude, dass das Rennen bald losgeht. Bis dann irgendwann ein amerikanischer Laufkollege an sich herunterschaut.

Er sitzt in Flip-Flops bei angenehm wärmenden Temperaturen im Kreise seiner Mitstreiter. Und dann kommt ihm der stimmungsändernde Geistesblitz. Schuhe. Wo sind meine Laufschuhe? Aufregung macht sich breit. Jeder Läufer hinterließ eine Tasche mit nicht benötigtem Equipment im Hotel in Kathmandu. So auch er. Und darin, weit vom jetzigen Standort entfernt, befinden sich seine Laufschuhe.

Nun muss man wissen, dass von Kathmandu nach Jiri nicht mehrmals täglich ein Bus oder sonst irgendeine Transportmöglichkeit verkehrt. Ein Brainstorming mit den wildesten Ideen folgte. Zurückfahren und die Schuhe holen. Dann wäre er am nächsten Tag nicht pünktlich am Start. Einen Helikopter chartern und die Schuhe einfliegen lassen. Nicht nur kostentechnisch eine irrsinnige Variante. In Jiri sich nach einem Paar Ersatzschuhen umschauen, war da schon realistischer.

Wie allseits bekannt, haben die Bewohner des Himalajas in Größe und Statur nicht unbedingt amerikanische Maße. Um es kurz zu machen, Schuhe konnten aufgetrieben werden, allerdings zwei Nummern zu klein. Es blieb ihm nichts weiter übrig, als die erste Etappe in den engen Tretern zu absolvieren. Am zweiten Tag erreichte ein Versorgungsjeep das Camp und brachte seine gewohnten Trailschuhe.

In Costa Rica bei „The Coastal Challenge" ging etwas ganz anderes fast verloren. Nach Erreichen des Camps wartete ich auf die verbleibenden Mitstreiter. Darunter auch Patricia und Geert aus Belgien. Beide in den vergangenen Jahren lieb gewonnene Freunde. Immer für einen Scherz zu haben.

Was an diesem Tag passierte, überstieg allerdings den Spaßfaktor. Kurz vor dem Dunkelwerden sah ich Geert am Tagesziel ankommen. Ich ging auf ihn zu und beglückwünschte ihn zur Ankunft am Etappenziel. Er fragte mich, wo Patricia sei. Aber warum fragt er mich, es ist schließlich seine Frau, die den ganzen Tag mit ihm unterwegs war. Seine Blicke wurden unsicher, als er nachhakte, ob ich sie noch nicht im Camp gesehen habe.

Sie hatte den letzten Verpflegungsposten etwas früher als er verlassen. Und sie waren die gesamte Strecke zusammen gelaufen. Bis auf diesen kurzen Moment. Im Regenwald gibt es keinen Handyempfang. Schwierig, sie zu orten. Es ist nun bereits dunkel und ein Suchtrupp macht sich zu Fuß auf den Weg durch den Dschungel. Der Veranstalter versucht sein Glück im Allradfahrzeug über die einzige Piste zurück zum Punkt, an dem sie sich zuletzt gesehen haben.

Was war geschehen? Etwa 100 Meter nach diesem Checkposten bog die Laufstrecke fast unscheinbar nach links in den Regenwald ab. Ich hatte mich exakt dort ebenfalls verlaufen. Geert folgte kurze Zeit nach Patricia und hinter ihm der Besenwagen. Das ist der Helfer, der den letzten Läufer ins Ziel begleitet und dabei sämtliche Streckenmarkierungen entfernen muss.

Patricia ist aber genau dort der geradeaus führenden Straße gefolgt. Als sie zurückkam, war die Markierung bereits weg. Keine Chance, den Weg zu finden. Sie machte das einzig Richtige und wartete an exakt der Stelle, an der der Verpflegungsposten aufgestellt war. Nach Stunden nahten die Retter. Bleibt die Erkenntnis: seine Frau loszuwerden, geht also auf absolut unterschiedliche Weise.

Den Umgang mit trendigen Wettkampfernährungen muss der eine oder andere erst noch üben. Einem französischen Läufer wurde die froschlaichartige Konsistenz von energiebringenden, eingeweichten Chiasamen zum Verhängnis. Total ausgelaugt erreichte er das Ziel. Er hatte sich voll und ganz auf Tipps erfahrener Läufer verlassen, die aus den kleinen schwarzen Körnern ihre Kraft während der Läufe schöpfen.

Ohne die Anwendung im Vorfeld zu testen, befüllte er seine Trinkblase im Rucksack mit Chia und Wasser. Die Samen haben aber eine folgenschwere Eigenschaft. Als kleine Pünktchen mit Wasser übergossen, quellen die Powerkörner auf das Zehnfache ihres Volumens auf. Und verkleben so die Ventile und Schläuche des Trinksystems. Aus Powerfood wird Non-Food. Beim nächsten Mal ist er schlauer.

Das bin ich in Zukunft auch, wenn es um das Schuhe binden geht. Bei einem Triathlon, und dann noch speziell auf einer Ironman-Distanz, muss auch das Material stimmen. Alles wird bis aufs Kleinste getestet und erprobt. Nach 3,8 Kilometer Schwimmen ist ein schneller Ausstieg aus dem eng anliegenden Neoprenanzug wichtig für einen direkten Übergang zum Radfahren. Dort sind dann die Schuhe mittels Gummibandes am Rahmen fixiert, um schnell hineinzuschlüpfen.

Und nach 180 Kilometern Kreuzblick auf dem Aerolenker geht es in Windeseile in die Laufschuhe. Eigentlich. Wenn da nicht diese unvorhergesehenen kleinen Missgeschicke lauern. So geschehen bei der „Challenge Roth". Im Beutel mit den Wechselsachen für das Laufen sind neben den Schuhen noch eine Kappe und ein paar Energieriegel. Eigentlich überschaubar. Radschuhe verbleiben am Rad, also flugs hinein in die Laufschlappen. Aber halt.

Die Schnürbänder sind mit Doppelknoten zugebunden. Und die Füße bereits so aufgequollen, dass ein Hineinschlüpfen unmöglich ist. So sitze ich da und das halbe Feld zieht an mir vorbei. Mit zitternden Händen gelingt es mir nach unendlich scheinender Zeit, die Knoten zu lösen. Wie konnte das passieren?

Am Vortag vor Abgabe der Wechselbeutel habe ich noch kurz eine Auflockerungsrunde gedreht. Und bin in schlechter Gewohnheit aus den Schuhen geschlüpft. Das Öffnen der Schnürbänder wird überbewertet. Bereits auf der Laufstrecke habe ich mich über meinen Lapsus köstlich amüsiert. Wenn es sonst schon niemand mitbekommen hat, konnte wenigstens einer darüber lachen.

Schuhe sind schon ein wichtiges Thema. Die richtige Größe ist keine Glückssache. Sie lässt sich relativ einfach bestimmen. Und doch spielen bei Langdistanzläufen andere Faktoren noch eine Rolle.

Ein Wüstenlauf ist nicht vergleichbar mit einem Stadtmarathon. Davon haben die wenigsten Schuhverkäufer Ahnung. Und empfehlen gern den Laufschuh eine Nummer größer als der Alltagsschuh. Klingt ja schon mal nach viel Spielraum.

Ich gehe da noch einen Schritt weiter und sage, zwei Nummern mehr sind für die Wüste angebracht. Was bei zu kleinem Schuh passieren kann, hat ein australischer Läufer in der Atacamawüste schmerzlich erfahren. Bereits am ersten Tag schwellen die Füße in der Hitze an. Übersät mit Blasen und schwarzen Zehennägeln, quälte sich der Newbie über die Tagesetappe.

Für die verbleibenden 220 Kilometer blieb dann nichts anderes übrig, als die Kappe der nagelneuen Schuhe vorn aufzuschneiden. Also eine halbe Sandale daraus zu machen. Eine dünne Wüstengamasche bildet den einzigen Schutz an den Zehen gegen Staub und Stöße. Wenigstens konnte er das Rennen so solide beenden. Improvisation ist alles. Gelacht hat er vom ersten Moment an über seine ganz persönliche Atacamageschichte.

Aus der Atacama stammt eine weitere lustige Laufgeschichte. Wüstenfuchs Ash, der mit den Rekordteilnahmen im Norden Chiles, hätte um ein Haar nach Überqueren der Ziellinie in einer Zelle übernachtet. Man muss sich vorstellen, welcher Druck nach einer Woche Leben aus dem Rucksack abfällt, sobald man das Ziel erreicht hat.

Am Hauptplatz, dem Plaza de San Pedro de Atacama, befindet sich neben dem Zieleinlauf auch der Polizeiposten der Stadt. Und einige Cafés und Restaurants. Für die Läufer eine günstige Gelegenheit, das Erreichte bei dem einen oder anderen Kaltgetränk zu feiern. Während seine Zeltkameraden auf der Terrasse eines dieser Wirtshäuser feierten, suchte er den Ort der Stille auf einer nahe liegenden Parkbank.

Von einem Sixpack Bier hatte er gerade die erste Dose geöffnet. So weit kein Verbrechen. Nur einen Bruchteil später sah er sich einem wütend schreienden Beamten gegenüber. Anhand der

Schulterstücke ließ sich kein Dienstgrad erkennen. Seine Schimpftiraden lassen aber mindestens einen Obermeister erahnen.

Mit jedem spanischen Wort, das er dem immer noch ahnungslosen, fast schon lokalen Helden Ash bei seiner neunten Teilnahme entgegenschleudert, nimmt sein Gesicht mehr und mehr die Farbe einer unter der Atacamasonne gereiften Tomate an. Dass Ash nichts dergleichen tat und weiter an seinem Bier nippte, brachte den Vulkan fast zur Explosion.

Glücklicherweise kam die Angestellte des Restaurants zu Hilfe. Sie entschuldigte Ash, da er eine Woche in der Wüste unterwegs war und kein Spanisch spricht und dass er die lokalen Gegebenheiten selbstverständlich respektiere. Denn man muss wissen, dass der Konsum alkoholischer Getränke im öffentlichen Raum in Chile verboten ist. Der Officer beschlagnahmte das restliche Bier und beließ es bei einer Verwarnung.

So kann ein Wettkampf auch enden. Mit einem Bein in einem kühlen, schattigen chilenischen Kittchen.

Bei einem „Global-Limits"-Rennen in Sri Lanka nahm eine Tagesetappe ein anderes Ende, als es der Läufer geplant hatte. Müde und lustlos schleppte er sich über eine Abkürzung ins Camp. Es war ihm bewusst, dass er dafür disqualifiziert würde. Sechs Kilometer hatte er sich so erspart.

Als er sein Lager aufschlagen wollte, gaben ihm die anderen Teilnehmer zu verstehen, dass sie keinen Looser und Aussteiger unter ihresgleichen möchten. Auch ein Telefonat mit seiner Frau machte die Situation nicht besser. Sie prophezeite ihm, er müsse nicht nach Hause kommen, wenn er die Etappe nicht beende. Es blieb ihm also keine Wahl.

Er musste zurück auf die Strecke. Zu seiner Unterstützung schickte der Veranstalter einen Volunteer mit. Es wurde der schnellste Streckenabschnitt seines Lebens. Ihm war also ein Schlafplatz im Camp sicher. Und auch zu Hause für die kommenden Jahre.

Vom Comrades-Marathon, dem ältesten Ultramarathon in Südafrika, hat Markus ein Erlebnis, das er nicht vergessen wird. Er begleitet ab und an blinde Läufer bei Wettkämpfen. So auch beim Comrades. Über die 90 Kilometer lange Strecke verteilen sich unzählige Verpflegungsstellen. Er als Guide hat die Verantwortung gegenüber dem sehbehinderten Läufer, sämtliche Besonderheiten mitzuteilen. Beim Laufen sind beide mit einem Band an den Händen verbunden. Der Begleiter leitet so den Läufer mit Sehverlust durch die Menge.

An den Verpflegungsstationen wird diese Verbindung zur Nahrungs- und Getränkeaufnahme getrennt. Damit niemand im Gewusel zwischen den 17.000 Startern verloren geht, dient eine klare Verständigung. Dazu gehören auch Ansagen, wie an einem Verpflegungspunkt vorzugehen ist. Im Rausche eines Wettkampfs kann es dann schon einmal vorkommen, dass man im Tunnel ist und die Realität schwindet.

Markus hat seinen Laufkumpel François mit „Please wait here" in der Nähe eines Getränkestandes bei Laufkilometer 70 zurückgelassen, damit er sich selbst verpflegen kann. Und dann kommt dieser Fokus bei einem Wettkampf. Nach einem Kilometer wieder im Laufrhythmus zurück auf der Strecke bemerkte er, dass François nicht bei ihm ist. Wie auch?

Er hatte ihm ja klar befohlen, an diesem Ort beim Getränkestand zu warten. Er selbst war einfach weitergerannt. Und sein Läufer stand immer noch an Ort und Stelle, nachdem Markus wieder zurück war. Am Ende konnten beide darüber lachen.

Stephan hat ein Lichttrauma. Oder besser eine Stirnlampenphobie. Nicht von Geburt an. Nein, erst seit seiner Teilnahme am „Munga Trail", einem 400-Kilometer-nonstop-Rennen durch die Buschlandschaft Südafrikas. Wie konnte es dazu kommen? In einer Nacht, in der sich seine Leuchte von einer Minute auf die nächste verabschiedete, bereute er vehement, die Ersatzlampe aus Gewichtsgründen nicht eingepackt zu haben. Im seichten Licht der Notbeleuchtung seines Mobiltelefons überstand er die Dunkelheit mit einigen fatalen Stürzen.

In der Folgenacht hielt er Kontakt zu einem anderen Teilnehmer des Events. Zwei Läufer, ein Lichtkegel. Es kommt, wie es kommen musste. Sie verliefen sich im Dickicht. In der darauf folgenden Nacht nahm die ohnehin schon sehr rudimentäre Leuchtkraft seines Nottelefons rapide ab. Wie durch ein Wunder bekam er in einer Ortschaft von einem am Wegesrande Stehenden eine Stirnlampe gereicht. Muss ich weiterschreiben? Es bedarf eigentlich keiner Worte.

Auch diese versagte kurze Zeit später den Dienst. Wer diese Langdistanzen mit mindestens einer durchlaufenen Nacht kennt, kann nachfühlen, was für ein Stress in der Dunkelheit zur steigenden Ermüdung hinzukommt. War es nun Pech oder Glück?

Eine Verkettung von Umständen führte dazu, dass Stephan den „Munga Trail" bei dieser Ausgabe nicht beenden konnte. Aber er kam ein Jahr später zu diesem anspruchsvollen Wettkampf zurück. Mit drei Stirnlampen inklusive Ersatzbatterien im Gepäck. Und beendete das Biest souverän innerhalb des Zeitlimits.

Es gibt da noch eine Laufgeschichte, die wenig mit Glück, aber viel mit Zufriedenheit zu tun hat. Es ist die von Lothar, einem Laufrentner aus Überzeugung. Also Läufer aus Überzeugung, nicht Rentner. Begonnen mit Laufen hat er im zarten Alter von 67 Jahren. Früher hatte ich mit ihm Spaß bei dem einen oder anderen Glas Rotwein. Mittlerweile verlagert sich das auf die Laufstrecke.

Er hat seine Quelle für neue Lebensfreude und Lebenslust gefunden. Zum Ausbau körperlicher, geistiger und sozialer Kompetenzen und Fähigkeiten ist man nie zu alt. Hypokrates hat bereits erkannt: Gehen ist die beste Medizin. Wir können unseren Alterungsprozess nicht aufhalten. Aber angenehmer gestalten.

Und so absolvierte Lothar seinen ersten Marathon erfolgreich mit 68 Jahren. Er steht stellvertretend als Inspiration für Glücklichsein und Zufriedenheit durch regelmäßige Bewegung. Seine Begeisterung ist beeindruckend. Rotwein trinkt er leider keinen mehr. Wir können unser Glück aber noch viel besser bei einer Laufrunde teilen.

Das ist nur ein Auszug aus fünf Jahren Ultralauf. Solche Geschichten allein würden ein Buch füllen. Es ist absolut wichtig, im Leben zu lachen und nicht alles zu ernst zu nehmen. Wenn mir auf meinen Laufrunden unentspannte Gesichter entgegenkommen, möchte ich am liebsten Motivator spielen. Aber dafür ist jeder selbst verantwortlich. Aus unserem Leben sollten wir das machen, was uns zufrieden macht.

Für mich sind das einfache Dinge. Auch mit 50 noch albern einen Kopfstand hinlegen. Den Anmeldebutton für die nächste Herausforderung drücken. Oder einfach mit Rucksack und wenig Gepäck auf Entdeckungslaufreise gehen. Ich werde immer wieder gefragt, was mir Sport und Laufen bedeutet. Dafür habe ich eine einfache Erläuterung in drei Worten: Teil meines Lebens.

Glück ist es, die Sonne zu riechen. Begeistert der fein surrenden Libelle nachschauen. Nicht alles hinterfragen. Loslassen können. Akzeptieren. Gelassenheit spüren. Mit der Welt zufrieden sein. Teilen. Die Realität annehmen. Nachfolgenden Generationen durch Bildung zukunftsorientierte Lebensfreude vermehren. Nur wer versteht, hat eine innere Wahrnehmung. Man muss keinen Doktortitel erwerben oder übernatürliche mathematische Gleichungen lösen.

Bildung kann auch Lebenserfahrung sein. Bildung ist ein Weg zum Glück. Das Zusammenspiel der einzelnen Bausteine Lebenserfahrung, Training, mentale Stärke, gesunde Ernährung, eine ausgeglichene Grundzufriedenheit und das Verständnis von Glück haben wesentlichen Anteil am Erfolg des *Run for Children*.

Station 6/7

„ALPS2OCEAN" NEUSEELAND, OZEANIEN

Vom Mount Cook zum Meer. In Neuseeland, beim „Alps2Ocean", steht die sechste Station des *Run for Children* an. Wie der Name schon sagt, führt die Laufstrecke aus den Bergen am Fuße des Aoraki, wie der Mount Cook auf Maori heißt, zur beschaulichen Stadt Oamaru am Pazifischen Ozean. Mit 323 Kilometern der längste Lauf des gesamten Charityprojekts.

Erschwerend kommt hinzu, dass der Start nur eine Woche nach dem Zieleinlauf in Costa Rica erfolgt. 19 Stunden Zeitverschiebung oder positiv ausgedrückt „nur" fünf Stunden. Bei Temperaturen um ein Grad Celsius und Schneefall vor der Auftaktetappe sehne ich mich zurück nach Costa Rica.

Eine einzige Nacht zu Hause im vertrauten Bett blieb mir auf der Zwischenstation hin zum Inselstaat im südlichen Pazifik. Zu wenig Zeit zum Verarbeiten der Erlebnisse aus Costa Rica, und um der verletzten Wade Ruhe zu gönnen. Die bereit liegende frische Kleidung und sämtliche Ernährung sind schnell im Rucksack verstaut. Wärmere Kleider als für Lateinamerika habe ich dabei.

In Neuseeland ist Sommerende. Da kann wettertechnisch alles passieren. Eine Besonderheit beim „Alps2Ocean" sind die zwei Kategorien, in denen gelaufen wird. Es gibt da die etwas abgespeckte Version, bei der eine Tasche mit Kleidern und Verpflegung von Camp zu Camp transportiert wird oder die All-in-Variante, bei der alles am Mann/Frau getragen wird. Die Distanz ist für alle gleich.

Was denkt ihr, für welche ich mich entschieden habe? Keine Frage, wenn schon, denn schon. Der Laufrucksack wiegt um die acht Kilo. Dazu kommt dann noch das Wasser für die Zwischenetappen zwischen den Verpflegungsposten.

Die wenigen Stunden in Zürich haben gerade so für eine Konsultation beim Physiotherapeuten ausgereicht. Christian kann in 30 Minuten keine Wunder bewirken. Er hat aber einen entscheidenden Tipp für mich. Ich solle, wenn möglich, nach Ankunft in Neuseeland einen speziell auf Nadelnsetzen ausgebildeten Physiotherapeuten suchen. Mittels dieser Methode lässt sich der Schmerz unterdrücken. Und sogar eine Heilung anregen.

Angekommen im beschaulichen Städtchen Oamaru, das einen unglaublich angenehmen Glanz des vergangenen Jahrhunderts versprüht, gab es erst einmal ein Wiedersehen mit alten Laufkumpanen zu feiern. Nach dem langen Flug und der damit einhergehenden mangelnden Bewegung spürte ich keinen Schmerz mehr. Der Tipp mit dem Nadelsetzer war also erst einmal verdrängt.

Bis hin zum Race Briefing. Diesem obligatorischen Teil eines Ausdauerwettkampfs, bei dem du alle Regeln und Strecken erklärt bekommst. Eine Informationsflut, die Teilnehmer regelmäßig einnicken lässt. An einer Stelle war ich jedoch hellwach.

Die gesamte Laufwoche sei ein Physiotherapeut dabei und versorge die Läufer bei kleinen Wehwehchen, versicherte uns Rennleiter Michael. Noch vor Ende der Unterweisung stand ich dem Physio gegenüber. Mike heißt er. Wie sonst? Wofür gibt es eigentlich diese Fülle von Namen? Eine andere Schreibweise genügt schon, um uns auseinanderzuhalten. Michael, Mike, Maik. Sich Namen bei Wettkämpfen zu merken, ist jeweils eine Herausforderung. Hier wird es einfach.

Aber zurück zum Gespräch mit dem Physio Mike. Natürlich kann er Nadeln setzen. Ist sogar Spezialist dafür. Ob ich jetzt sofort eine Therapie wolle oder erst morgen vor dem Start? Was getan ist, ist getan. Schon sitze ich auf dem nächstbesten Stuhl und er tastet an meiner Wade herum. Ich glaube nicht an Himmelswesen und dass sie uns im richtigen Moment jemanden schicken. Aber wenn es sie gibt, bin ich exakt jetzt dankbar dafür.

Dry Needling heißt die Methode, bei der myofasziale Triggerpunkte und Faszien behandelt werden. Dabei sticht der Therapeut mit einer sterilen Akkupunkturnadel in den Triggerpunkt oder den verhärteten Muskel. Der Nadelstich regt die Sauerstoffversorgung des strapazierten Segments an, senkt die Entzündungsreaktion und verbessert die Durchblutung. Die Verspannung löst sich dadurch dauerhaft. Verklebungen der Faszien ebenso.

Nicht zu verwechseln mit Akkupunktur. Beim Nadeln wird in den individuell entstandenen Triggerpunkt gestochen. Im Gegensatz dazu wird bei der Akkupunktur in allgemeine, in unterschiedlichen Gewebearten liegende Akkupunkturpunkte gestochen.

Die Chance auf Heilung ist erhöht, wenn dem belasteten Körperteil Ruhe gegönnt wird. Dafür bleibt keine Zeit. Morgen ist Start. Der Einstich löst die Verkrampfung. Ein angenehm wärmender Schmerz durchströmt die belasteten Muskelpartien. Ready to go. Mike wurde für mich zum Helden. Während der gesamten Rennwoche nahm er mir den Schmerz. Allabendlich und morgens vor dem Start setzte er mir über sechs Tage verteilt insgesamt 34 Nadeln.

Auf der längsten, 90 Kilometer langen Etappe, stand er am Checkposten bei Kilometer 60. An meinem schmerzverzerrten Gesicht hat er schnell erkannt, dass ich externe Unterstützung benötige. Im Stehen rammte er mir die Nadel in die Wade und ich konnte sofort weiterrennen. Miraculix Mike ist mein Held!

Der „Alps2Ocean" sollte einer dieser speziellen Boutique-Events werden. Der Veranstalter, selbst Ultraläufer, hat lokale Institutionen und Gewerbetreibende mobilisiert. So stimmte uns eine Schulklasse mit dem traditionellen Haka-Tanz auf die folgenden Tage ein.

Zum Start ging es im Helikopter, irgendwo an der Strecke stand ein lokaler Produzent von Räucherlachs mit Kostproben, an einem 12 Meter hohen Felsen mussten wir uns abseilen und nach einer Tagesetappe brachte uns ein Jetboot mit 100 Stundenkilometern über einen Fluss zum Camp. Dort gab es lecker Eiscreme vom Milchbauern um die Ecke.

Am finalen sechsten Tag dann die Krönung. Bei Durchquerung eines Weingutes bot der Weinbauer die Schätze seines Kellers zur Degustation an. Die Frage lautete nur: Weiß, rosé oder rot? Dazu feiner Käse. So lässt es sich doch aushalten! Wichtige Ablenkung während der sonst sehr langen Lauftage. Und eine gute Kombination aus Sport und Kontakt zu Land und Leuten.

Überhaupt sind die Kiwis ein sehr herzliches Volk. Liegt es daran, dass sie ganz allein weit weg von allen unten an der Weltkugel zurechtkommen müssen? Es ist wohl eher die Lebenseinstellung in einem technisch weit entwickelten Land. Hilfe untereinander ist allgegenwärtig. So fließen sämtliche Erträge aus den Startgeldern des „Alps2Ocean" in ein Jugendprojekt hier in der Region Otago. Das macht den Event noch sympathischer.

Und wie läuft es sich in Neuseeland? Technisch nicht der anspruchsvollste Untergrund, wurden wir doch mit den landestypischen Klischees bedient. Über weiches Gras auf riesigen Weideflächen, saftige Hügel, mehr Schafe als Einwohner. Hier auf der Südinsel hat die Milchwirtschaft in den vergangenen Jahrzehnten zugelegt. Wir sehen noch mehr Kühe als Schafe und durchqueren mehr Weidegatter als Ortschaften.

Ich kenne die verschiedenen Schließsysteme der Tore im Schlaf. Einfach hochklappen oder erst den Nippel durch die Lasche ziehen. Und wenn es mal klemmt, muss man den Umweg über den Zaun nehmen. Wer denkt, Zaun ist gleich Zaun, wird hier eines Besseren belehrt. Nicht umsonst messen sich alljährlich die besten Zaunbauer des Landes, um ihren Meister zu küren.

Ausdauersport und Natur sind in Neuseeland untrennbar miteinander verbunden. Die Kiwis spinnen, wenn es um Outdooraktivitäten geht. Sie verbringen viel Zeit in der Natur. Auch sportlich. Es ist wenig verwunderlich, dass es, über das gesamte Jahr verteilt, packende Sportevents gibt. Ob Straßenradrennen oder Mountainbike, Triathlons, Marathons oder die berühmten Adventure Races, bei denen es unterschiedliche Disziplinen zu absolvieren gilt, geschenkt wird sich dabei nichts.

Und so ist es auch wenig erstaunlich, dass ein Multistagelauf auf der Landkarte Neuseelands auftaucht. Der Hauptanteil der Läufer kommt von einer der beiden hiesigen Inseln oder aus dem Nachbarland Australien.

Das stellt uns Schul- oder Film-Englisch-Geprägte vor eine Riesenherausforderung in der Kommunikation. Im australischen Englisch hat man aufgrund der nasalen Aussprache und der damit einhergehenden Lässigkeit das Gefühl, der Gesprächspartner hat von irgendeinem berauschenden Mittel zu viel konsumiert. Die Neuseeländer wiederum pflegen eine so perfekte Lautverschiebung, die einfache Wörter zur Unkenntlichkeit verstellt.

„Good on ya" ist da noch eine verständliche Aussie-Floskel, die nach absolvierter Etappe immer wieder durch das Camp kreist. Jeder ist schnell ein „Mate" und verniedlichende Abkürzungen unterstreichen die australische Lässigkeit. Sunnie ist dann die Sonnenbrille und Undie die Unterhose.

Beim Neuseelandslang wird es da schon schwieriger. Ein „e" wird schnell zum „i" und das „i" zum „a" oder „u". In Kombination mit den gebräuchlichen Abkürzungen unverständlich für uns. Unklar? Dann übersetz mal den folgenden Satz: „Aw I dunno, it looks a bit sus." Alles klar? Im Englischen wäre es „Hmm. I don't know. It looks a bit suspicious." Easy, oder? Und „a bit of a problem" stellt bereits ein echtes Problem dar. Neuseeländer neigen zum Untertreiben. Ich mag sie, die Kiwis.

Sie sind stolz auf ihre Natur. Ein wenig erinnert mich die Landschaft hier an das hügelige Norwegen. Aber Neuseeland hat seinen eigenen, entspannten Charme. Nachdem Gott die Welt erschaffen hatte, bemerkte er, dass in der Weite des Pazifiks noch Platz ist. Platz genug für zwei Inseln. Also nahm er die schönsten und interessantesten Teile aller Kontinente und schuf sein Meisterwerk – Neuseeland. So jedenfalls klingt es in den Legenden der Ureinwohner.

Wir laufen auf der Südinsel. Sie ist abgeschiedener, wilder, das Klima rauer. Es regnet oft. Fruchtbare, weite Ebenen, immergrüne Wälder, tiefblaue Seen, die Gletscher an den Ausläufern der Southern Alps und die zerklüftete Küstenlinie mit ihren Fjorden prägen das Bild. Vom Zielort Oamaru aus stachen die ersten Antarktisexpeditionen in See. Mittlerweile hat sich die Reiseroute ins ewige Eis von Südamerika aus durchgesetzt.

Die abendliche Parade der Kolonie von putzig kleinen blauen Pinguinen zeugt von der Nähe zur Antarktis. Wir sind beim Laufen wettertechnisch fast schon verwöhnt. Nach dem Fehlstart mit Schnee und Regen am ersten Tag zeigt sich die Gegend von ihrer gastfreundlichsten Seite. Strahlend blauer Himmel lässt die Strapazen bei den Ultraetappen vergessen. So macht laufen Spaß.

Den „Alps2Ocean" gibt es in der hier beschriebenen Form nicht mehr. 2020 fand die dritte und letzte Ausgabe dieses fantastischen, fordernden, unterhaltsamen und mit Begeisterung organisierten Multistagerennens statt. Was mir ewig in Erinnerung bleiben wird, sind die Songs, die uns morgens pünktlich um fünf Uhr in voller Lautstärke aus dem Schlaf rissen. Und zwar Tag für Tag in der gleichen Reihenfolge.

„One Foot" von Walk the Moon ist so ein Ohrwurm. „Closer" von The Chainsmokers ein anderer. „Say It, Just Say It", „Go Bang", „Immortals", „The Man - Feel It Still", „Top Of The World" und viele andere werde ich stets mit Neuseeland verbinden. Sie sind längst Teil meiner Lebensplaylist.

Also nicht nur Menschen und Orte bleiben beim Reisen hängen. Sämtliche Emotionen, die wir losgelöst vom Alltagstrott erfahren, setzen sich stärker in unserem Gehirn fest.

Für total 560 Kilometer wettkampfmäßig in drei Wochen musste ich ans Äußerste gehen. Die Kombination der vergangenen beiden Wettkämpfe mit der Reise um die ganze Welt stellte die größte sportliche Herausforderung des gesamten Projekts *Run for Children* dar.

Nach erfolgreichem Zieleinlauf in Oamaru weiß ich mehr denn je, dass mentale Stärke, Willenskraft und Glaube an sich selbst unmöglich Geglaubtes möglich machen kann. Die Laufwoche in Neuseeland hat trotz der kurzen Aufenthaltsdauer vor Ort viel Positives hinterlassen.

DAS HILFSPROJEKT

„Ist man in kleinen Dingen nicht geduldig, bringt man die großen Vorhaben zum Scheitern."

Konfuzius

Uns geht es gut. Oft zu gut. Wir wissen nicht, wohin mit Zeit und Geld. Gönnen uns Dinge, die andere nicht für notwendig erachten. Das ist nicht in allen Gegenden der Welt der Fall. Wohlstand ist in der Minderheit.

Als Vater von drei Töchtern ist das Thema Kind allgegenwärtig. Unsere Junioren wachsen gut behütet auf. Auf meinen Reisen habe ich allerdings auch viel Elend und unterstützungsbedürftige Kinder gesehen. Kinder sind unsere Zukunft. Sie können in ihren jungen Jahren ihr Leben noch nicht selbst bestimmen. Gute Schulbildung gibt ihnen Perspektiven. Daraus entstand die Idee zum *Run for Children*.

Wer Sport treibt, denkt an sich und seinen Körper. Gesundheit und allgemeine Fitness stehen im Vordergrund. Aber auch immer mehr Sportler stellen sich in den Dienst guter Zwecke. Spenden zu sammeln für die Menschen, die nicht so privilegiert sind. Ein Stück

Lebensqualität weitergeben und möglichst viele Außenstehende auf Schicksale aufmerksam machen.

Einer kickt einen Fußball durch die Wüste, andere rennen mit WC-Brillen auf dem Rücken Marathon. Engagement ist gefragt. Spendenläufe für die unterschiedlichsten Zwecke gibt es in jeder Stadt. Absolut sinnvoll. Die Aktionen helfen Bedürftigen.

Körper und Geist sind bei uns Sportlern auf Vordermann. Bei einer Charityaktion kommt dann noch das Herz dazu. Ein Hilfsprojekt ist Herzenssache. Wohltätigkeit ist Geben. Gegenwert ist ein Lächeln. Läufer teilen Leidenschaft. Sind Vorbilder, nicht nur auf die Gesundheit bezogen.

Im Sport spielen Respekt, Freundschaft und Toleranz eine bedeutende Rolle. Auch gegenüber Benachteiligten. Die eigene Zufriedenheit und unser Wohlbefinden versprühen Glücksgefühle. Diese zu teilen, vervielfacht es.

Ebenso wie eine sportliche Herausforderung bietet eine wohltätige Aufgabe einen echten Anreiz. Ein gestecktes Ziel soll mit Durchhaltewillen und Disziplin erreicht werden. Dahinter verbirgt sich harte Arbeit.

Ich gehe sogar so weit, zu sagen, dass die sportliche Aufgabe beim *Run for Children* der weniger mühsame Teil des Projekts ist. Bei der Vielzahl von Spendenveranstaltungen und Projekten der etablierten Hilfsorganisationen bedeutet eine private Charity auch ein gewisses Risiko. Und bedarf einer guten Vorbereitung. Mit Leib und Seele in jeder Beziehung. Schwitzen mit altruistischem Nutzen.

VORBEREITUNG UND SPONSORENSUCHE

„Himalayan Care Hands" ist eine Nichtregierungsorganisation (NGO), welche die Entwicklung sozial benachteiligter Menschen in Nepal unterstützt und fördert. Das Ziel ist es, Bewohnern und Bewohnerinnen in abgelegenen Regionen eine verlässliche Gesundheitsversorgung sowie eine umfassende Schulbildung zu ermöglichen.

Auf die Organisation aufmerksam geworden bin ich durch Peter, einen Freund, der mehrere Jahre lang freiwillige Arbeit vor Ort geleistet hat. Er wies mich auf das Schulprojekt und dessen Dringlichkeit in Mainapokhari hin. Bei der Auswahl eines unterstützungswürdigen Projekts ist Vertrauen ein entscheidender Faktor. Nicht nur die Spender, auch die beteiligten Partner sollten auf Augenhöhe agieren.

Laufbegeisterte sorgen mit ihren Spendenaktionen weltweit für gewaltige Summen, die in Spendentöpfen landen. So erliefen über 77.000 Teilnehmer beim siebten „Wings for Life Run" 2020 rund 2,8 Millionen Euro für die Rückenmarksforschung. Diese Art, die Sportler einzubinden, etablierte sich mittlerweile bei vielen international beachteten Marathons.

Spitzenreiter in Sachen Charity ist der London-Marathon. Jährlich laufen etwa 75 Prozent der 40.000 Starter für wohltätige Zwecke. Bei der Austragung 2019 wurde, seit der Gründung 1981, die historische Marke von einer Milliarde Pfund gesammelter Spenden erreicht. Mehrere Jahre in Folge erzielte der Klassiker in der britischen Hauptstadt den Rekord für das größte, eintägige Charityevent der Welt.

Bereits die alten Ägypter unterstützten die weniger gut Betuchten unter ihnen. Nicht uneigennützig. Die wohlhabenden Bevölkerungsschichten versprachen sich neben höherem Ansehen, Dankbarkeit und öffentlichen Ehrungen eine Loslösung von ihren Sünden. Neben tönernen Krügen und allerhand Schmuck auch etwas menschliche Ausgleichsleistung mit in die Grabstätte zu nehmen, schadete nicht.

Oft steckte politisches Kalkül dahinter. Philanthropen in der Antike erwarteten nicht selten, dass ihre Wohltätigkeit im Gegenzug etwas nützt. Ruhm und Ehre, aber auch höhere Ämter waren den menschenfreundlichen Wohltätern sicher.

Das ist in der Neuzeit kein Antrieb mehr. Wir haben, also geben wir. In den vergangenen Jahren leisteten wir im Familienkreis bereits bei verschiedenen Gelegenheiten Hilfe. Dieses Mal sollen Außenstehende mit ins Boot. Und ein Partner, der sich um die Umsetzung der Spendenaktion kümmert.

Gemeinnützige Organisationen gibt es wie Sand am Meer. Wie also die Passende finden? Die Themen für eine wohltätige Aktion waren schnell zusammengetragen. Kinder, Asien, Bildung. Und es sollte in einem abgelegenen, von den Medien weniger beachteten Gebiet Hilfe geleistet werden.

Wir sind eher berührt von menschlichen Schicksalen, wenn sie uns nahestehen. Nicht nur emotional, auch räumlich. Die digitale Kommunikation erlaubt es, Bilder in Echtzeit in unsere Wohnzimmer zu projizieren. Aber alles, was greifbar ist und um die Ecke passiert, ist einfacher nachvollziehbar.

Darum fiel bewusst die Auswahl auf ein Gebiet im Himalaja, das vom Tourismus nicht tangiert wird. Den Menschen dort wurde nach dem Jahrhunderterdbeben keine adäquate Hilfe zugestanden.

Die Hilfsorganisation „Himalayan Care Hands“ (HCH) steht beispielhaft für eine Zusammenarbeit auf gesunder Vertrauensbasis. Jagat Dahal, Mitbegründer und unser Mann vor Ort, konnte in den vergangenen Jahren schon einige Projekte erfolgreich umsetzen.

HCH hat sich drei Begriffe zur Mission gemacht: Empowering (befähigen), Enabling (aktivieren), Educating (ausbilden). Es geht ihnen also nicht rein um eine Hilfslieferung oder einen einmaligen Einsatz. Die Vorhaben sind immer langfristig konzipiert.

So auch das Projekt, welches sich der *Run for Children* zu Herzen genommen hat. Der Projekttitel lautet: „Promoting children’s welfare & education“. Die Förderung des Wohls und der Ausbildung von Kindern steht im Mittelpunkt.

Angesiedelt ist das Projekt in Mainapokhari, einer Stadt im Bezirk Dolakha südwestlich des Everestgebietes. Diese entlegene Region findet weniger Beachtung und ist demzufolge auch nicht so weit entwickelt wie andere Bezirke in Nepal. Die etwa eine Million Menschen, die hier leben, verfügen nicht einmal über die lebensnötige Grundversorgung.

Der *Run for Children*, und somit mein persönliches Laufprojekt, sammelt Spenden für die Finanzierung einer neuen Bibliothek. Wichtig bei Hilfsprojekten ist Transparenz. Den Spendern konnten wir eine 100-prozentige Verwendung der Zuwendungen für den Bau und die Inbetriebnahme zusichern.

Die zu unterstützende Hanumanteshwor-Schule in Mainapokhari ist die beste Schule in der Region und bietet 1.000 Schülern Primar-, Sekundarschulunterricht und Universitätskurse an. Morgens werden jeweils die Studierenden unterrichtet, am Nachmittag strömen die Primar- und Sekundarschüler in die Schule. Pro Klassenzimmer sind es durchschnittlich 65 Kinder, welche an sechs Tagen der Woche die Schule besuchen.

Da es sich bei der Hanumanteshwor-Schule um eine öffentlich finanzierte Schule handelt, ist sie für Schüler und Schülerinnen mit jedem sozioökonomischen Hintergrund zugänglich. Dies führt zu einer Durchmischung von Kindern aus allen Schichten und resultiert in einer guten Lernatmosphäre.

Das Organisieren einer Spendenaktion ist aufwendiger, als anfangs angenommen. Volle zwei Jahre wird das Projekt sämtliche zusätzlichen Ressourcen binden. So etwas geht nicht allein. Dafür braucht es ein starkes Team. Durch Konrad, den Trainer und Christian, den Physiotherapeuten, ist die sportliche Vorbereitung bestens abgedeckt. Administrativ gibt es aber auch allerhand zu tun.

Sponsoren aus den Bereichen Sportartikel, Anbieter von Sporternährung und Körperpflegeprodukten, die es für die Wettkämpfe braucht, und natürlich finanzielle Unterstützer für den Bibliotheksbau müssen gefunden werden. Kosten sollen im Allgemeinen schlank gehalten werden. Für sämtliche Reiseauslagen kommt meine Sport- und Abenteuerreisen-Agentur „ACTREME" auf.

Die Akquise von Spendern benötigt nicht nur Zeit, sondern auch marketingtechnisch einer guten Aufbereitung. Über eine Ausschreibung an einer Hochschule für Kommunikation haben sich zwei Freiwillige bereit erklärt, den *Run for Children* zu unterstützen. Gioia, Studentin der Publizistik und Kommunikationswissenschaften, und Funda, Studentin Kommunikation mit Vertiefung in Journalismus und Organisationskommunikation, unterstützen uns von nun an tatkräftig. Es klingt vielleicht banal. Aber auch eine Social-Media-Kampagne will geplant sein. Einfach mal drauflosposten, bringt nicht den gewünschten Erfolg.

Laufkumpel Rainer zur Gründung einer rechtlichen Gesellschaftsform zu gewinnen, brauchte nicht viel Überzeugungsarbeit. Somit war auch gleich ein Zuständiger für die Finanzen gefunden. Aus juristischen Gründen muss ein gemeinnütziger Verein, „Run for Help", gegründet werden. Absolut nachvollziehbar, dass große Hilfsorganisationen einen aufgebauschten Verwaltungsapparat haben.

Es gibt einiges zu beachten und abzuarbeiten, bevor der erste Laufkilometer für eine Spende absolviert ist. Oder bevor der erste Ziegelstein für den Bau der Bibliothek gesetzt ist. In unserem kleinen, bescheidenen Rahmen verteilen wir die Aufgaben auf ein paar wenige, kräftige Schultern.

Ich will doch nur laufen! Langsam, noch nicht. Es sind gut zwei weitere Monate bis zum Start in Albanien, als die finale Präsentationsmappe und alle Kommunikationstools druckbereit sind. Auch hier gilt es, Kosten zu minimieren. Ausgedruckt wird nur bei Bedarf. Verschwendung wäre kontraproduktiv.

Das Marketing greift bereits. Die ersten Spenden trudeln ein. Erstaunlich, welche Bereitschaft Privatpersonen an den Tag legen. Firmen und Institutionen sind da eher zurückhaltend. Gestiftete Beträge kommen aus dem persönlichen Umfeld und sind mit Emotionen verbunden. Das ist eine wichtige Erkenntnis aus dem *Run for Children*. Ein greifendes Argument ist dabei die 100-prozentige Bereitstellung des Spendenbetrags für das Bibliotheksgebäude.

Beim verheerenden Erdbeben 2015 wurde die Bibliothek der Schule in Mainapokhari komplett zerstört. Nur wenige Lehrbücher konnten gerettet werden. Die Schule ist in der Folge nicht in der Lage, den Schülern eine neue Bibliothek zu bieten. In der Region gibt es keinen öffentlichen Zugang zu Büchern und die wenigen Lehrmittel, welche die Kinder besitzen, reichen qualitativ nicht aus.

Die Idee von „Himalayan Care Hands" ist es, eine E-Bibliothek aufzubauen. Anstatt physischen Büchern stehen Computerarbeitsplätze mit Internetzugang bereit. Die Schüler und Schülerinnen haben somit immer Zugang zu aktuellen Onlineressourcen. Durch die digitale Bibliothek ergibt sich für die Kinder außerdem die Chance, ihre IT-Fähigkeiten zu entwickeln und sich in der digitalen Welt zurechtzufinden.

Was treibt uns dazu, für wildfremde Menschen unsere Geldbörse zu öffnen? Hilfe zu leisten kann emotionale, aber auch rationale Gründe als Ursache haben. Besonders in der Zeit vor Weihnachten flattern unzählige Prospekte für Spendenaufrufe von weltweit agierenden Hilfsorganisationen ins Haus. Oft mit Fotos von leidenden Menschen versehen. Diese Bilder regen uns eher an, als eindeutige Statistiken, die benötigte Beträge offenbaren.

Die Bereitschaft, einen Beitrag für eine Verbesserung der Lebenssituation der Schwachen zu leisten, ist mit visualisierten Einladungen höher. Rationale Gründe, wie Steuereinsparungen, können ebenso zum Unterstützen animieren. Jeder ist ein anderer Spendertyp. Für ein eigenes Hilfsprojekt ist Wissen über die Charakteristik der Spendergruppe von Vorteil. Und eine klare Kommunikation des Wohltätigkeitsziels.

Bei einem persönlichen philanthropischen Engagement ist exakte Kenntnis über den Verbleib der Spenden oberstes Gebot. Der Fluss der finanziellen Mittel muss nachvollziehbar sein. Transparenz schafft Vertrauen. Das wird bei etablierten Hilfsorganisationen oft als Nachteil gewertet. Je mehr Kostenstellen involviert sind, desto höher sind administrativer Aufwand und Marketinggebühren.

Auf der anderen Seite muss man klar die Frage stellen, wer sonst auf die Probleme aufmerksam macht und aktive Hilfe in Notsituationen oder Katastrophenfällen leistet. Die humanitären Maßnahmen sind wichtig und unabdingbar. Der Reinerlös ist bei diesen Organisationen meist geringer, der Hilfsgedanke professionalisiert.

Was aber effektiv zählt, ist der gute Ansatz. Tatsache ist, dass in vielen Teilen der Welt die Staaten allein nicht in der Lage sind, auf unvorhergesehene Entwicklungen und Katastrophen reagieren zu können.

Für den *Run for Children* soll es ein direkter Weg sein. Spendengelder fließen ohne Zusatzkosten nach Mainapokhari. Ein Leistungsversprechen, dessen Umsetzung dank direkter Wege zugesichert werden kann. Eingehende Spenden werden auf einem Konto in der Schweiz gesammelt. Kontogebühren übernehmen vollumfänglich die Vereinsmitglieder mittels Jahresbeitrags.

Die benötigten Tranchen werden auf das Konto von „Himalayan Care Hands" überwiesen. Und dort von freiwilligen Helfern für die vertraglich festgelegten Arbeiten aufgewendet. Wer denkt, in Ländern wie Nepal läuft das alles in irgendeiner Form unter dem Tisch ab, irrt sich. Die Behörden mussten das Projekt erst als Charity absegnen, bevor Planung und Umsetzung beginnen konnten. Es wird also nicht einfach ins Blaue hinein investiert. Die Authentizität des *Run for Children* wird unter potenziellen Spendern positiv aufgenommen.

Spenden zu sammeln, klingt einfach. Im Bekanntenkreis ein wenig Marketing für die eigene Idee machen und dann läuft das. So denken viele. In der Realität sieht das etwas anders aus. Das Budget für den Bau der Bibliothek inklusive Ausstattung und notwendigem Zusatzequipment beläuft sich auf 28.000 US-Dollar. Keine große Summe für mitteleuropäische Verhältnisse.

Zerlegt man das in Teilbeträge zu 100 US-Dollar, werden 280 Gönner benötigt, um diesen Betrag zu erreichen. Manchmal gehen größere Summen von Einzelpersonen oder Firmen und Organisationen ein. Aber auch kleinere. Das bedeutet, das Konzept muss rund 280-mal präsentiert werden. Bei Veranstaltungen können auch einmal mehrere gleichzeitig informiert werden.

Die sozialen Medien eignen sich, um mit großem Streuverlust immer wieder darauf hinzuweisen. Nichtsdestotrotz bleibt viel Handarbeit. Telefonate, Gespräche, Mittagessen. Zeit, deren Aufwand absolut lohnt.

Es gibt aber auch schwierige Momente bei solch einer Spendenaktion. Wenn der Geldfluss stockt oder Maßnahmen nicht greifen. Das Gesamtprojekt hat eine Laufzeit von zwei Jahren. Der Zeitraum von der ersten finanziellen Zuwendung bis zur Zahlung des Restbetrags in Nepal beträgt 18 Monate. Ein relativ langer Zeitraum mit Leerlauf.

In diesen Momenten muss man Ruhe bewahren. Auch wenn mal wochenlang kein Geld eingeht, ist das kein Grund zur Sorge. Ein Hilfsversprechen und die detaillierte Planung bauen natürlich zusätzlichen Druck auf. Aber wie bei einer sportlichen Herausforderung lernt man auch hier, damit umzugehen.

Es gibt überhaupt einige Parallelen zwischen Freiwilligenarbeit und Sport. Engagement und Eigeninitiative sind gefragt. Durchhaltewillen, auch wenn es mal zäh wird. Ein vorher definiertes Ziel soll erreicht werden. Aktivität wird mit Erfolg belohnt. Und eine permanente Anpassung an unvorhergesehene Umstände trainiert die persönliche Leistungsfähigkeit. Den Fokus klar zielorientiert gerichtet. Die Charity soll dabei nicht zum Wettkampf werden. Überambitionen sind fehl am Platze.

Es gab den Moment, der mich skeptisch machte. Sechs Monate vor Eröffnung der Bibliothek fehlte noch ein immenser Betrag der anvisierten Bausumme. Es fühlt sich an wie auf einem langen Lauf. Die Durststrecken, durch die du durchmusst. Und da findet sich wieder eine Gemeinsamkeit zum Sport.

Der Blick nach vorn. Die Ziellinie anpeilen. Visualisieren. Nicht aufgeben. Auf die Stärken besinnen. Mit zweiter Luft und neuer Power geht es dann irgendwann wieder weiter.

Jetzt die Kraft der positiven Gedanken nutzen. Sich selbst Mut zusprechen. Ein Schritt nach dem anderen. Keine drei Wochen später gingen wieder Spendengelder ein. Dranbleiben lohnt sich im Leben.

Dank der guten Beurteilungen der Hanumanteshwor-Schule werden in den kommenden Jahren noch mehr Schüler den Unterricht besuchen. Ein Ausbau der Schule ist dringend notwendig. Dazu gehört auch die digitale Bibliothek. Die Fortschritte des Baus zu verfolgen, macht Mut und motiviert. Das Gebäude vom Fundament bis zur Schlüsselübergabe soll in einem halben Jahr erstellt werden. Ambitionierte Vorgabe für nepalesische Verhältnisse.

Laufende Berichte per Bild und Berichterstattung von Jagat lassen uns erstaunen. Voller Tatendrang wird am Objekt gearbeitet. Das artet ja nun doch fast in sportlichen Wettstreit aus. Sobald der nächste Teilbetrag zusammen ist, wird in Nepal fleißig weitergebaut. Es liegt nun an uns, das angepeilte Ziel zu erreichen. Wir können gar nicht anders und lassen uns gern anspornen.

FRÖHLICHE GESICHTER BEI DER ERÖFFNUNG

Mit sämtlichen Ausgaben für die Reisen und die Wettkämpfe des *Run for Children* hätte ich die Bibliothek aus meiner eigenen Tasche bezahlen können. Ein Gegenargument, wenn es um die benötigten Spendengelder geht. Ja, das ist korrekt. Aber dafür habe ich das Hilfsprojekt nicht ins Leben gerufen. Aufmerksam machen auf Notstände, ist das Ziel. Und möglichst viele andere mit ins Boot nehmen.

Auf den Reisen entdecke ich immer wieder Schicksale, die unsere Hilfe benötigen. Man kann nicht überall helfen. Richtig. Man kann aber immer mehr, als gar nicht helfen.

Es bleibt eine Frage der Betrachtungsweise. Als Sportler ist ein dritter Platz manchmal mehr wert als ein zweiter. Psychologisch betrachtet. Während wir beim zweiten Platz die verpassten Chancen auf den Sieg in den Vordergrund stellen, fühlt sich der verbleibende Rang auf dem Podium 100-mal besser an als der Gewinn der goldenen Ananas.

Beim Streben nach ultimativer Anerkennung, intrinsisch oder extrinsisch, muss es nicht immer das Maximum sein. Lieber den Spatz in der Hand als die Taube auf dem Dach. Wenn wir mit unseren eigenen Lebensbedingungen zufrieden sind, fällt es uns leichter, abzugeben. Und diejenigen teilhaben zu lassen, die es benötigen.

Spenden aufzutreiben, ist schwieriger, als anfangs angenommen. Gefühlt jeder Läufer ist für einen guten Zweck unterwegs. Reckt im Zielbereich fotogen ein Banner mit den Sponsoren in die Höhe. Und klappert dafür seinen Bekanntenkreis ab. Viel Überzeugungsarbeit führt zum Erfolg. 90 Prozent der Spenden beim *Run for Children* kommen aus privater Hand.

Wer denkt, bei einem weltweit umspannenden Projekt sind die Fluggesellschaften doch bestimmt interessiert, liegt falsch. Selbst vor COVID-19 ist da nicht viel zu holen. Großunternehmen haben eine Marketingstrategie und warten nicht auf den Einzelnen, der auf Instagram oder Facebook einen Hashtag setzt.

Zulieferer der Sportartikelbranche arbeiten mit Profisportlern zusammen. Auch aus dieser Richtung kommt wenig Unterstützung. Zumindest keine finanzielle. Wilde E-Mail-Anschreiben an ausgewählte Unternehmen landen im Papierkorb, wenn sie den Spamfilter überhaupt überleben. Ein Kuchenbasar könnte ein paar Taler in den Spendenpool einbringen. Oder die klassische Klingeldose in der Fußgängerzone.

Zu diesen Mitteln mussten wir glücklicherweise nicht greifen. Es bleibt aber die Erkenntnis, dass ein Charitylauf nicht einfach nur laufen ist. Ohne persönliche Kontaktaufnahme kommt kein Geld in das Kässeli.

In Mainapokhari geht es voran. Der zweistöckige Rohbau wächst zusehends. Noch lässt sich nur erahnen, was das unscheinbare Gebäude der Gemeinde bringen wird. Lehrkräfte der angrenzenden Schule werden das Tagesgeschäft in der Bibliothek betreuen. Die Schulklassen bekommen dank einem Stundenplan die Nutzungszeiten vorgegeben.

25 Computerarbeitsplätze stehen zur Verfügung. Das klingt nicht viel im Verhältnis zur Gesamtanzahl der Schüler. Ist aber eine enorme Bereicherung, wenn man die Situation der vergangenen Jahre betrachtet. Die Kinder und Jugendlichen sind wissbegierig und können die Eröffnung kaum abwarten.

Manchmal bin ich schon fast zu entspannt. Unruhige Nächte vor Wettkämpfen, in denen man kein Auge zubekommt, sind lange her. Eine gesunde Erregung ist sicherlich gut. Sie ist mir allerdings irgendwie abhandengekommen. Mit zunehmender Erfahrung, sowohl im Leben als auch im Sport, hat sich eine zufriedene Gelassenheit eingeschlichen. Die Unsicherheit, das Spendenziel nicht zu erreichen, ist selbstverständlich vorhanden.

So kurz vor dem Ziel noch aufzugeben, kommt mir aber nicht in den Sinn. Ist das Stärke oder Schwäche? Zu positiv oder eher Naivität? Hoffnung oder Glaube an das Gute? Optimismus trifft es wohl am ehesten. Eine gesunde Portion davon kann in keiner Situation schaden.

Mein nächster Besuch in Nepal wird einer der emotionalsten. Es steht kein Wettkampf auf dem Programm. Eher das Ende einer langen Reise. Für dieses Mal ein Ankommen. An einem Ort, der mir fremd und gleichzeitig so vertraut ist. Der mich auf vielen Laufkilometern begleitet hat. Unzählige Stunden Aufwand verbinde ich mit dem unscheinbaren Namen Mainapokhari.

Das Projekt *Run for Children* bildet ebenso den Höhepunkt einer Veränderung. Einer inneren Revolution. Einer Metamorphose. Von der Raupe zum Schmetterling. Oder, besser gesagt, von der Couch-Potatoe zum Läufer.

Pünktlich zum abschließenden Lauf Nummer sieben in Marokko ist das Spendenkonto auf den erstrebten Betrag angewachsen. Das Budget von 28.000 US-Dollar war gut kalkuliert. Mit der finalen Spendensumme haben die Verantwortlichen vor Ort die zu erwarteten Baukosten abdecken können. Befriedigung und Dankbarkeit sind in diesem Moment nur zwei der Gefühle, die ich schlecht in Worte fassen kann.

Und so stehe ich an einem Samstag Anfang Juni 2019 an exakt der Stelle, an der noch vor sechs Monaten eine alte Blechhütte ihren Dienst als Geräteschuppen verrichtete. Hinter mir ein fertiges Bauwerk, für das jeder Aufwand lohnenswert war. Vor mir 200 strahlende Kinderaugen als Vertreter der Schüler.

Die offiziellen Ansprachen wollen kein Ende nehmen. Aus Politik und Wirtschaft ist lokale Prominenz angereist. Das Gebäude und der damit verbundene Nutzen werden gewürdigt und Urkunden ausgetauscht. Ich durfte das Objekt bis zu diesem Moment noch nicht betreten. Bei der anschließenden Begehung staune ich nicht schlecht. Innerhalb kurzer Zeit sind zweckmäßige, in Weiß getünchte Unterrichtsräume entstanden. Mit allem, was die Schüler für ihre Ausbildung benötigen.

Deren Augen blitzen. Der Wissensdurst ist spürbar. Ein 13-jähriger Knabe erzählt mir stolz, dass er Pilot werden möchte. Ich lasse keinen Zweifel daran, dass er nicht alles, in seinem Rahmen Mögliche, für die Erfüllung dieses Traums geben wird.

Es wird ein ebensolcher Marathon für ihn, wie wir Menschen unser Leben wahrnehmen. Wir erscheinen auf der Welt und werden unterstützt, bis wir bereit sind für die Zukunft. Welchen Weg wir einschlagen, wissen wir im Vorfeld nicht. Manche Dinge können wir beeinflussen, andere nicht. Wichtig ist es, sich weiterzubilden. Neugierig zu bleiben. Unentwegt zu entdecken. Einen Standpunkt zu finden. Das Heft in die Hand zu nehmen. Und einen eigenen Weg einzuschlagen.

Ob Sport ein Teil davon wird, ist dabei vollkommen unbedeutend. Unbequeme Steine lassen sich mit vielem aus dem Weg räumen. Bildung ist eine gute Basis für ein erfülltes Leben. Sie steht für Verständigung und Verständnis.

Der *Run for Children* hat einen kleinen Beitrag zu größerer Zufriedenheit geleistet. Ein Stein in einem Mosaik. Viele Steine ergeben ein Bild. Genau wie ein Kilometer noch keinen Marathon macht. Nur stetiges Lernen, Training und Adaption bringen den gewünschten Erfolg. Genau wie an der Schule in Mainapokhari. Die Zielgerade ist erreicht.

Zugleich steht der nächste Wettkampf bevor. Ein wenig fühlt es sich an, als würdest du mit Blasen an den Füßen auf einer Finisherparty tanzen und bereits vom kommenden Abenteuer träumen. Es sind diese Herausforderungen, die uns wachsen lassen. Manchmal über uns hinaus. Anstatt einer Teilnehmerurkunde gibt es freundliches Kinderlachen. Und den Ansporn, weiterzumachen. In Bewegung bleiben und Freude verbreiten.

Station 7/7

„MARATHON DES SABLES", MAROKKO, AFRIKA

Und dann war da plötzlich schon Lauf Nummer sieben. Sieben Monate gehen schnell ins Land. Ein letztes Mal den Rucksack packen. Es ist fast zur Routine geworden. Darin liegt die Gefahr. Schludrig werden sollte man nicht. Und doch hat es mich erwischt.

Nach der Heimkehr aus einem Trainingslager blieben nur drei Tage zum Bereitstellen des Materials. Trotz Checkliste und bei den anderen Läufen reichlich gewonnener Erfahrung landete ich unvollständig in Marokko. Persönlich war ich zum Glück vollständig anwesend. Aber in der Ausrüstung fehlte einiges an Pflichtequipment.

Laufkollegen haben mir mit allem ausgeholfen. Eine pinke Laufkappe resultiert aus dieser Notlösung. Danke, Sandra, für den Hingucker!

Beim Klassiker in der Sahara über 250 Kilometer zu starten, ist für viele Ultraläufer ein Traum. Es gibt Läufer, die bestreiten nur den „Marathon des Sables" und gehen dann auf Volksläufe über kürzere Distanzen zurück. Aber auch alte Laufhasen sind hier anzutreffen. Dauerstarter Christian Ginter ist bereits zum 32. Mal in der Wüste dabei. Der „Marathon des Sables" gilt als DER Abenteuerlauf schlechthin.

Ehemalige Teilnehmer haben mich mit ihren Erzählungen auf die Besonderheiten dieses Megaevents aufmerksam gemacht. Bereits am Vortag schlendern mehr oder weniger durchtrainierte Typen durch Ouarzazate. Die kleine Stadt am Rande der Sahara, bekannt für ihre monumentalen Filmstudios und eben diesen Sandmarathon, wird für wenige Tage von den knapp 1.000 Startern, Begleitfahrzeugen, Helfern, Medienleuten und allem, was der MDS, wie der Lauf kurz und knapp genannt wird, überflutet. Einige setzen zu letzten Akklimatisierungsläufen an. Es kann immer der letzte Lauf sein. Wer weiß schon, ob wir das hier überleben?

Viele Geschichten ranken sich um den „Marathon des Sables". Die sind mir hier vor Ort vollkommen gleichgültig. Jeder wird sein eigenes Storybook schreiben. Mit gutem oder weniger gutem Ausgang. Die letzte Seite meines Manuskripts ist bereits vorbereitet. Die Textpassagen dazwischen muss ich erst noch zum Leben erwecken.

In den vergangenen vier Wochen konnte ich mich aus der Wadenblockade herausschleichen. Ein paar Trainingskilometer stecken auch schon wieder in den Beinen. Den Rest erledigt die Erfahrung. Manchmal ist es ganz gut, dem Körper so eine Zwangspause zur Regeneration zu gönnen. Auch der Geist kommt wacher und frischer wieder zurück.

Absolut schmerzfrei und positiv eingestellt geht es mit dem Bus in Richtung erstes Camp. Die kommenden sechs Tage wird Sand unser Leben dominieren. Ein erneuter Abenteuerspielplatz wartet auf Entdeckung.

Die Laufstrecke wird von Jahr zu Jahr angepasst. Manchmal aufgrund politischer Dispute oder lokaler Gegebenheiten. Oder weil es Läufern wie Christian Ginter sonst langweilig werden würde. Fünf Stunden dauerte die Fahrt im Reisebus. Diese Transfers sind jeweils schlimmer als ein Lauf über die gleiche Zeitdauer. Auf gut ausgebauten Straßen donnern die Auto Cars gen Osten.

Das erste Zeltlager befindet sich in der Nähe der algerischen Grenze. Wer sich nun ein heimeliges, idyllisches Wüstencamping vorstellt, liegt absolut daneben. Eine Stadt fängt unsere Blicke ein. Eine Zeltstadt mit eigenen Militärposten. 20 Militärtrucks mit Besatzung sorgen für Sicherheit.

Die Anordnung der Zelte hat Struktur. Es sind einfache Berberstoffbahnen, die mit trockenen Ästen in der Mitte aufgestützt werden. Die Seiten offen und anfällig für Wind und Sand. Kreisförmig in zwei Reihen nach Nationalitäten geordnet. Seitlich davon befinden sich die Zelte des Veranstalters. Allein 500 freiwillige Helfer sind unterstützend beim „Marathon des Sables" tätig.

Eigene Zelte mit Kühlaggregaten werden von Camp zu Camp transportiert. Nicht etwa Kühlung für Esswaren. Die haben wir wieder als Trockenfutter im Rucksack. Nein, Kühlzelte für die Computersysteme. Sowohl Zeitmessung als auch Medien benötigen Onlinezugang. Während die Läufer die lauffreie Zeit ohne Internetverbindung genießen.

Bereits im Bus bei der Anreise traf ich auf Tommy. Einer dieser zufriedenen Dänen. Wir sind schon bei diversen anderen Wettkämpfen gemeinsam gestartet. Er hatte am Flughafen einen mexikanischen Läufer kennengelernt. Und irgendwo noch eine norwegische Läuferin. Wir waren also schon vier, die die Tradition der national organisierten Zeltbelegung brechen wollten.

Der Austausch mit Läufern aus anderen Ländern ist jeweils ein Bestandteil der Reisen an Wettkämpfe um die Welt. In der Warteschlange zur Registrierung schauten sich vier Holländer nach Mitbewohnern für eine Woche um. Match. Zelt Nummer 27 meldet sich komplett. Gut durchmischt und gewappnet für eine Woche gemeinsames Leiden.

Morgens pünktlich um neun Uhr geht es traditionell mit „Highway to Hell" aus dröhnenden Lautsprecherboxen los. Patrick Bauer, der Erfinder und Veranstalter des MDS, inszeniert sich auf dem Dach seines Range Rovers. Tanzend und ausgelassen vor Freude, gibt er das Startzeichen. Kamerahelikopter begleiten die 788 Starter auf den ersten Kilometern. Alles etwas überdreht. Oder einfach ein Wüsten-Volkslauf?

Unter der Vielzahl der Teilnehmer sind auch viele Neulinge, die noch nie ein Mehrtagesrennen bestritten haben. Dementsprechend zu schnell geht es los. Den ersten Tag durch Sand, Steinwüste, trockene Flussläufe und abgelegene Dörfer. Ein guter Tag zum Einrollen.

Der älteste Wüstenlauf feierte in diesem Jahr sein 34. Jubiläum. Und was für eines! Aus medialer Sicht konnte nichts Besseres passieren, als dass ein Vierbeiner die Aufmerksamkeit auf sich zog. Die Mutter aller Abenteuerläufe in der Sahara oder besser die Großmutter erreichte weltweite Aufmerksamkeit durch Cactus, einen zugelaufenen Rüden.

Auf der zweiten Etappe schloss er sich uns Läufern bei einem Gästehaus in Merzouga, seinem Domizil, an. Im Läuferfeld fand er Gefallen daran, ständig vor- und zurückzupreschen. Neben den Teilnehmern aus 51 Nationen beendete er den Lauf erfolgreich und bekam im Ziel seine wohlverdiente Finishermedaille. Er lief mit offiziellem Tracker und beendete den Lauf um Position 50.

Im tiefen, feinkörnigen Sand kommt so ein Leichtgewicht besser voran als ein ausgewachsener Mitteleuropäer. Darin liegen auch die Vorteile der einheimischen Starter. Mit weniger als 50 Kilogramm Körpergewicht und minimalem Rucksack hinterlassen die Marokkaner kaum einen Fußabdruck. Bei der Ankunft im Camp gibt es für jeden Teilnehmer sechs Liter Trinkwasser. Das muss reichen bis zum ersten Checkposten am Folgetag.

Essen bereitet jeder selbst zu, das Wasser dafür wird mit Esbit-Kochern oder dürren Sträuchern erhitzt. Die Zelte im Camp sind bereits aufgebaut, wenn die Läufer die Ziellinie erreichen. Besagte Nomadenzelte. Darin ein ausgerollter schwerer Teppich. Wenn der Wind pfeift, ist der Teppich voll Sand. Nichts Langlebiges.

Über Nacht versuchen wir, eine Seite der textilen Behausung mit Steinen am Boden zu halten. Der Sand dringt trotzdem unvermindert ein. Schlafsack und Gesicht sind allmorgendlich mit Staub überzuckert. Acht Männer/Frauen teilen sich so eine Schlafstätte. Gemütlich ist anders. Aber dafür geht man ja auch nicht in die Wüste.

Langeweile kommt in den Dünen keineswegs auf. Am zweiten Tag steht das größte Dünengebiet in der Umgebung, der Erg Chebbi, auf dem Programm. Nach kurzem Anlauf geht es hinein ins Vergnügen. Während einige durch die Hügel tanzen, komme ich mit dem kraftraubenden Auf und Ab im puderweichen Sand gar nicht zurecht. Und wieder werde ich gefühlt vom gesamten Läuferfeld überholt. Am Ende bin ich froh, diese Passage überstanden zu haben. Das können nicht alle von sich behaupten.

Der Helikopter landete mehrmals. Die brutale Hitze und die extrem niedrige Luftfeuchtigkeit von etwa fünf Prozent laugen aus. Die finalen Kilometer bis zur Zielankunft der Tagesetappe lagen uns als gut trabbare Steinpassagen zu Füßen.

Als Schuhe habe ich für die Wüste einen direkten Trailschuh mit null Sprengung gewählt. Ohne Sprengung, dass bedeutet Vorfuß und Ferse auf einer Ebene, laufe ich schon länger. Zehenbox mit viel Spielraum ist auch mittlerweile Standard bei meinen Läufen. Ob Straße oder Trail, spielt keine Rolle.

Meine Füße haben sich in den vergangenen Jahren in diesen Schuhen eines amerikanischen Anbieters mit speziellem Foot Shape breitgemacht. Von Größe 45 als jahrelanges Maß bin ich nach Wechsel zu den Ultraläufen mittlerweile bei der 48 angekommen.

Das gelaufene Modell hier unterscheidet sich durch den Aufbau gegenüber dem in der Atacama. Die Sohle ist sehr weich und leicht. Der Sandanteil in der Sahara ist höher als in der chilenischen Hochwüste. Hier bedarf es einzig einem Hitzeschutz und einer dünnen Gummischicht gegen Dornen oder Steine. Wüstengamaschen habe ich bei beiden montiert.

Mit genähtem Klettband. Die vorgefertigte Klebefläche, die standardmäßig an den Schutzstulpen angebracht ist, hält der Hitze sonst nicht stand. Zeltkumpan Tommy kann ein Lied davon singen. Bereits am ersten Tag hat sich das Klebematerial bei ihm verabschiedet. Er erreichte die folgenden Tage mit dem Schuh voller Sand das Camp. Übel aussehende Blasen waren die Folge. Zum Glück ist er entspannter Nordeuropäer.

Über lange, flache Salzpassagen, hügelige Steinwüste, durch Schotter- und Lavafelder und ausgetrocknete Flussbette zieht die Karawane tagtäglich weiter. Hitze und Sandsturm setzen den Läufern zu. Organisatoren, Helfer sowie ein 50-köpfiges Ärzteteam schaffen beste Bedingungen für einen reibungsvollen Ablauf.

Sicherheit steht im Vordergrund. Zwei Helikopter, unzählige Begleitfahrzeuge und die Militärtrucks begleiten uns durch den Tag. Abfall wird in einem LKW direkt in der Wüste recycelt. Es wird nichts zurückgelassen.

Selbst menschliche Überreste, also der Toilettenabfall, wird nicht einfach im Sandboden verbuddelt. Durch ein simples Entsorgungssystem werden die Toilettenzelte hygienisch sauber gehalten. Über ein Stuhlgerüst spannt man einen kompostierbaren

Plastiksack. Zum Beschweren kommt ein Stein hinein. So kann der Beutel nicht vom Winde verweht werden. Nach Erledigen der geschäftlichen Aktivität knotet man ihn am oberen Ende zusammen und wirft seine Rückstände in die bereitstehende Entsorgungstonne.

Die Toilette ist stets sauber und das Handling ähnlich einfach wie bei einem Hund. Angenehmer als die mobilen Varianten unserer urbanen Sportveranstaltungen.

Der längste Tag beim „Marathon des Sables" wird für einige Mitstreiter endlos. 78 schweißtreibende Kilometer, abwechslungsreich und ermüdend. Hart und weit weg von allem, was wir so gewöhnt sind. Die Sonne brennt senkrecht herab. Selbst trinken belastet. Dazu kam am frühen Nachmittag ein Sandsturm. Der Himmel verdunkelt sich. Peitschender Wind mit feinen Sandkörnern nadelt die Haut. Nach 30 Minuten war der Spuk vorbei. Weiter, immer weiter ins Verderben. Es gibt kein Halten.

Die Verpflegungsposten lasse ich jeweils schnell hinter mir. Allein sein. Konzentriert. In den Körper hören. Alles im grünen Bereich. An den kurzen, aber anstrengenden Anstiegen geht es auch schon mal in den roten. Trinken, runterkühlen. Mein Ziel bei der langen Königsetappe sollte ich knapp verpassen. Das Zielbanner bei Tageslicht zu erreichen, ist jeweils der Ansporn. Knapp nach Sonnenuntergang erreiche ich auf dem Zahnfleisch das rettende Biwak.

Angekommen im Camp, musste ich mich erst einmal sammeln. Eine halbe Stunde lag ich auf dem alten Teppich zitternd am Boden. Ausgepowert. Kein Saft mehr. Teil des Lebens. Auch das gehört dazu.

Gabriel, unser mexikanisches Zeltmitglied, erreichte am nächsten Morgen bei Sonnenaufgang das Camp. Er hat sich durchgebissen und die ganze Nacht draußen in der Wüste ein Bein vor das andere gesetzt. Das sind die wahren Helden, die ihre ganz persönlichen Geschichten schreiben.

Den Blick ins Nichts gewandt, erzählt er von seinen Erlebnissen unter dem magischen Sternenhimmel. Das ist es, was die Ultraläufer ausmacht. Eine unglaublich positive Einstellung. Hier gibt jeder alles.

Aber während der gesamten Woche habe ich nicht ein Wort der Reue gehört. Von dieser zuversichtlichen Energie kann man nicht genug bekommen. Laufen ist doch irgendwie eine Droge. Zumindest geben wir uns deren Wirkung gern hin. Und liegen glückselig auf dem bunten Webteppich. Und freuen uns des Lebens.

Rituale sind in 34 Jahren gewachsen. Die Sieger sind Einheimische. Zumindest bei den Männern. In den letzten 23 Jahren hat nur einmal jemand, ein jordanischer Läufer, die Vormachtstellung der Marokkaner durchbrochen. Es ist schwierig für die ausländischen Eliteläufer, den Sieg hier in der Sahara zu holen. Neben perfekter Anpassung an die klimatischen und geografischen Bedingungen spielt auch die Taktik eine große Rolle.

Marokkos Laufelite arbeitet an der Spitze zusammen. Mit Kalkül stechen sie die Konkurrenz aus. Und für die ist es schwierig, die vorher abgesprochene Herangehensweise zu durchschauen. Auch hier gibt es viele Geschichten zu mehr oder weniger erlaubten Methoden. Ich möchte das auch gar nicht kommentieren. Aber ab und zu nehmen die fremden Starter einen Umweg durch die Dünen, angeführt von einem einheimischen Wasserträger der Führenden.

Wie bei einem Team im Radsport gibt es die Siegertypen und die Helfer. Das Preisgeld wird am Ende geteilt. Auch in Zukunft wird die marokkanische Elite beim Sieg ein Wörtchen mitreden. Und auch bei kommenden Austragungen des MDS wird AC/DC jeden Morgen beim Startprozedere aus den Boxen dröhnen. Bei diesem Riesenevent. Wie eine Open-Air-Woche. Fast schon zu gewaltig.

Mit etwas Wehmut gingen mir auf den letzten Kilometern die vergangenen sieben Monate durch den Kopf. Unglaublich großartige Momente. Unvergessliche Erlebnisse. Beeindruckende Natur. Aber die wirkliche Bereicherung bei so einem Mammutprojekt sind die Menschen. Unendlich viel lebensbejahende Dynamik.

Überall auf der Welt habe ich inspirierende Laufbegeisterte getroffen, die zufrieden sind mit ihren Leben und andere daran teilhaben lassen. Sportler, die bereit sind, sich für Bedürftige zu engagieren. Laufen macht glücklich. Und das Gefühl teilen wir gern.

Die Suche nach neuen Herausforderungen ist Triebmittel und Ansporn, die täglichen Aufgaben zu meistern. Das wird dann schnell zu einem Verlangen und setzt sich im Gehirn fest. Unsere Sehnsucht ist dabei mehr als ein Fantasieprodukt. Es ist die Erinnerung an einen Zustand. An ein angenehmes Gefühl. Dieses „Will-wiederhaben"-Gefühl.

Als große, ausgewachsene Kinder haben wir Träume. Sich diesen hinzugeben, kann das Leben verändern. Oder mindestens positiv beeinflussen. Wenn man sie dann auch auslebt. Und das ist auch ein wichtiger Bestandteil meines Lebens.

Ich gebe mich den Sehnsüchten und Träumen hin. Und werde selten enttäuscht. Daraus resultiert eine innere Zufriedenheit. Nicht zuletzt dank Bewegung. Laufen ist Leben. Und Leben ist Laufen.

Beim Bau der Bibliothek in Nepal haben wir erfolgreich das anvisierte Ziel realisiert. Die Kinder in Mainapokhari bekommen besseren Zugang zu fortschrittlicher Bildung. Das war das Hauptanliegen des Projekts *Run for Children*. Nicht alle erleben Zufriedenheit und Wohlbefinden, wie wir es können. Es fällt uns nicht schwer, etwas von unserem Lebensglück abzugeben. Manchmal braucht es nur eine verrückte Idee, um ein ambitioniertes Ziel zu erreichen.

DANK

Das Leben ist kein Egoprojekt. Genau wie der *Run for Children*. Es braucht immer das Zusammenspiel vieler Helfer und Unterstützer. Die Liste derer, die dieses Projekt ermöglicht haben, ist lang. Und deshalb danke ich in erster Linie allen Spendern und Sponsoren. Jeder Einzelne ist ein wichtiger Teil dieser Geschichte.

Besonderer Dank geht dabei an die Laufkollegen, die mir sowohl in der Vorbereitung als auch während der gesamten Zeit mit Rat und Tat zur Seite standen. Und diejenigen bei den Wettkämpfen. Geteiltes Leid ist halbes Leid. Irgendwie haben wir es doch immer wieder geschafft, mit einem Lachen die Ziellinie zu überqueren.

Konrad Smolinski, ohne dich wäre mein Leben anders verlaufen. Zumindest der Teil, der hier im Buch geschildert ist. Weit über das Sportcoaching hinaus hast du mich durch die vergangenen Jahre begleitet. Die Sonne scheint nicht immer. Gemeinsam haben wir aber schon die eine oder andere Wolke vertrieben. Auch bei diesem Buchprojekt schätze ich deinen fachlichen Input.

Zwei, die einen günstigen Verlauf der beschriebenen Geschichte ermöglicht haben, sind meine ehemaligen Geschäftspartner Urs und Michi. Zu dritt eine Firma aufzubauen und über Jahre gemeinsam zu führen, braucht Vertrauen. Etwas anderes kommt zum Tragen, wenn jemand aus den gewohnten Strukturen ausbrechen möchte. Bis heute zolle ich ihnen großen Respekt für das Verständnis mir gegenüber. Sie haben mir den Weg in ein neues, positiveres Leben einfach gemacht. Nicht allein deshalb ist unser Vertrauensverhältnis weit über Businessaktivitäten hinaus nach wie vor ausgezeichnet. Vielen Dank für eure Unterstützung beim *Run for Children*!

Einen der zuverlässigsten Partner habe ich mit der Eduard Gerlach GmbH gefunden. Nicht nur zuverlässig mit Gerlachs GEHWOL Fusskrem bei strapazierten Läuferfüßen. Auch als langjähriger Unterstützer und Partner bei den Ausdauerprojekten. Vielen Dank dafür.

Die aktivsten Assistenten des *Run for Children* waren Gioia und Funda. Nicht zuletzt dank ihrer zielstrebigen Arbeit und Kreativität wurde das Hilfsprojekt zu einem vollen Erfolg.

Und natürlich Jagat von „Himalayan Care Hands“ in Nepal. Die Organisation vor Ort und die Umsetzung hätte besser nicht sein können. Und Peter muss aufgeführt werden. Als stets optimistisches Bindeglied nach Nepal.

Alle im Buch Erwähnten, die mir Vorlagen für Geschichten geliefert oder anderweitig Denkprozesse angestoßen haben, sollen hier ebenso ihren Platz finden. Bewusst oder unbewusst habt ihr etwas ins Rollen gebracht. Und Eindruck hinterlassen.

Die Veranstalter der Sportevents bekommen oft zu wenig Applaus. Darum hier zwei Daumen nach oben. Ihr seid es, die uns diese Erlebnisse im Grenzbereich ermöglichen. Während so mancher Etappe würde das Urteil emotionsgeladen nicht so milde ausfallen. Mit etwas Abstand muss euer Job aber doch gebührend gewürdigt werden.

Robert A. Meyer vom Meyer & Meyer Verlag hat sich meine Geschichte in einem längeren Telefonat angehört. Es ist nicht einfach, einen zuverlässigen Partner an seiner Seite zu wissen. Geschichten gibt es viele. Am Ende muss Vertrauen da sein, diese an die Öffentlichkeit zu bringen. Gegenseitiges Vertrauen. Das schätze ich besonders an unserer Zusammenarbeit.

Lektoren, Layouter und Grafiker haben alles wunderbar in Form gebracht. Namen gehen dabei oft unter. Erwähnt wird jeweils nur der Verlag. Es sind aber die Menschen dahinter, die Qualität ausmachen. Deshalb hier ein spezieller Verweis auf die Beteiligten: Isabella Frangenberg, verantwortlich für Layout und Satz der Bildseiten sowie die Cover- und Umschlaggestaltung; Dr. Irmgard Jaeger, die mit kritischem Blick das Lektorat geführt hat; Zerosoft, zuständig für den Satz des Buches. Und last but not least in dieser Aufzählung Riccardo Rip als gesamtverantwortlicher Projektleiter. Bei ihm liefen alle Fäden zusammen. Seine angenehme Kommunikation und Verlässlichkeit ließen zu keiner Zeit Zweifel an Fristen oder Qualität des Produkts aufkommen. Herzlichen Dank allen für die professionelle Arbeit und das Verfeinern des Rohwerkes.

Und natürlich danke ich meinen Mädels. Die ich während dieser Phase Stunden, Tage und Wochen zurückgelassen habe. Ihr seid es, die mich immer wieder zu Höchstleistungen motivieren. Mit eurem zufriedenen Lächeln bin ich in die Welt hinaus und habe sie neu entdeckt. Und versucht, euch ein Stück von ihr nach Hause zu bringen. Ihr seid einfach wunderbar.

ANHANG

LITERATURVERZEICHNIS

Davis, D. R., Epp, M. D. & Riordan, H. D. (2004). *Changes in USDA Food Composition Data for 43 Garden Crops, 1950 to 1999.* National Center for Biotechnology Information. Bethesda, Maryland.

Davis, W. (2013). *Weizenwampe.* Wilhelm Goldmann Verlag: München.

De Bloom, J., Nawijn, J., Geurts, S., Kinnunen, U. & Korpela, K. (2016). Holiday travel, staycations, and subjective well-being. *Journal of Sustainable Tourism.*

Deimel, C. (1983). *Pflanzennutzung und Ernährung der Tarahumaras im nordwestmexikanischen Hochland. MPI für Limnologie.* AG Tropenökologie: Plön.

de Saint-Exupéry, A. (2015). *Der kleine Prinz.* Anaconda Verlag: München.

Dobelli, R. (2020). *Die Kunst des digitalen Lebens.* Piper Verlag: München.

Dudenredaktion (2020). *Duden.* Bibliographisches Institut: Berlin.

Ehrhardt, M. (1908). *Grosses Illustriertes Kochbuch.* Verlagsdruckerei Merkur: Berlin.

Ferriss, T. (2011). *Die 4-Stunden-Woche.* Ullstein Buchverlage: Berlin.

Gladwell, M. (2009). *Überflieger: Warum manche Menschen erfolgreich sind - und andere nicht.* Campus Verlag: Frankfurt am Main.

Harari, Y. N. (2013). *Eine kurze Geschichte der Menschheit*. Pantheon Verlag: München.

Helliwell, J. F., Layard, R., Sachs, J. & De Neve, J.-E. (2020). *The World Happiness Report 2020*. Sustainable Development Solutions Network: New York.

Hohmann, Lames & Letzelter. (2010). *Einführung in die Trainingswissenschaft*. 5. Ausgabe. Limpert Verlag: Wiebelsheim.

Homer. (1999). *Ilias*. Diogenes Verlag: Zürich.

Hottenrott, K. & Hottenrott, L. (2010). *Ernährungsperiodisierung im Sport*. Georg Thieme Verlag: Stuttgart.

Jones, A. (2015). *Beetroot juice improves sprinting and decision-making during exercise*. Univercity of Exeter.

Marty, F. (2018). *Wirtschaft bringt Gesundheit, Synthese aus drei Metastudien*. economiesuisse Verband der Schweizer Unternehmen: Zürich.

McDougall, C. (2009). *Born to Run*. Karl Blessing Verlag: München.

Moestl, B. (2008). *Shaolin*. Droemer Knaur Verlag GmbH & Co. KG: München.

Panksepp, J. & Yovell, Y. (2014). *Preclinical modeling of primal emotional affects seeking, panic and play*. S. Karger AG: Basel.

Podbregar, N. (2016). *Laufen als Heilmittel fürs Gehirn?* www.wissenschaft.de. https://www.wissenschaft.de/umwelt-natur/laufen-als-heilmittel-fuers-gehirn/

Precht, R. D. (2007). *Wer bin ich und wenn ja, wie viele?* Wilhelm Goldmann Verlag: München.

Sunderland, M. (2017). *The science behind how holidays make your children happier - and smarter.* Telegraph Media Group: London.

von Hirschhausen, E. (2009). *Glück kommt selten allein.* Rowohlt Verlag: Reinbek.

BILDNACHWEIS

Cover- und Umschlaggestaltung: Isabella Frangenberg

Layout und Satz der Bildseiten: Isabella Frangenberg

Satz: Zerosoft

Lektorat: Dr. Irmgard Jaeger

Projektleitung: Riccardo Rip

Coverbild: © RacingThePlanet

Autorenbild: © Maik Becker

Bilder Innenteil: © www.global-limits.com/ Stefan Betzelt: S. 129, 130, 131; © www.racingtheplanet.com / Myke Hermsmeyer: S. 132, 133 oben und mitte, 134-135; © Everest Trail Race / David Sànchez: S. 136 unten, 137 oben; © www.racingtheplanet.com / Thiago Diz: S. 140 oben und unten, 141 unten rechts und links, 142 unten rechts, 143 oben rechts, 144/145; © The Coastal Challenge / Andres Vargas: S. 146, 147 unten links, 149; © Alps2Ocean Michael Sandri: S. 150 unten, 151 oben rechts und mitte, 152, 153 mitte/unten, 160; © CIMBALY_MDS2019@VCAMPAGNIE: S. 154 oben, 155 oben, 156 mitte links, 157 oben; © CIMBALY_MDS2019@INTERNATIONAL: S. 154 unten, 156 unten links; © CIMBALY_MDS2019@JOSUEFPHOTO: S. 155 unten , S. 156 oben links; © CIMBALY_MDS2019@MBACARDIT: S. 157 unten; © Himalayan Care Hands / Peter Soons: S. 158 mitte links; © www.actreme.com / Maik Becker: S. 133 unten, 136 oben und mitte, 137 unten, 138-139, 140 mitte, 141 oben, 142 oben und mitte, 143 oben links und unten rechts, 147 oben, mitte und unten rechts, 148, 150 oben, 151 unten, 153 oben links und rechts, 158 oben, mitte rechts, unten, 159